혼공

구문독해

실력(매운맛)

저자 허준석 정승익

랭기지플러스

초판발행	2016년 12월 30일
초판 3쇄	2020년 3월 10일
저자	허준석, 정승익
책임 편집	하순영, 송지은, 진혜정, 김한나
펴낸이	엄태상
마케팅	이승욱, 오원택, 전한나, 왕성석
온라인 마케팅	김마선, 김제이, 조인선
경영기획	마정인, 조성근, 최성훈, 정다운, 김다미, 전태준, 오희연
물류	유종선, 정종진, 윤덕현, 양희은, 신승진
펴낸곳	랭기지플러스
주소	서울시 종로구 자하문로 300 시사빌딩
주문 및 교재문의	1588-1582
팩스	(02)3671-0500
홈페이지	http://www.sisabooks.com
이메일	sisabooks@naver.com
등록일자	2000년 8월 17일
등록번호	1 - 2718호

ISBN 978-89-5518-779-3 (53740)

머리말

안녕하세요? 혼공지기 허준석, 정승익입니다. 어려운 영어, 이제는 혼자서도 책을 찬찬히 넘기면서 공부할 수 있게 되었습니다. 그리고 '혼자서도 공부할 수 있다'는 의미에서 '혼공' 시리즈를 내게 되었답니다. 온라인과 TV에서 영어교육으로 힘쓰는 허준석 선생님과 정승익 선생님이 힘을 모아 밤샘 회의를 거듭했지요. 졸리고 눈꺼풀이 떨어져도 내용에 대한 열정은 활활 불타 올랐답니다. 특히 학생들의 관점에서 많은 고민을 했습니다.

많은 학생들은 영어 독해를 잘하기 위해 무엇이 필요할까에 대해 고민합니다. 우린 짧게는 5년에서 길게는 10년 동안 시키는 대로 단어 많이 외우고, 구문 분석한 것을 열심히 필기 했지요. 하지만, 그럼에도 수십만 수험생들의 영어 성적은 제자리를 거듭하고 있답니다. 단어 공부는 끝이 없고, 독해는 문제만 지겹게 풀어대도 답이 없고… 그래서 구문 책을 혼자 공부할 수 있도록 '친절'하게 만들어 보자는 생각을 책에 담았습니다.

재미있는 해설, 많지 않은 분량, 놓칠 수 없는 문법 내용까지 자연스럽게 녹였습니다. 게다가 단어 공부까지 할 수 있도록 엄선한 단어 400개를 하루에 20개씩 소화할 수 있도록 분량 안배에 최선을 다했답니다.

해설을 넘겨서 직접 확인해보시고, 본문을 넘겨서 체계성에 감탄해보세요. 그리고 딱 20일 동안 핵심 개념을 짧게 학습해보세요. 부족한 부분은 네이버 '혼공 영어' 카페에 질문 남겨주시면, 바로 피드백 받을 수 있답니다. 더 이상 두꺼운 책과 긴 강의로 고통받지 말고 우리 '혼공 팸'이 되어 영어 공부의 큰 그림을 잘 잡을 수 있길 바랍니다.

2016년 날씨가 추워질 즈음

허준석, 정승익 샘

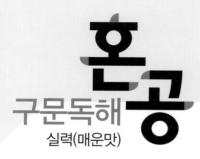

구성과 특징

1. 그 어떤 책에서도 볼 수 없었던 친절한 해설이 제공됩니다. 강의에서 나오는 노하우를 친근한 말투로 해설에 담았습니다. 문장이 길어도 위트 있는 설명으로 읽는 재미를 느낄 수 있습니다.

2. 구문의 모든 것을 간단한 내용부터 다소 복잡한 내용까지 난이도 순서대로 정확하게 배열했습니다. 하나하나 해석이 되는 즐거움을 느끼면서, 완독까지 갈 수 있도록 구문을 공부할 수 있답니다.

3. 최소한의 문법을 다시 한번 정리할 수 있도록, 각 일차마다 문법을 녹였습니다. 그 문법 역시 친절한 해설과 함께 공부할 수 있습니다. 고로, 구문과 문법을 동시에 다 잡을 수 있답니다.

4. 고등학생이 알아야 할 필수 단어 400개를 선별하였습니다. 거창하게 1000개를 공부하는 것보다 매일매일 일정에 맞추어서 20개씩 학습할 수 있는 현실적인 목표를 제공합니다. 한 페이지를 보면서 스스로 퀴즈를 내보듯이 학습할 수 있어 효과가 배가됩니다.

1단계 개념 요리하기

학습날짜 : 월 일

개념MASTER 1
문장의 1형식

문장의 1형식은 주어와 동사만 가지고 만든 문장이야. 1형식 동사는 '완전자동사'라고 불러. 보어가 필요 없어서 완전, 목적어가 필요 없어서 자동사야. 완전자동사는 보어와 목적어가 필요 없지만, 의미가 부족할 경우 수식어구(Modifier)의 수식을 받아.

1형식 문장
S(주어) + V(동사) + M(수식어) ⇒ 해석: S가 V하다 (M은 의미 추가)

대표적인 1형식 동사들
go, come, arrive, happen, rise, cry, smile, work …
Birds sing (in the forests). 새들은 노래한다 (숲에서).
The rain stopped (suddenly). 비가 멈췄다 (갑자기).

＊ there is / are는 문장의 1형식으로 취급!

● **1단계 개념 요리하기**

강의를 듣는 것 같은 자세하고 친절한 설명으로 구문독해의 기초가 되는 문법사항을 풀어냈습니다. 선생님들이 제시하는 혼공해석기법을 통해 문법을 익히고 이를 구문독해에 적용할 수 있습니다.

2단계 문법 요리하기

다음 우리말 의미에 맞게 박스 안에서 알맞은 것을 골라 보자.

2016년 고1 03월
1 This time I was certain / certainly . 이번에 나는 확신했다.

2016년 고1 06월
2 Much of learning occurs / goes through trial and error. 배움의 많은 부분이 시행착오를 거쳐서 일어난다.

2015년 고1 11월
3 Cole emerged / became as a popular solo vocalist. Cole은 대중적인 솔로 가수로 등장하였다.

2016년 고1 06월
4 I started to seem / grow anxious as it got dark. 어두워지자 나는 불안해지기 시작했다.

● **2단계 문법 요리하기**

1단계에서 학습한 문법사항을 문제를 통해 확인해볼 수 있습니다. 중학교에서 놓칠 수 있었던 내용까지 마지막으로 잡아주기 때문에, 짧지만 꼼꼼하게 학습할 수 있습니다.

해석 요리하기
3 단계

다음 문장들을 정확하게 해석해 보자.

1 2016년 고3 06월
Biological clues are not essential.
해석

2 2016년 고3 04월
Reciprocity with a rival works in much the same way.
해석

3 2016년 고3 04월
How much further could he fly before shutting it down?
해석

4 2016년 고3 03월
The core struggle is between initiative and guilt.

단어+PLUS

1
· biological 생물학적인
· clue 증거
· essential 본질적인

2
· reciprocity 상호성
· rival 대적자
· work 작용하다
· in the same way
같은 방식으로

3

● **3단계 해석 요리하기**

최신 경향의 모의고사 기출 문장으로 구문독해를 훈련할 수 있습니다. 해석에 막힘이 없도록 각 문장의 단어를 제공합니다. 또한 핵심을 찌르는 해설을 통해 깔끔하게 학습할 수 있습니다.

수능 요리하기
4 단계

다음 문장들을 정확하게 해석해 보자.

1 2011년 수능
Journeys are the midwives of thought.
해석

2 2011년 수능
He was just an observer, not an experiencer.
해석

3 2012년 수능
This perception occurs in investing, as well.
해석

4 2013년 수능
However, a question occurred to her one day.

단어+PLUS

1
· journey 여행
· midwife 산파

2
· observer 관찰자
· experiencer 체험자

3
· perception 인식
· investing 투자

● **4단계 빈칸 요리하기**

최신 경향의 수능 기출 문장으로 구문독해를 훈련할 수 있습니다. 실제 수능에 출제된 문장들을 해석해 보며 실전 수능 감각을 익힐 수 있습니다.

쓰기 요리하기
5 단계

앞서 배운 문장들을 바탕으로 빈칸을 채워 문장을 완성해 보자.

1 2016년 고3 06월
Biological clues / _____ not essential.
생물학적인 증거들은 / 필수적이지 않다

2 2016년 고3 04월
Reciprocity with a rival / _____ / in much the same way.
라이벌과의 상호작용도 / 작용한다 / 그와 거의 같은 방법으로

3 2016년 고3 03월
The surface of the earth / _____ _____ / from place to place.
지구의 표면은 / 다르다 / 여기저기

4 2016년 고3 04월
Our bodies / _____ / with nature, within it, as part of it, over time.

● **5단계 수능 요리하기**

3단계, 4단계에서 해석한 문장들의 빈칸을 채우며 다시 한번 학습한 문장을 되새길 수 있습니다. 빈칸 추론과 같이 고난도 문항에 대한 두려움도 없애고, 어휘학습도 할 수 있고 나아가 의미를 보고 가볍게 영작까지 해볼 수도 있습니다.

구문독해 혼공 메뉴판

실력(매운맛)

혼공 필수 개념 1 영어의 시작 : 8품사

> 영어 단어는 만들어지면서부터 8개의 성격 중 하나를 가지게 돼. 이를 8품사라고 불러.
> 품사는 단어의 타고난 성격이라고 생각하면 돼. 영어 공부를 시작하려면 반드시 알아야 하는 개념이야.

1 **명사** : 사람, 사물, 동물, 추상적 개념의 이름을 나타내는 말

- **보통명사** : 같은 종류가 있는 사람, 사물의 이름 (book, boy, girl…)
- **고유명사** : 인명, 지명, 특정 사물의 고유한 이름 (Seoul, America, Tom…)
- **물질명사** : 물질의 이름 (milk, gold, salt, air…)
- **추상명사** : 추상적인 개념의 이름 (happiness, truth, love, hope…)
- **집합명사** : 사람 또는 사물의 집합체 이름 (people, class, audience…)

2 **대명사** : 명사를 대신하는 말 (I, you, he, she, they, it, that)

- Mike → **he**
- you and he → **you** (너희들)
- Jane → **she**
- Jane and Mike → **they**
- you and I → **we**

3 **동사** : 사람 또는 사물의 움직임이나 상태를 나타내는 말

- **be동사** : is, am, are 등이 있고, 주로 '~이다'라는 뜻으로 쓰여.
  She **is** my friend. 그녀는 나의 친구이다.

- **일반 동사** : 주어의 동작과 상태를 나타내고, 종류가 아주 많아.
  I **play** basketball every day. 나는 매일 농구를 한다.

- **조동사** : 동사 앞에 쓰이고 의미를 더 풍부하게 하지. 동사의 양념이라고 생각하면 돼.
  I **can** dance. 나는 춤출 수 있어.

4 **형용사** : 사람 또는 사물의 성질, 수량, 크기, 색 등을 나타내며 명사를 꾸며주는 말

He is a **brave** boy. 그는 용감한 소년이다.
The book is **fun**. 그 책은 재미있다.

5 **부사** : 장소, 방법, 시간, 장소 등을 나타내며 형용사, 동사, 다른 부사 또는 문장 전체를 꾸며주는 말

English is **very** easy. 영어는 매우 쉽다.
He plays the piano **well**. 그는 피아노를 잘 연주한다.

6 **전치사** : 명사, 대명사 앞에서 명사, 대명사와의 관계(위치, 시간, 방향, 소유 등)를 나타내는 말

The book **on** the table is mine. 테이블 위에 있는 책은 내 것이다.

7 **접속사** : 두 개의 단어, 또는 두 개의 성분들을 연결해 주는 말

coffee **and** donut 커피와 도넛
To plan **and** to do are different. 계획하는 것과 실천하는 것은 다르다.
I like vegetables **but** Jane doesn't like them. 나는 야채를 좋아하지만 Jane은 그것들을 싫어한다.

8 **감탄사** : 슬픔, 기쁨, 분노 등 사람의 감정을 표현하는 말

Oh, Ah, Alas(아아 – 슬픔, 유감을 나타내는 옛말), Hurrah(만세), Bravo, Cheers

혼공 필수 개념 2 문장을 만드는 4가지 재료

> 요리를 하려면 요리 재료가 필요하지? 영어의 문장을 만들기 위해서 필요한 재료가 있어.
> 바로 S, V, O, C야. 각각 주어(Subject), 동사(Verb), 목적어(Object), 보어(Complement)인데 교과서에 등장하지 않지만 영어를 시작하면서 반드시 알아야 하는 개념이야. 요리를 하기 위해서 요리 재료를 파악하는 것은 필수겠지?

1 주어 (Subject)

우리말 '~은, ~는, ~이, ~가'를 붙여서 해석하며, 문장의 주인이야. 주로 문장의 제일 앞에 있어.
I love you. 나는 너를 사랑한다.

2 동사 (Verb)

주어의 동작이나 상태를 나타내. '~이다, ~하다'로 해석하고 주로 주어 다음에 있지.
I eat breakfast. 나는 아침을 먹는다.
I study English. 나는 영어를 공부한다.

3 목적어 (Object)

동사의 대상을 의미해. 우리말 '~을 ~를'을 붙여 해석해. 주로 동사 뒤에 있어.
I eat a piece of bread. 나는 빵 한 조각을 먹는다.

4 보어 (Complement)

보어는 보충 설명하는 말이라는 뜻이야. 보어의 종류에는 주어를 보충하는 주격보어와 목적어를 보충 설명하는 목적격보어가 있어. 아직 어렵지? 차차 배우게 되니까 걱정 마!
I am smart. (= 주격보어, 주어인 I를 보충 설명) 나는 똑똑하다.
I call my cat Kitty. (= 목적격보어, 목적어인 my cat을 보충 설명) 나는 나의 고양이를 Kitty라고 부른다.

> 어때? 쉽지 않지? 천천히 다시 배우게 되는 개념이니까 걱정하지 마. 세상에 어려운 문법은 없어. 내가 아직 배우지 않은 문법이 있을 뿐이지. 우리 같이 도전해 보자. 혼공하면 안 될 게 없어!

혼공 Study Plan

		학습/복습		완료
01 일차	문장의 1형식, 2형식 + 수능핵심단어 01일차	학습날짜 (/)		완료 ☐
		복습날짜 (/)		완료 ☐
02 일차	문장의 3형식, 4형식 + 수능핵심단어 02일차	학습날짜 (/)		완료 ☐
		복습날짜 (/)		완료 ☐
03 일차	문장의 5형식 + 수능핵심단어 03일차	학습날짜 (/)		완료 ☐
		복습날짜 (/)		완료 ☐
04 일차	동사의 12시제 + 수능핵심단어 04일차	학습날짜 (/)		완료 ☐
		복습날짜 (/)		완료 ☐
05 일차	조동사의 모든 것 + 수능핵심단어 05일차	학습날짜 (/)		완료 ☐
		복습날짜 (/)		완료 ☐
06 일차	수동태의 모든 것 + 수능핵심단어 06일차	학습날짜 (/)		완료 ☐
		복습날짜 (/)		완료 ☐
07 일차	to 부정사를 이용한 문장 + 수능핵심단어 07일차	학습날짜 (/)		완료 ☐
		복습날짜 (/)		완료 ☐
08 일차	동명사를 이용한 문장 + 수능핵심단어 08일차	학습날짜 (/)		완료 ☐
		복습날짜 (/)		완료 ☐
09 일차	분사를 이용한 문장 + 수능핵심단어 09일차	학습날짜 (/)		완료 ☐
		복습날짜 (/)		완료 ☐
10 일차	분사구문을 이용한 문장 + 수능핵심단어 10일차	학습날짜 (/)		완료 ☐
		복습날짜 (/)		완료 ☐
11 일차	명사절을 이용한 문장 + 수능핵심단어 11일차	학습날짜 (/)		완료 ☐
		복습날짜 (/)		완료 ☐
12 일차	관계대명사를 이용한 문장 1 + 수능핵심단어 12일차	학습날짜 (/)		완료 ☐
		복습날짜 (/)		완료 ☐
13 일차	관계대명사를 이용한 문장 2 + 수능핵심단어 13일차	학습날짜 (/)		완료 ☐
		복습날짜 (/)		완료 ☐
14 일차	관계부사를 이용한 문장 + 수능핵심단어 14일차	학습날짜 (/)		완료 ☐
		복습날짜 (/)		완료 ☐
15 일차	복합관계대명사, 복합관계부사를 이용한 문장 + 수능핵심단어 15일차	학습날짜 (/)		완료 ☐
		복습날짜 (/)		완료 ☐
16 일차	부사절을 이용한 문장 + 수능핵심단어 16일차	학습날짜 (/)		완료 ☐
		복습날짜 (/)		완료 ☐
17 일차	가주어, 가목적어를 이용한 문장 + 수능핵심단어 17일차	학습날짜 (/)		완료 ☐
		복습날짜 (/)		완료 ☐
18 일차	비교급의 모든 것 + 수능핵심단어 18일차	학습날짜 (/)		완료 ☐
		복습날짜 (/)		완료 ☐
19 일차	가정법을 이용한 문장 + 수능핵심단어 19일차	학습날짜 (/)		완료 ☐
		복습날짜 (/)		완료 ☐
20 일차	도치, 강조를 이용한 문장 + 수능핵심단어 20일차	학습날짜 (/)		완료 ☐
		복습날짜 (/)		완료 ☐

A course

필수 문법

01일차

·문장의 1형식, 2형식·

난이도 🌶🌶🌶

다음 문장은 몇 형식 문장인가?

However, that works only in a finite world.
그러나 그것은 오직 유한한 세계에서만 효과가 있다.

MISSION 정답 : 1형식

개념MASTER ① 문장의 1형식

문장의 1형식은 <u>주어와 동사만 가지고 만든 문장</u>이야. 1형식 동사는 '완전자동사'라고 불러. 보어가 필요 없어서 완전, 목적어가 필요 없어서 자동사야. 완전자동사는 보어와 목적어가 필요 없지만, 의미가 부족할 경우 <u>수식어구 (Modifier)</u>의 수식을 받아.

1형식 문장

S(주어) + V(동사) + M(수식어) ⇒ 해석: S가 V하다 (M은 의미 추가)

대표적인 1형식 동사들

go, come, arrive, happen, rise, cry, smile, work ...

Birds sing (in the forests). 새들은 노래한다 (숲에서).

The rain stopped (suddenly). 비가 멈췄다 (갑자기).

∗ there is / are는 문장의 1형식으로 취급!

There is an apple on the table. 테이블 위에 사과가 하나 있다.

There are two cats under the table. 테이블 밑에 고양이 두 마리가 있다.

모의고사 2015년 고3 09월

The Egyptian never showed up. 이집트인이 결코 나타나지 않았다.

시험MASTER **해석에 유의해야 하는 1형식 동사들**

This suit will do for the party.

이 정장은 파티를 위해서 할 것이다. (X)

이 정장은 파티에 적합할 것이다. (O)

1형식으로 쓰일 때 특별한 의미를 갖게 되는 동사들을 익히자.

matter 중요하다	**count** 중요하다	**work** 효과가 있다
do 충분하다, 적절하다	**pay** 이익이 되다	**last** 계속하다

개념MASTER ❷
문장의 2형식

문장의 2형식은 주어, 동사, 보어로 만드는 문장이야. 보어는 보충하는 말이야. 2형식에 쓰이는 보어는 주어의 의미를 보충해 주기 때문에 '주격보어'라고 부르기도 해. 2형식 동사는 보어가 필요해서 불완전, 목적어가 필요 없는 자동사라서 '불완전자동사'야.

2형식 문장

S(주어) + V(동사) + C(보어) ⇒ 해석: S는 C이다 / S가 C가 되다

대표적인 2형식 동사들

be동사: am, are, is, was, were
Honesty is the best policy. 정직이 최선의 방책이다.

seem류 동사(~처럼 보이다): appear, look
The lake looks beautiful in the moonlight. 호수는 달빛에 아름답게 보인다.

감각동사: feel, sound, smell, taste, look
Good medicine tastes bitter. 좋은 약은 쓴 맛이 난다.

become형 동사(~이 되다): turn, get, grow, go, fall, come, make
The tree grew bigger. 나무는 더 커졌다.

remain형 동사(~이 지속되다, 유지하다): stay, keep, lie, stand
She remained calm. 그녀는 침착한 상태를 유지했다.
The house stood empty. 그 집은 오랫동안 비어 있었다.

모의고사 2016년 고3 03월
The payoff is tremendous. 그 이익은 매우 크다.

시험MASTER 2형식 문장의 보어 자리에는 반드시 형용사

Good medicine tastes bitterly. (X)   Good medicine tastes bitter. (O)
좋은 약은 쓴 맛이 난다.

2형식 문장의 보어 자리에는 부사가 아닌 형용사를 사용해야 해. 물론 어려운 문장의 경우는 보어 자리에 명사나 형용사 외에 부정사, 분사, 동명사가 사용될 수도 있어. 하지만, 일단 기본적으로 보어 자리에 부사가 아닌 형용사가 온다는 것을 기억해야 해.

디저트 퀴즈

다음 문장들의 형식을 골라 보자.

1 Every vote counts in an election.   (1형식 / 2형식)

2 The only difference between this car and that one is the price.   (1형식 / 2형식)

3 The mystery of the Bermuda Triangle remains unsolved.   (1형식 / 2형식)

4 There are some problems on that.   (1형식 / 2형식)

5 A few months later, the bell rang at her new home.   (1형식 / 2형식)

2 단계 문법 요리하기

다음 우리말 의미에 맞게 박스 안에서 알맞은 것을 골라 보자.

1　2016년 고1 03월
This time I was certain / certainly . 이번에 나는 확신했다.

2　2014년 고2 09월
Action in this case is / are absolutely necessary: stop and walk away.
이러한 경우에 행동이 절대적으로 필요한데, 즉 멈추고 떠나라는 것이다.

3　2012년 고2 03월
However, Dodo birds became / made extinct during the late 19th century.
그러나, 도도새들은 19세기 후반부에 멸종되었다.

4　2016년 고1 06월
I started to seem / grow anxious as it got dark. 어두워지자 나는 불안해지기 시작했다.

5　2016년 고1 06월
Time seemed / looked to pass faster for the older group.
시간은 나이가 더 많은 사람들에게는 더 빨리 가는 것 같았다.

6　2015년 고1 11월
I got / remained home and reached for the house key.
나는 집에 도착해서 집 열쇠를 찾으려고 했다.

7　2015년 고2 09월
She looked wonderful / wonderfully , beautiful, and rich, all at the same time.
그녀는 한순간에 멋지고 아름답고 부유해 보였다.

8　2012년 고2 09월
The gain didn't care / matter . 이익은 중요하지 않았다.

9　2014년 고2 06월
Your heart rate increases / decreases . 당신의 심장 박동 수가 증가한다.

10　2016년 고1 03월
Hydroelectric power is / are a clean and renewable power source.
수력 발전은 깨끗하고 재생 가능한 에너지원이다.

다음 문장들을 정확하게 해석해 보자.

1 2016년 고3 06월
Biological clues are not essential.
해석

2 2016년 고3 04월
Reciprocity with a rival works in much the same way.
해석

3 2016년 고3 04월
How much further could he fly before shutting it down?
해석

4 2016년 고3 03월
The core struggle is between initiative and guilt.
해석

5 2016년 고3 04월 응용
Sometimes this kind of choosing can be visibly painful.
해석

6 2016년 고3 03월
The surface of the earth is different from place to place.
해석

7 2015년 고3 09월
It is a summer vacation swimming program for children aged 8-10.
해석

8 2016년 고3 06월
However, a scientific argument is different from a legal argument.
해석

9 2016년 고3 04월
Our bodies developed with nature, within it, as part of it, over time.
해석

10 2016년 고3 06월
Our understanding of the new story becomes, at that point, a function of the old story.
해석

단어 PLUS

1
+**biological** 생물학적인
+**clue** 증거
+**essential** 필수적인

2
+**reciprocity** 상호성
+**rival** 대적자
+**work** 작용하다
+**in the same way**
  같은 방식으로

3
+**further** 더 멀리
+**shut down** 폐쇄하다

4
+**core** 주요한
+**struggle** 투쟁
+**initiative** 주도성
+**guilt** 책임

5
+**choosing** 선택
+**visibly** 눈에 띄게, 분명히
+**painful** 괴로운

6
+**surface** 표면

7
+**aged** (나이가) ~세[살]의

8
+**argument** 논쟁
+**legal** 법적인

9
+**develop** 발전하다
+**within** ~안에

10
+**at that point** 그 시점에
+**function** 기능

4 단계

수능 요리하기

다음 문장들을 정확하게 해석해 보자.

1 2011년 수능
Journeys are the midwives of thought.
해석

2 2011년 수능
He was just an observer, not an experiencer.
해석

3 2012년 수능
This perception occurs in investing, as well.
해석

4 2011년 수능
It was an easy task and the correct answer was obvious.
해석

5 2012년 수능
Sometimes emotional eating is a reaction to a specific situation.
해석

6 2013년 수능
There are hundreds of great people to imitate and copy.
해석

7 2012년 수능
In this case, control of the outcome is clearly an illusion.
해석

8 2011년 수능
Every victory one person makes is a breakthrough for all.
해석

9 2011년 수능
While this may seem preferable, it is far from mandatory.
해석

10 2017년 수능
The impacts of tourism on the environment are evident to scientists, but not all residents attribute environmental damage to tourism.
해석

단어 PLUS

1
+journey 여행
+midwife 산파

2
+observer 관찰자
+experiencer 체험자

3
+perception 인식
+investing 투자

4
+task 일
+obvious 명백한

5
+emotional 감정적인
+reaction 반응
+specific 구체적인

6
+imitate 흉내 내다

7
+control 통제
+outcome 결과
+clearly 명백히
+illusion 착각

8
+breakthrough 획기적인 약진

9
+preferable 바람직한
+mandatory 강제적인

10
+impact 영향
+evident 명백한
+resident 거주자
+attribute ~의 탓으로 돌리다

5단계 쓰기 요리하기

앞서 배운 문장들을 바탕으로 빈칸을 채워 문장을 완성해 보자.

1 2016년 고3 06월

Biological clues / _____ not essential.

생물학적인 증거들은 / 필수적이지 않다

2 2016년 고3 04월

Reciprocity with a rival / _____ / in much the same way.

라이벌과의 상호작용도 / 작용한다 / 그와 거의 같은 방법으로

3 2016년 고3 03월

The surface of the earth / _____ _____ / from place to place.

지구의 표면은 / 다르다 / 여기저기

4 2016년 고3 04월

Our bodies / _____ / with nature, within it, as part of it, over time.

우리의 몸은 / 발전했다 / 자연과 함께, 그것의 안에서, 그것의 일부로서, 시간이 지나면서

5 2016년 고3 06월

Our understanding of the new story / _____, / at that point, / a function of the old story.

새로운 이야기에 대한 우리의 이해는 / 된다 / 그 시점에 / 오래된 이야기들의 작용이

6 2011년 수능

Journeys / _____ the midwives of thought.

여행은 / 생각의 산파이다

7 2011년 수능

It was an easy task / and the correct answer / _____ _____.

그것은 쉬운 일이었다 / 그리고 정답은 명백했다

8 2013년 수능

_____ _____ / hundreds of great people / to imitate and copy.

있다 / 수백 명의 위대한 사람들이 / 흉내 내고 모방할

9 2017년 수능

The impacts of tourism / on the environment / _____ _____ / to scientists, / but not all residents / attribute / environmental damage / to tourism.

관광산업의 영향은 / 환경에 미치는 / 명백하다 / 과학자들에게 / 그러나 모든 주민들이 / ~탓으로 돌리지 않는다 / 환경 훼손을 / 관광산업의 탓으로

영어 단어 공부법

서울대 선배가 너에게

나는 외국어를 공부할 때 가장 중요한 영역은 어휘라고 생각해. 하필 왜 어휘일까? 자, 내가 어휘의 위대함을 알려줄테니 아래 문장을 한 번 볼래?

"나는 가곤 했다 맛있는 주스 때문에 불리는 모히또 친구가 일하는 생과일 전문점"

어떤 의미의 문장인지 대충 감이 와? 아마 '나는 모히또라고 불리는 맛있는 주스 때문에 친구가 일하는 생과일 전문점에 가곤 했다.'라고 해석이 될 거야. 이렇게 기초적인 문법의 토대 없이 어휘만 알고 있으면 짐작해서 문장을 해석할 수 있어. 가령, 외국 사람들이 어눌한 한국말 문법으로 우리에게 길을 물어봐도 대충 무슨 말을 하는지 알 수 있잖아? 그렇다고 문법 공부를 하지 말라는 건 아니지만 ^^;; 하지만, 중요한 만큼 어휘를 제대로 공부하는 건 정말 어려워. 그 날 아무리 열심히 외웠어도, 인간은 망각의 동물이기 때문에 며칠만 지나면 머릿속에 공부했던 어휘들이 대부분 휘발될 거야. 그렇다면, 영어 어휘를 어떻게 공부해야 효율적으로 암기할 수 있을까? 나는 고등학교 때 세 가지 방법을 써서 영어와 제2외국어로 일본어를 공부했고, 대학에 입학한 지금까지 독일어를 공부할 때 써먹고 있어. 특별히 가르쳐 줄게!

1. 강박적으로 복습하기 : 단어집을 사서 공부하기로 마음먹었으면, 정말 의식적으로 하루도 빠짐 없이 복습해야 해. 가령, 오늘 day 1을 공부했다면 내일은 day 2를 공부하는 한편 day 1도 복습해야 해. 그 다음 날에는 day 3 공부하고 day 2를 공부하는 거지. 그리고 일주일 단위로 토요일 일요일에는 월요일~금요일에 공부했던 5일치를 복습하는 거지. 자주자주 봐야 단기기억이 장기기억으로 바뀌게 돼. 밑 빠진 독에 물 붓는 일 하지 말고, 이왕 공부할 때 제대로 공부하자!

2. 문맥 속에서 이해하기 : 사실 단어를 외울 때, 단어들만 지루하게 열거되어 있는 단어장을 사서 공부하면 재미도 없고 잊어버리는 속도가 더 빠른 것 같더라고. 그래서 나는 외고에 진학하고는 독해 문제집에 나와 있는 모든 어휘들을 글 안에서 공부했어. 반복해서 보다보면 단어를 보는 순간 그 단어가 들어 있던 문장이 생각나고, 문장 안에서 문맥을 통해 외우니 머릿속에서 더 잘 남더라고! 근데 그럼 외우는 단어 수가 적지 않냐고? 천만의 말씀! 네가 독해를 하면서 생각보다 놓치고 있는 단어들도 많을 거야. 가령, 글에 raise가 나왔는데 원래 네가 알고 있던 rise와 헷갈린다면? 자동사와 타동사를 구분할 수 있는 좋은 기회야! 이렇게 네가 헷갈리는 지점들을 인식하고 인터넷을 활용해서 심층적으로 공부해봐. 누가 시켜서 한 게 아니라 스스로 한 공부는 그만큼 머릿속에 인상 깊게 저장될 거야!

3. 스스로 검사해보기 : 단어 공부를 하면서 마음 속에 명심해야 될 게 있어. 바로 익숙한 것과 아는 것은 다르다는 거야. 대부분 단어장을 보면 왼쪽에는 영어 단어가, 오른쪽에는 한글로 된 뜻이 적혀 있을 거야. 공부하고 그 페이지를 보면 이미 한 번은 다 본 것이기 때문에 익숙하게만 느껴져. 하지만 그렇다고 해서 네가 한글로 된 뜻들을 가려도 알고 있으리라는 법은 없어. 나 같은 경우에는 컴퓨터로 직접 학습지를 만들었어. 책을 보면서 한글 뜻만을 적고 남은 빈칸에는 내가 직접 영어 단어를 쓸 수 있게 남겨두는 거지. 몇 장씩 인쇄해서 가지고 다니면서 시간이 날 때마다 내가 외운 것들이 머릿속에 잘 남아 있나 점검했어. 학습지를 만들면서도 공부가 되고, 실제로 점검해봄으로써 네가 외운 단어들을 더 꼼꼼하게 공부할 수 있을 거야!

02일차

•문장의 3형식, 4형식•

난이도 🌶️🌶️🌶️

MISSION ▶ 다음 문장을 읽고 아래 질문에 답해 보자.

These abilities give them a distinct advantage over adult.

위 문장은 4형식이다. (YES / NO)

MISSION 정답 : YES

이 능력들은 그들에게 어른에 비해서 분명한 이점을 준다.

개념 요리하기

개념MASTER ❶
문장의 3형식

문장의 3형식은 주어, 동사, 목적어를 이용한 문장이야. 3형식 동사는 완전 타동사라고 불러. 보어가 필요 없으니 완전, 목적어가 필요하니 타동사이지.

3형식 문장

S(주어) + V(동사) + O(목적어) ⇒ 해석: S가 O를 V하다

대표적인 3형식 동사들

make, want, love, watch, eat

I love you. 나는 너를 사랑한다.

I bought a new car. 나는 새로운 자동차를 샀다.

I have a question. 나는 질문이 하나 있다[하나를 가지고 있다].

모의고사 2016년 고3 06월

This generated a great deal of resistance. 이것은 많은 저항을 일으켰다.

시험MASTER 전치사를 쓰지 않는 3형식 동사

She married with Tom. (X) She married Tom. (O)
그녀는 Tom과 결혼했다.

어떤 3형식 동사들은 한국말로 해석을 해 보면 전치사를 쓰는 것이 더 자연스럽게 느껴지기도 해. 이 때 한국말에 속아서 전치사를 사용하면 안 돼. 전치사는 목적어가 될 수 없기 때문이야.

answer ~에 대답하다	approach ~에 접근하다	attend ~에 참석하다
discuss ~에 대해서 토론하다	enter ~에 들어가다	mention ~에 대해서 말하다
greet ~와 인사하다	marry ~와 결혼하다	reach ~에 도달하다
resemble ~와 닮다		

개념MASTER ❷
문장의 4형식

문장의 4형식은 Indirect Object(간접목적어), Direct Object(직접목적어)라는 두 개의 목적어를 필요로 해. 4형식 동사는 수여동사라고 부르는데 상장을 누군가에게 수여하는 것처럼 '~에게 ~을 주다'라는 목적어를 두 개 취하는 동사야.

4형식 문장
S(주어) + V(동사) + I.O.(간접목적어) + D.O.(직접목적어)
⇒ 해석: S가 I.O.에게 D.O.를 V하다

대표적인 4형식들
give, send, show, bring, teach, buy, make, cook, find ...
I buy her lunch. 나는 그녀에게 점심을 사준다.
Jay teaches us English. Jay는 우리에게 영어를 가르쳐 준다.
He gave the girl a doll. 그는 그 소녀에게 인형을 하나 주었다.

시험MASTER 4형식 문장의 3형식 전환

He gave me a present. → He gave a present to me.
Mother bought me a bag. → Mother bought a bag for me.
Tom asked me a question. → Tom asked a question of me.

4형식 문장은 직접목적어를 목적어로 사용하는 3형식 문장으로 바꿀 수 있어. 이 때 동사에 따라서 전치사 to, for, of를 알맞게 사용해야 해.

S + V + I.O. + D.O. = S + V + D.O. + 전치사(to/for/of) + I.O.
전치사 to를 쓰는 경우 – give, bring, teach, show, send, lend, pass
전치사 for을 쓰는 경우 – buy, make
전치사 of를 쓰는 경우 – ask, require

디저트 퀴즈   다음 문장들의 동사에 밑줄을 그어 보자.

1 We review hundreds of top-rated professors.

2 Children give their parents both headaches and pleasures.

3 He taught me that memory is a muscle.

4 The expedition cost him his life.

5 Most dictionaries list names of famous people.

다음 문장들의 형식을 골라 보자.

1 2015년 고3 04월
This enraged the soldiers. (3형식 / 4형식)
이것이 군인들을 격분하게 만들었다.

2 2015년 고3 09월
True understanding inevitably requires a knowledge of context. (3형식 / 4형식)
진정한 이해는 전후사정에 대한 지식을 불가피하게 필요로 한다.

3 2016년 고3 06월
This generated a great deal of resistance. (3형식 / 4형식)
이것은 많은 저항을 일으켰다.

4 2016년 고3 06월
Savannas pose a bit of a problem for ecologists. (3형식 / 4형식)
사바나는 생태학자에게 약간의 문제를 제기한다.

5 2015년 고3 06월
Miss Smith noticed her new shoes. (3형식 / 4형식)
Smith 선생님은 그녀의 새 신발을 알아차렸다.

6 2015년 고3 09월
However, each sale requires a different approach. (3형식 / 4형식)
그러나, 각각의 판매는 다른 접근 방법을 필요로 한다.

7 2015년 고3 09월
Four years later, he entered Cambridge University. (3형식 / 4형식)
4년 후, 그는 Cambridge 대학교에 들어갔다.

8 2016년 고3 03월
My dream school had offered me a full scholarship. (3형식 / 4형식)
내가 꿈꾸던 학교가 내게 전액 장학금을 주었다.

9 2016년 고3 06월
Animals organize their environments instinctively. (3형식 / 4형식)
동물은 본능적으로 그들의 환경을 조직한다.

다음 문장들을 정확하게 해석해 보자.

1 2016년 고3 06월
A few years later, Imo introduced another innovation.
해석

2 2016년 고3 06월
You can send it to me at the address in my application.
해석

3 2015년 고3 09월
He recalled his strong conviction during the interview.
해석

4 2016년 고3 06월
The Roman Empire had an incredible variety of trademarks.
해석

5 2016년 고3 06월
Roman potters alone used approximately 6,000 trademarks.
해석

6 2016년 고3 06월
Unfortunately, none of the main London bookstores had a copy.
해석

7 2016년 고3 06월
He also taught his customer how to make shapes with the cream.
해석

8 2014년 고3 10월
He developed a healthy, positive outlook towards the future.
해석

9 2015년 고3 09월
Young people also increasingly access social networking websites.
해석

10 2015년 고3 09월
With your donation, we can preserve fragile coral reefs around the world.
해석

단어 PLUS

1
+introduce 도입하다
+innovation 혁신

2
+application 지원서

3
+recall 떠올리다
+conviction 신념

4
+Roman Empire 로마제국
+a variety of 다양한
+trademark 상표

5
+potter 도공
+alone ~만으로도
+approximately 거의

6
+unfortunately 불행히도
+copy (책) 한 부

7
+customer 고객
+shape 모양

8
+outlook 전망

9
+increasingly 점점 더
+access 접속하다

10
+donation 기부
+preserve 보존하다
+fragile 연약한
+coral reef 산호초

수능 요리하기

4단계

다음 문장들을 정확하게 해석해 보자.

1 2012년 수능
Different departments protected their territory.
해석

2 2014년 수능
We may want some stillness and solitude.
해석

3 2014년 수능
On the one hand, they help guarantee our survival.
해석

4 2015년 수능
Increased size affects group life in a number of ways.
해석

5 2014년 수능
Animals like monkeys have evolved the same bias.
해석

6 2014년 수능
Technology gives us more and more of what we think we want.
해석

7 2014년 수능
A few hundred people cannot sustain a sophisticated technology.
해석

8 2013년 수능
A glance at the shelves can inspire a whole range of questions.
해석

9 2012년 수능
Emotional eaters manifest their problem in lots of different ways.
해석

10 2014년 수능
His mathematical theory of heat conduction earned him lasting fame.
해석

단어 PLUS

1
+department 부서
+territory 영역

2
+stillness 고요함
+solitude 고독

3
+on the one hand 한편으로
+guarantee 보장하다
+survival 생존

4
+affect ~에 영향을 미치다
+a number of 많은

5
+evolve 발달시키다
+bias 편향

6
+technology 기술

7
+sustain 유지하다
+sophisticated 섬세한

8
+glance 슬쩍 보기
+shelves 선반들
+inspire
(영감 따위를) 불러 일으키다
+a whole range of
별별 종류의

9
+emotional 감정적인
+manifest 나타내다

10
+mathematical 수학의
+heat conduction 열전도
+earn 얻다
+lasting 지속되는
+fame 명성

5 단계 쓰기 요리하기

앞서 배운 문장들을 바탕으로 빈칸을 채워 문장을 완성해 보자.

1
2016년 고3 06월
A few years later, / Imo / _____ / another innovation.
몇 년 후 / Imo는 / 도입했다 / 또 다른 혁신을

2
2016년 고3 06월
You / can _____ / it / to me / at the address in my application.
너는 / 보낼 수 있다 / 그것을 / 나에게 / 내 지원서에 있는 주소로

3
2016년 고3 06월
He / also _____ / his customer / how to make shapes with the cream.
그는 / 또한 가르쳤다 / 자신의 고객에게 / 크림으로 모양을 어떻게 잡는지를

4
2015년 고3 09월
Young people / also increasingly _____ / social networking websites.
젊은이들은 / 또한 점점 더 접속한다 / 소셜 네트워킹 웹 사이트들에

5
2015년 고3 09월
With your donation, / we / can _____ / fragile coral reefs around the world.
당신의 기부로 / 우리는 / 보존할 수 있다 / 전 세계의 손상되기 쉬운 산호초들을

6
2014년 수능
We / may _____ / some stillness and solitude.
우리는 / 원할지도 모른다 / 어느 정도의 고요함과 고독을

7
2015년 수능
Increased size / _____ / group life / in a number of ways.
증가한 크기는 / 영향을 미친다 / 집단의 생명에 / 여러 가지 방법으로

8
2014년 수능
Technology / _____ / us / more and more / of what we think we want.
기술은 / 준다 / 우리에게 / 점점 더 많은 것 / 우리가 원한다고 생각하는 것의

9
2014년 수능
A few hundred people / cannot _____ / a sophisticated technology.
몇 백 명의 사람들은 / 유지할 수 없다 / 정교한 기술을

10
2014년 수능
His mathematical theory of heat conduction / _____ / him / lasting fame.
열전도에 대한 그의 수학적 이론은 / 벌어주었다 / 그에게 / 지속되는 명성을

어려운 영어 문법 용어들,
다 일일이 암기하고 철저히 구분해야 하나요?

서울대 선배가 너에게

영어 문법은 굉장히 어려운 한자로 되어 있어서 사실 공부하다 보면 '내가 이런 이름들까지 다 알아야 하나?', '이런 용어들을 기억하는 게 내가 문제 푸는데 과연 도움이 될까?'라는 회의를 품기 쉬워져. 사실 나도 고등학교 때 공부하면서 개념들을 철저히 구분하지 않고 대충 뭉뚱그려 공부하고 했어. 그런데 돌이켜 생각해 보면 용어를 제대로 아는 것은 굉장히 중요해.

사실 국어를 공부할 때도 '개념어'라는 것은 굉장히 중요해. 개념어라 하면 가령 '3인칭 관찰자 시점', '열거', '객관적 상관물' 등의 개념을 지칭하는 말이야. 국어 문제를 풀다보면 이러한 용어가 노골적으로 나오면서 문학 작품 하나 던져주고 이 개념어들에 해당하는 것을 찾아보라 그래. 그런데 영어는 문제 자체에서 '시제혼합가정법'이니 '도치'니 이러한 것들을 절대 물어보지 않아. 다만, 지문을 독해할 때 이런 개념들을 정확히 숙지하고 구분할 줄 알아야 해석되는 문제들이 있어. 가령 같은 관계대명사라도 앞에 쉼표가 붙는 순간 그냥 '관계대명사', '계속적 관계대명사'로 구분이 되고 해석이 완전히 달라져. 따라서 이런 용어들을 정확히 알고 구분하는 것이 중요해!

다만, 그냥 용어를 아무런 해석 없이 통째로 외우면 아무 의미가 없어. 용어들은 각 개념이 수행하는 기능을 압축해서 보여주는 역할을 해. 가령, '관계부사'의 경우엔 '관계사 역할을 하지만 관계대명사와는 다르게 부사 역할을 하는 (=즉, 빠져도 괜찮은) 친구들'이라는 의미를 압축해서 내포하고 있지. 더불어 '동명사'와 같은 경우에도 동사에 –ing을 붙임으로서 그 동사가 명사의 기능을 수행할 수 있도록 변형시키는 문법이잖아. 마찬가지로 문법 용어 자체에 그 기능이 모두 집약되어 있다고 볼 수 있어.

물론 수능에 나오는 영어 문법은 굉장히 제한적이라 10개에서 20개 정도의 포인트로 요약해 볼 수 있어. 즉, 수능 문법을 효율적으로 대비하기 위해 두꺼운 문법 이론서를 굳이 처음부터 끝까지 공부하지 않아도 된다는 이야기야. 하지만 이 글을 읽는 대부분의 독자들은 영어 문법을 처음부터 공부하는 학생들일거야. 저렇게 요약해서 공부하는 것도 영어 문법 전체 맥락을 파악하고 있어야 훨씬 더 체계적이고 효율적으로 해낼 수 있는 거야. 아무것도 모르는 상태에서 요약본만 공부하다보면 맥락 파악도 안 되고 실제 문제에서 적용하기 굉장히 어려워져. 그래서 처음에는 설명이 많이 나와 있는 이론서로 공부도 하고, 각 챕터에 나와 있는 용어들이 내포하고 있는 바를 느긋하게 음미하면서 철저히 구분할 줄 알아야해.

하지만, 이는 하루아침에 되는 게 아니야. 처음 영어 문법들을 보면 거의 대부분이 한자로 이루어져 있기 때문에 공부하기도 힘들 것이고, 처음부터 완벽한 소화는 불가능할거야. 내가 썼던 방법은 어떤 문법 문제가 나오면 그 문장 안에 녹아들어 있는 문법 포인트를 실제 용어를 활용해가면서 말로 혼자 주절주절 분석해 보는 거야. 너희가 이 책의 '정답과 해설'에 나와 있는 해설 수준으로 문법 용어를 구사하고 각 개념을 철저히 구분할 수 있을 때 그 때 비로소, 너희 머릿속에서도 영어 문법이 체계적으로 정리될 거야.

03일차

문장의 5형식

난이도

MISSION 다음 문장의 빈칸에 들어갈 동사를 써 보자.

Letters like this k_____ us motivated.

이것과 같은 편지들은 우리가 동기 부여된 상태를 유지하도록 한다.

MISSION 정답 : (k)eep

개념 요리하기

단계

학습날짜 :   월   일

개념MASTER ❶
문장의 5형식

문장의 5형식은 가장 어려워. 목적어도 필요하고, 목적격보어도 필요하지. 그래서 5형식 동사는 불완전타동사라고 불러. 문장의 형태가 다양하고 해석이 까다로우니까 잘 따라와야 해.

문장의 5형식
S(주어) + V(동사) + O(목적어) + O.C.(목적격보어)
⇒ 해석: S가 O를 O.C.라고 V하다 / S가 O가 O.C.하는 것을 V하다

모의고사 2015년 고3 09월

That system had its virtues, but in time ecology made the lines appear artificial. 그 체계는 그 나름의 장점을 가지고 있었지만, 머지않아 생태는 그 선들이 인위적으로 보이게 만들었다.

개념MASTER ❷
사역동사, 지각동사

사역동사(let, make, have)와 지각동사(see, watch, feel, hear 등)는 목적격보어로 to를 삭제한 동사의 원형 형태를 사용해.

사역동사, 지각동사 + 목적어 + 동사원형
These colors make people to want to eat more. (x)
These colors make people want to eat more. (O)
이 색깔들은 사람들이 더 많이 먹고 싶도록 만든다.

학교 내신에서 굉장히 중요한 포인트야. 단, 사역동사와 지각동사의 목적격보어로 동사원형만 사용하는 것은 아니야. 다음의 형태들이 모두 가능한 것도 참고하자.

사역동사, 지각동사 + 목적어 + 여러 가지 형태의 목적격보어

주어	사역동사	목적어	동사원형(능동) / V~ing(진행강조) / p.p.(수동)
	사역동사 get		to 부정사(능동) / V~ing(진행강조) / p.p.(수동)
	지각동사		동사원형(능동) / V~ing(진행강조) / p.p.(수동)

He had the mechanic repair his car. 그는 정비사가 그의 차를 수리하도록 시켰다.
I saw a cute girl smiling at me. 나는 귀여운 소녀가 나를 향해 웃는 것을 보았다.
I'll get the work finished by tonight. 나는 그 일이 오늘 밤까지는 마쳐지도록 만들 것이다.

개념MASTER ❸

대표적인 5형식 동사

5형식 문장은 동사들을 익히는 것이 가장 중요해. 워낙 종류가 많고 그 쓰임이 다양하기 때문에 다음의 5형식 문장들을 종류별로 제대로 익히자.

1. 지각동사 + O + O.C.(동사원형/Ving/p.p.)
해석: O가 O.C.하는 것을 보다/듣다/느끼다/냄새를 맡다 ...

> see(보다), watch(보다), feel(느끼다), hear(듣다), listen to(듣다), smell(냄새를 맡다) ...

We smelled something burning. 우리는 뭔가가 타고 있는 냄새를 맡았다.

2. 사역동사 + O + O.C.(동사원형/Ving/p.p.)
해석: O가 O.C.하도록 시키다[허락하다]

> make, have(~하게 만들다, 시키다), let(~하도록 허락하다)

Her mother made her stand in the corner with her face to the wall.
그녀의 어머니는 그녀의 얼굴이 벽을 향하게 한 채로 구석에 서 있도록 만들었다[시켰다].

3. help + O + O.C.(동사원형/to V/p.p.)
해석: O가 O.C.하는 것을 돕다
Tom helped me (to) do my homework. Tom은 내가 숙제를 하는 것을 도와주었다.

4. want류 동사들 + O + O.C.(to V/p.p.)
해석: O가 O.C.하는 것을 ~하다

> cause, order, require, enable, encourage, expect, ask, allow, advise, force, permit ...

My parents told me to save water. 나의 부모님들은 나에게 물을 절약하라고 말씀하셨다.
He asked me to come to the front. 그는 나에게 앞으로 나오라고 요청했다.
My mom allowed me to go to the party. 나의 어머니는 내가 파티에 가도록 허락하셨다.
The doctor advised me to go to bed early. 의사는 나에게 일찍 자라고 조언했다.
The teacher encouraged me to study harder.
선생님께서는 나에게 더 열심히 공부하라고 격려하셨다.

디저트 퀴즈   다음 밑줄 친 부분을 올바른 형태로 고쳐 보자.

1   I heard your name <u>call</u>.

2   She always makes me <u>happily</u>.

3   I saw her <u>to enter</u> the building.

4   I got my arm <u>break</u> yesterday.

5   In space, no one hears you <u>screamed</u>.

다음 우리말 의미에 맞게 박스 안에서 알맞은 것을 골라 보자.

1 2016년 고1 03월
I heard something moving / moved slowly along the walls.
나는 무엇인가 벽을 따라 천천히 움직이는 소리를 들었다.

2 2013년 고2 06월
When he wore it, he asked his servant paint / to paint it with a brush.
그가 그것을 입었을 때, 하인에게 솔로 그것에 페인트를 칠하도록 요청했다.

3 2012년 고2 11월
My father trusted him more and more and made / allowed me to spend a lot of time with Jimmy.
내 아버지는 그를 더욱 더 많이 신뢰하셨고 내가 Jimmy와 많은 시간을 보내도록 허락하셨다.

4 2016년 고1 03월
Counselors often advise clients get / to get some emotional distance from whatever is bothering them.
상담원은 상담 의뢰인에게 그들을 괴롭히고 있는 그 어떤 것과도 약간의 감정적 거리를 두라고 자주 충고한다.

5 2014년 고2 06월
Students expect them to give / giving an overview of the course.
학생들은 그들이 강의의 개요를 줄 것을 기대한다.

6 2015년 고1 09월
Tolerance allows the world flourish / to flourish .
관용은 세상이 번창하는 것을 가능하게 한다.

7 2014년 고1 09월
Don't let calendars regulate / to regulate your life.
달력이 당신의 삶을 통제하도록 놓아두지 말아라.

8 2015년 고2 09월
He piled sketchpads and model kits next to the boy's bed and encouraged him to build / built miniature airplanes and boats.
그는 아들의 침대 옆에 스케치북과 모형 재료들을 쌓아놓고, 그로 하여금 모형 비행기와 보트를 만들도록 권유 하였다.

3단계 해석 요리하기

다음 문장들을 정확하게 해석해 보자.

1 2014년 고3 10월
Alkaloids make coral bean seeds highly toxic.
해석 .

2 2015년 고3 10월
George saw Josh floundering in the icy water.
해석

3 2015년 고3 07월
Science calls this the social loafing effect.
해석

4 2015년 고3 09월
Analysis of the errors leads the teacher to modify the teaching of these procedures.
해석

5 2015년 고3 09월
Emily wanted him to open her milk carton.
해석

6 2016년 고3 04월
You can have your computer copy automatically all images.
해석

7 2016년 고3 03월
Transportation enables us to carry out all these activities.
해석

8 2016년 고3 06월
We asked our body clocks to adapt to a vastly different schedule of day and night cycles on the other side of the Earth.
해석

9 2015년 고3 09월
As he struggled to get up, he saw something fall from his bag.
해석

10 2014년 고3 10월
At the age of 58, poor health forced him to sell his business.
해석

1
+**Alkaloid** 알칼로이드(독성물질)
+**coral bean** 코랄 빈
+**seed** 씨앗
+**highly** 매우
+**toxic** 독성의

2
+**flounder** 허우적거리다
+**icy** 얼은

3
+**social loafing effect**
사회적 태만 효과

4
+**error** 오류, 실수
+**modify** 수정하다
+**procedure** 절차

5
+**carton** (음식, 음료 담는) 곽, 통

6
+**automatically** 자동으로

7
+**enable** 가능하게 하다
+**carry out** 수행하다

8
+**body clock** 생체시계
+**adapt to** ~에 적응하다
+**the other side** 반대편

9
+**struggle** 몸부림치다
+**get up** 일어나다

10
+**at the age of** ~의 나이에
+**force** 강요하다
+**business** 가게, 회사

다음 문장들을 정확하게 해석해 보자.

1

<small>2012년 수능</small>

This has allowed researchers to describe sperm whale social groups in detail.

해석

2

<small>2013년 수능</small>

The "mere act" of writing helps writers make their ideas not only clearer but more logical.

해석

3

<small>2015년 수능</small>

We believe this view to be thoroughly misguided.

해석

4

<small>2014년 수능</small>

This inferred sincere interest in the product may enable him to endure the increased cost.

해석

5

<small>2012년 수능</small>

Something told me to write my deepest feelings and thoughts.

해석

6

<small>2014년 수능</small>

A charitable lady helped him attend a local military school.

해석

7

<small>2013년 수능</small>

This allows others to compare the results to data they obtain from a similar experiment.

해석

8

<small>2013년 수능</small>

Praise encourages children to find ways to get future verbal "goodies".

해석

9

<small>2013년 수능</small>

This expectation might cause a scientist to select a result from one trial over those from other trials.

해석

쓰기 요리하기

앞서 배운 문장들을 바탕으로 빈칸을 채워 문장을 완성해 보자.

1 2014년 고3 10월

Alkaloids / _____ / coral bean seeds / highly toxic.

알칼로이드는 / ~하게 만든다 / 코랄빈의 씨앗이 / 매우 독성을 띠게

2 2015년 고3 07월

Science / _____ / this / the social loafing effect.

과학은 / 부른다 / 이것을 / 사회적 태만 효과라고

3 2015년 고3 09월

Analysis of the errors / _____ / the teacher / to modify the teaching of these procedures.

실수에 대한 분석은 / 이끈다 / 교사가 / 이러한 절차를 가르치는 것을 수정하도록

4 2016년 고3 04월

You / can _____ / your computer / copy automatically all images.

당신은 / ~하게 할 수 있다 / 당신의 컴퓨터가 / 모든 이미지를 자동으로 복사하도록

5 2016년 고3 03월

Transportation / _____ / us / to carry out all these activities.

수송은 / ~할 수 있게 한다 / 우리가 / 이 모든 활동을 수행하는 것을

6 2013년 수능

The "mere act" of writing / _____ / writers / make / their ideas / not only clearer but more logical.

글 쓰는 일[집필]이라는 "단순한 행동"은 / 도와준다 / 작가가 / 만들도록 / 자신의 생각을 / 더 명확하게 할 뿐만 아니라 더 논리적으로

7 2012년 수능

Something / _____ me / _____ _____ / my deepest feelings and thoughts.

무언가가 / 내게 말해 주었다 / 써보라고 / 나의 가장 깊은 곳에 있는 감정과 생각을

8 2013년 수능

This / _____ / others / to compare the results / to data they obtain from a similar experiment.

이는 / ~할 수 있게 한다 / 다른 사람들이 / 그 결과들을 비교할 수 있게 / 유사한 실험에서 얻는 자료와

9 2013년 수능

Praise / _____ / children / to find ways / to get future verbal "goodies".

칭찬은 / 장려한다 / 아이들이 / 방법들을 찾도록 / 앞으로 있을 말로 된 '맛난 것'을 얻을

수학이 너무 어려워요.
어떻게 공부해야 할까요?

서울대 선배가 너에게

초등학교에서 중학교로 올라와서 가장 당황스러웠던 건 아마 수학일 거야. x이니 y이니 이상한 문자들이 갑자기 들어오고, 방정식이니 함수니 어려운 용어들도 갑자기 들이닥치고... 그리고 여담이지만 문제 어투도 달라져. 초등학교 문제는 '~을 구해보세요.'라고 정중히 말해주는 반면, 중학교 문제는 '~을 구하시오.'라고 재수 없게 (?) 우리에게 명령을 하지 ㅋㅋ. 그만큼 초등학교 수학과 중학교 수학은 차원이 달라.

그러나 초등학교 수학과 중학교 수학에는 한 가지 공통점이 있어. 바로 '가르쳐준 거 열심히 이해하고 문제 많이 풀면 점수가 잘 나온다.'라는 거야. 당연한 것처럼 보이지? 사실 저게 통하지 않으면 우리는 열심히 공부를 할 이유가 없지. 그런데 애석하게도 고등학교 수학은 그렇지 않아! 실제로 3년간 고등학교 생활을 하면서 수학을 정말 열심히 하지만 성적은 그만큼 올라가지 않아서 중간에 포기하는 친구들을 정말 많이 봤어. '수포자'라는 말이 고등학교에 괜히 널린 게 아니란다. 그렇다면 우린 대체 수학을 어떻게 공부해야 할까?

먼저 중학교 수학에 대해서 이야기를 해보자. 중학교 수학에서 개념 자체가 어려운 경우는 드물어. 그 개념을 이해하는 것은 비교적 수월하겠지만 이를 문제에 적용시키는 과정부터가 관건이야. (학교/학원 선생님이 개념 설명해주실 때는 이해가 잘 되지만, 막상 문제를 풀어보려 하면 어려운 이유가 바로 여기에 있어.) 그래서 중학교 수학은 개념을 이해했다면 최대한 많은 문제들을 풀어보는 것이 정말 중요해! 그리고 중학교 문제들은 대부분이 유형화 되어 있기 때문에 문제를 많이 풀어본다면 시험에 나올만한 모든 문제들은 충분히 커버가 가능해. 더불어 문제를 풀다보면 개념에 대한 적용 능력도 확실히 키울 수 있고!

중학교와 달리 고등학교 수학부터는 그 개념 자체가 난해해지는 경우가 정말 많아. 사실 3등급까지는 중학교 때 사용했던 '그저 열심히 개념 이해하고 문제 많이 풀기' 방식으로 공부하면 충분히 나와. 이제 문제는 그 위 부터지. 사실 문제를 내는 사람들이 관심있게 다루는 부분은 '대부분 학생들이 모르는 내용'이야. 이 학생들이 대부분 모르는 내용은 대부분의 문제에서 핵심적으로 다루는 내용이 아니야. 그냥 쉽게 무심코 지나치는 내용 혹은 한 번 더 깊게 생각해보지 않고선 깨달을 수는 없는 내용들이지. 쉽게 예를 들어보면 이차 방정식의 근의 공식만 달달 외운 친구들은 80점까진 받을 수 있겠지만, 이차방정식과 이차함수의 관계에 대해까지 고민해 본 친구들은 100점을 받을 수 있어! 그런데 사실 이런 내용들을 스스로 공부하기엔 굉장히 힘들어. 3년간 30권이 넘는 수학 문제집을 풀어보면서 〈수학의 바이블〉이란 책이 이러한 '깊은' 내용들까지 친절하게 잘 말로 설명해준 것 같아. 하지만 공부양이 늘어난 만큼, 그 과정이 훨씬 더 고통스러울거야. 그래도, 왕관의 무게를 버텨내는 자만이 황제로 거듭날 수 있어!

04일차

동사의 12시제

난이도 🌶🌶🌶

MISSION 다음 우리말 해석에 맞게 빈칸을 채워 보자.

Learning to sell was a different game from what they had _____ playing.

판매하는 것을 배우는 것은 그들이 해 왔던 것과는 다른 일이었다.

MISSION 정답 : been

개념 요리하기

학습날짜 :   월   일

개념MASTER ❶
동사의 12시제

동사의 형태를 변화시켜서 시간관계를 나타내는 것을 '시제'라고 해. 영어에는 12개의 시제가 있는데 진행, 완료라는 시제만 제대로 익히면 과거−현재−미래와 연결해서 쉽게 12개의 시제를 만들 수 있어.

	완료	진행	완료진행
1. 과거 동사의 과거형	4. 과거완료 had p.p.	7. 과거진행 was/were + ing	10. 과거완료진행 had been −ing
2. 현재 동사의 현재형	5. 현재완료 have[has] p.p.	8. 현재진행 am/are/is + −ing	11. 현재완료진행 have[has] been −ing
3. 미래 will/be going to + 동사원형	6. 미래완료 will have p.p.	9. 미래진행 will be −ing	12. 미래완료진행 will have been −ing

---

개념MASTER ❷
진행 시제

진행 시제는 기본적으로 「be + 동사ing」형태를 사용하는데, 과거/현재/미래와 연결하여 사용할 수 있고, 완료 시제와도 함께 사용할 수 있어. 각각의 시제에 생생한 진행의 느낌이 더해진다고 생각하면 돼.

1. 현재진행 시제

She is listening to music at her room. 그녀는 그녀의 방에서 음악을 듣고 있는 중이다.

2. 과거진행 시제

She was listening to music when I entered her room.
그녀는 내가 그녀의 방에 들어갔을 때 음악을 듣고 있는 중이었다.

3. 미래진행 시제

She will be listening to music at this time tomorrow.
그녀는 내일 이 시간에 음악을 듣고 있는 중일 것이다.

개념MASTER ❸
완료 시제

완료 시제는 동작이 이어져 오고 있다는 의미를 나타내. 특정 시점에서 일어나는 일이 아닌 쭉 이어져온 개념을 나타낸다는 것이 핵심이야.

1. 현재완료 시제: have[has] + 과거분사(p.p.)
· 현재완료 시제는 과거부터 현재까지 동작이 이어져 오고 있다는 의미를 전달
· 명백한 과거를 나타내는 어구와 함께 쓰지 못함
· since, for 등과 의미상 잘 어울림

모의고사 2016년 고3 09월
A number of 'youth friendly' mental health websites have been developed.
많은 수의 '젊은이 친화적인' 정신 건강 웹 사이트들이 개발되어 왔다.

2. 과거완료 시제: had + 과거분사(p.p.)
· 과거완료 시제는 과거보다 더 과거에 일어난 일을 의미
· 주위에 과거 시제가 반드시 있어야 함

모의고사 2016년 고2 03월
It had rained earlier that week and the river was brown and swollen. 그 주초에 비가 와서 하천은 갈색이고 물이 불었다.

3. 미래완료 시제: will have + 과거분사(p.p.)
· 미래완료 시제는 실제 독해에서는 잘 만나기 어려운 문법
· 현재 시작된 일이 미래의 어느 시점까지 이어질 때 사용하는 시제

He will have completed the work by the evening.
그는 저녁까지는 그 일을 마쳤을 것이다.

BONUS〉 완료진행 시제
기준 시점보다 이전에 시작된 일이나 상태가 지속되어 기준 시점에도 진행되고 있음을 나타냄.
Mary has been working at a bank. (현재완료진행 시제)
Mary는 은행에서 일해 왔고 지금도 일하고 있는 중이다.

디저트 퀴즈
다음 문장들의 밑줄 친 동사의 시제를 보기처럼 써 보자.

EX • Lisa <u>has lost</u> her cellular phone. → (현재완료) 시제

1 I <u>haven't seen</u> you for a long time. → (   ) 시제

2 I <u>am going to work</u> harder next term. → (   ) 시제

3 I <u>have never seen</u> a movie star in person. → (   ) 시제

4 He lost the MP3 player that he <u>had bought</u> the day before. → (   ) 시제

5 She <u>will have graduated</u> from college by next year. → (   ) 시제

단계 2 **문법 요리하기**

다음 우리말 의미에 맞게 박스 안에서 알맞은 것을 골라 보자.

1 2016년 고3 09월
He [died / has died] suddenly last year. 그는 작년에 갑자기 죽었다.

2 2015년 고1 11월
Now, foraging [is becoming / has become] a rising trend.
이제는 식량을 찾아다니는 것이 증가하는 추세가 되었다.

3 2014년 고2 11월
Companies today aren't [managed / managing] their knowledge workers' careers.
요즘 회사들은 그들의 지식 노동자들의 경력을 관리하고 있지 않다.

4 2012년 고2 03월
They [are producing / have produced] more than 2,000 hours of learning material in a variety of fields for intelligent, engaged, adult lifelong learners.
그분들은 지적이고 열성적인 성인 평생교육 학습자를 위해 다양한 분야에서 2,000시간 이상의 학습 자료를 만들어 왔습니다.

5 2016년 고1 06월
A college student [is struggling / was struggling] to pay his school fees.
한 대학생이 자신의 학비를 내는 데 어려움을 겪고 있었다.

6 2015년 고3 09월
He [was dressing / had dressed] him and now he put him in his chair.
그는 그에게 옷을 입혔고 이제 그를 그의 의자에 앉혀 놓았다.

7 2016년 고1 03월
As Louis was playing, a fly [had landed / landed] on his nose.
Louis가 연주하고 있을 때, 파리 한 마리가 그의 코에 내려앉았다.

8 2016년 고3 04월
[Have / Had] you ever watched children in a toy store with a gift certificate in hand?
당신은 장난감 가게에서 손에 상품권을 쥐고 있는 아이들을 본 적이 있는가?

9 2012년 고2 11월
Somehow, your pleasure system [are being saturated / will be saturated] rather quickly.
어떻든지, 당신의 기쁨 체계는 꽤 빨리 포화상태가 될 것이다.

10 2016년 고3 06월
Learning to sell was a very different game from what they [had been playing / are playing].
판매하는 것을 배우는 것은 그들이 해왔던 것과는 아주 다른 일이었다.

3 단계 해석 요리하기

다음 문장들을 정확하게 해석해 보자.

1
2015년 고3 04월
Heat is coming downwards from the sun but it is also going outwards from the body.

해석

2
2016년 고3 04월
Over the past century, society has witnessed extraordinary advances in technology.

해석

3
2015년 고3 09월
We have nearly exhausted the Earth's finite carrying capacity.

해석

4
2015년 고3 10월
This has also greatly influenced immigrant practices of socialization with children.

해석

5
2015년 고3 09월
Music based on oral tradition had previously seldom been performed for more than one or two generations.

해석

6
2016년 고3 04월
For a long time she had wanted to get back into acting.

해석

7
2015년 고3 07월
Previously, these subjects had been handled at most in small, anecdotal genre paintings.

해석

8
2015년 고3 09월
He sat in his chair eating a biscuit that Dad had spread with butter and homemade strawberry jam.

해석

단어 PLUS

1
+downwards 아래쪽으로
+outwards 바깥쪽으로

2
+past 지난
+witness 목격하다
+extraordinary
 대단한, 놀라운
+advance 발전

3
+exhaust 고갈시키다
+finite 한정된
+carrying capacity
 (환경) 수용량

4
+influence 영향을 미치다
+immigrant 이민자
+practice 관행
+socialization 사회화

5
+oral tradition 구전
+seldom 거의 ~않는
+perform 연주하다
+generation 세대

6
+acting 연기

7
+previously 예전에는
+subject 주제
+handle 다루다
+anecdotal 일화적인
+genre painting 풍속화

8
+spread 바르다

다음 문장들을 정확하게 해석해 보자.

1 2013년 수능
We are not talking about rule-following.
해석

2 2014년 수능
A friend of mine was sitting in the Miami airport reading a magazine
while she waited to catch a plane to New York.
해석

3 2013년 수능
The line of distant mountains and shapes of houses were gradually
emerging through the mist.
해석

4 2015년 수능
The impact of color has been studied for decades.
해석

5 2014년 수능
My friend had been watching and listening to the woman's woeful story.
해석

6 2013년 수능
Some of this decline in newspaper reading has been due to the fact that we
are doing more of our newspaper reading online.
해석

7 2017년 수능
The program has always been very popular among international students.
해석

8 2011년 수능
Individuals from extremely diverse backgrounds have learned to overlook
their differences and live harmonious, loving lives.
해석

단어 PLUS

1
+rule-following 규율 준수

2
+while ~하는 동안에

3
+gradually 점차
+emerge 나타나다
+mist 안개

4
+impact 영향
+decade 십년

5
+woeful 가련한, 서러운

6
+decline 감소

7
+popular 유명한
+international 국제의

8
+diverse 다양한
+overlook 간과하다
+harmonious 조화로운

앞서 배운 문장들을 바탕으로 빈칸을 채워 문장을 완성해 보자.

1 2015년 고3 04월

Heat / is _____ downwards / from the sun / but / it is also going outwards / from the body.

열은 / 아래쪽으로 내려오고 있다 / 태양에서 / 그러나 / 그것은 또한 바깥쪽으로 나가고도 있다 / 몸으로부터

2 2016년 고3 04월

Over the past century, / society / _____ _____ / extraordinary advances / in technology.

지난 세기 동안 / 사회는 / 목격해왔다 / 대단한 발전을 / 기술에 있어

3 2015년 고3 09월

We / _____ nearly _____ / the Earth's / finite carrying capacity.

우리는 / 거의 다 써버렸다 / 지구의 / 유한한 환경 수용력을

4 2016년 고3 04월

For a long time / she / _____ _____ / to get back / into acting.

오랫동안 / 그녀는 / 바라왔다 / 다시 돌아가길 / 연기로

5 2015년 고3 07월

Previously, / these subjects / _____ _____ _____ / at most / in small, anecdotal genre paintings.

예전에는 / 이런 주제들은 / 다루어졌다 / 기껏해야 / 소규모의 일화적인 풍속도에서만

6 2013년 수능

We / _____ _____ _____ / about rule-following.

우리는 / 이야기하고 있는 게 아니다 / 규율 준수에 대해서

7 2015년 수능

The impact of color / _____ _____ _____ / for decades.

색깔의 영향은 / 연구되어 왔다 / 수십 년 동안

8 2013년 수능

Some of this decline / in newspaper reading / _____ _____ due to the fact / that we are doing more of our newspaper reading online.

감소의 일부분은 / 신문 읽기의 / 사실 때문이다 / 우리들이 신문 읽기를 온라인으로 더 많이 하고 있다는

9 2017년 수능

The program / _____ always _____ very popular / among international students.

그 프로그램은 / 늘 매우 인기 있어왔다 / 국제 학생들 사이에서

잠이 너무 쏟아져요.
어떻게 잠을 줄일 수 있나요?

서울대 선배가 너에게

정말 공부하는 친구들에게 이야기해주고 싶은 주제였어. 참고로 고등학교 학생들을 대상으로 해주는 말이야! 하지만 중학교 때부터 이미 잠으로 고민하고 있는 친구들도 있을테니 중학교 친구들도 보면 좋을 거야.

일단 기본적으로 인간은 적응의 동물이야. 나는 원래 잠이 정말 많았어. 그런데 내가 진학할 고등학교에 대해서 알아보니까 매일매일 6시간 밖에 재우지 않는 거야! 그래서 그 학교를 진학하는데 있어 가장 고민되었던 점이 잠에 관한 것이었어. 그럼에도 불구하고 진학을 했고, 나는 나 나름대로 그 안에서 생존전략을 찾아서 무리 없이 학업에 임할 수 있었어. 이제부터 그 '생존전략'이 무엇인지 이야기해 볼게.

잠은 매일 7시간씩 제발 푹 자야해. (내가 보았을 땐 그 이상 자는 건 좀 고등학교 때 좀 쓸데없는 것 같아. 실제로 세계보건기구에서 적정수면시간으로 7시간을 제시하기도 했었고. 7시간이면 충분하다는 이야기야.) 나 같은 경우엔 기숙사 학교라 1시부터 7시 30분, 즉 6시간 반 밖에 자지 못했어. (원래 아침식사도 하려면 6시 30분엔 일어나야 하는데, 난 아침 식사를 포기하고 잠을 1시간 더 잤어.) 사실 수면 시간은 12시 30분부터였는데, 친구들이랑 수다 떨고 노느라 매일 1시부터 잤지. 어쨌든 그럼 매일 30분씩이 비잖아. 그래서 그런지 자꾸 야자 시간에 졸게 되더라. 껌을 씹고 샤프로 쿡쿡 찔러보고 세수를 해도 도저히 졸음은 해결되지 않았어. 정말 이를 악물고 졸음을 겨우겨우 버텨가면서 면학을 한 번 했던 적이 기억난다. 그 때 책에는 알아볼 수 없는 필기들로만 가득했고, 공부한 이후에도 '내가 도대체 뭘 공부한 거지, 그냥 이럴 거면 자고 말 걸'이란 생각이 정말 강하게 들었어. 그래서 적어도 나에겐 잠을 참아가면서 공부하는 게 체질상 맞지 않다고 느꼈어. 그래서 잠은 잠으로 해결하고자 했지. 야자 때 잤다는 게 아니라, 6시 10분부터 7시 10분까지 주어진 60분의 저녁시간 중, **밥은 타이머를 맞춰 5분 안에 해결하고 들어가서 침대에 누워 30분을 잤어.** 그리고 나머지 시간은 개운하게 샤워를 하고 최적의 컨디션으로 가서 면학을 했어. 이 방법을 채택한 이후 야자 시간에 졸았던 적이 거의 없었던 것 같아.

이 말의 요점은 똑같은 방식을 쓰라는 게 아니라, 잠은 푹 자야 한다는 거야. 물론 줄일 수 있다면 굉장히 좋겠지만 강철과 같은 의지를 가진 친구들이 아니면 이는 굉장히 힘들어. 그래서 매일매일 잠은 푹 잘 것! 대신에 주의할 점이 있어. **그만큼 공부의 퀄리티를 생각해줘야 해.** 이게 모두 공부의 퀄리티를 높이기 위한 방법들인데 공부도 제대로 안 하면서 잠만 많이 자면 기존의 자리에서 올라설 여력이 생기지 않겠지? 그리고 이건 내가 고등학교 때 느꼈던 건데, 잠은 많이 자면 많이 잘수록 늘어. 잠을 많이 자면 기존에 있던 피로가 모두 풀릴 것이라고 생각하는 친구들이 꽤 있는데, 정말 잠은 늘어나는 것 같아. 그래서 자고 또 자고 하면 상쾌하긴 커녕, 오히려 더 피곤해져버리게 될 거야. 그래서 딱 수면량을 일정 시간으로 조정하고, 나머지는 긴장상태에 아래에서 공부를 해나가는 게 중요해.

공부의 퀄리티를 위해 잠을 푹 자준다, 라는 전략 잊으면 안 돼!

05일차

조동사의 모든 것

난이도 🌶🌶🌶

MISSION ▶ 다음 우리말 의미에 맞게 알맞은 단어를 골라 보자.

Most importantly, the experiment must / may well be repeatable.

가장 중요한 것은, 실험을 반복할 수 있어야 한다는 것이다.

MISSION 정답 : must

개념MASTER ❶ 조동사

조동사는 동사의 왼쪽에 붙어서 동사에 다양한 의미를 더해 줘. 기본적인 조동사의 쓰임은 물론이고 낯선 조동사들도 익혀야 해.

순수조동사: will[would], shall, should, can[could], may[might], must
· 주어의 인칭과 수에 따라 형태 변화 없음
· 두 개의 조동사를 이어서 쓸 수 없음
· 시제에 따른 형태 변화 없음

I can speak Chinese fluently. 나는 중국어를 유창하게 할 수 있다.

2016년 수능
We assume that they can smell anything, anytime.
우리는 그들이 어떤 것이든, 언제든 냄새를 맡을 수 있다고 가정한다.

2016년 수능
Their noses may be remarkable. 그들의 코는 뛰어날 수 있다.

준조동사: need, dare, have to, ought to, used to, had better, would rather ...
· 주어의 인칭과 수에 따라 형태 변화 가능한 경우 있음 (have to, has to)
· 두 개의 조동사를 이어서 쓸 수 있는 경우 있음 (will be able to)
· 시제에 따라 형태 변화 가능한 경우 있음 (is going to, was going to)

You had better change the plan. 너는 계획을 변경하는 편이 낫다.

개념MASTER ❷ 조동사 have p.p.

조동사에 have p.p.를 붙이면 과거를 표현할 수 있어. 현재가 아닌 과거의 의미를 나타낸다는 것을 기억하자.

may have p.p.: ~이었을 지도 모른다
I may have been wrong. 나는 틀렸을 지도 모른다.

should have p.p.: ~했었어야 했다
I should have brought an umbrella with me. 나는 우산을 가지고 왔어야 했다.

must have p.p.: ~이었음에 틀림없다
He must have missed the train. 그는 기차를 놓쳤음에 틀림없다.

cannot have p.p.: ~이었을 리가 없다
She cannot have said so. 그녀는 그렇게 말했을 리가 없다.

need not have p.p.: ~할 필요가 없었다
You need not have done it. 너는 그것을 할 필요가 없었다.

개념MASTER ③
조동사 관용표현

형태와 의미가 낯선 조동사들은 독해에서도 중요하고, 문법 문제로 출제되기도 하지. 아래 표현들은 모르는 것이 없도록 준비하자.

· used to ~하곤 했다 (과거의 동작이나 상태)

I used to eat meat, but now I'm vegetarian.

나는 고기를 먹곤 했지만, 이제 나는 채식주의자야.

· would ~하곤 했다 (과거의 동작)

When my parents were away, my grandmother would take care of me.

나의 부모님이 안 계실 때, 나의 할머니가 나를 돌봐주시곤 했다.

· would rather 차라리 ~하는 게 낫다

I would rather complete my task early. 나는 나의 일을 일찍 끝내는 것이 낫다.

· ought to ~해야 한다

We all ought to keep traffic rules. 우리 모두는 교통 법규를 지켜야 한다.

· had better ~하는 편이 낫다

You had better give up drinking. 너는 금주하는 편이 낫다.

· may[might]as well ~하는 편이 낫다

You may as well do the work at once. 너는 즉시 그 일을 하는 편이 낫다.

· may[might]well ~하는 것은 당연하다

She may well be proud of her son. 그녀는 그녀의 아들을 자랑스러워하는 것도 당연하다.

· cannot but ~하지 않을 수 없다

I cannot but admire your determination. 나는 너의 결단력을 칭찬하지 않을 수 없다.

디저트 퀴즈

우리말 의미에 맞게 빈칸에 알맞은 조동사를 써 보자.

1 You _____ use my computer at any time.
너는 언제라도 내 컴퓨터를 사용할 수 있어.

2 You _____ be proud of your students.
너의 학생들에 대해서 자랑스러워하는 것도 당연해.

3 Everybody _____ wear seat belts in a car.
모든 사람은 차에서 안전벨트를 착용해야 한다.

4 I _____ eat meat, but now I'm vegetarian.
나는 고기를 먹곤 했지만, 지금 나는 채식주의자이다.

5 He _____ be hungry; he has just had lunch.
그는 배가 고플 리가 없다. 그는 방금 점심을 먹었다.

다음 우리말 의미에 맞게 박스 안에서 알맞은 것을 골라 보자.

1 2015년 고1 09월
He [couldn't / had to] believe his eyes. 그는 자신의 눈을 믿을 수가 없었다.

2 2016년 고3 04월
The salesperson [had to / must] learn about the customer's needs.
판매원은 고객이 필요로 하는 것에 대해 알아야 한다.

3 2012년 고2 03월
Xerxes [would have to / had better] cross this pass to reach the rest of Greece.
Xerxes는 그리스의 나머지 지역으로 가려면 이 길목을 반드시 통과해야 했다.

4 2016년 고1 03월
To build a hydroelectric dam, a large area [may as well / have to] be flooded behind the dam.
수력발전 댐을 건설하기 위해서, 댐 뒤의 넓은 지역이 반드시 물에 잠기게 된다.

5 2015년 고1 03월
First, a detective [must / used to] find the clues. 우선 탐정은 단서를 찾아야 한다.

6 2016년 고1 03월
That was the take he [should / would] have put on TV. 그것이 그가 TV에 내보냈어야 할 촬영 분이었다.

7 2015년 고1 11월
A common challenge for prehistoric man [may / should] have been to find himself face-to-face
with a huge, hungry lion.
선사 시대 사람에게 흔한 어려움은 아침에 동굴 밖으로 걸어 나가서 거대한 굶주린 사자와 마주치는 것이었을 수도 있다.

8 2016년 고1 03월
Most people [should / would] sniff "Not my problem."
대부분의 사람들은 "내 문제가 아니야"라고 콧방귀를 뀌며 말했을 것이다.

9 2015년 고1 09월
Evan, a young medical student, [had to / would] be away from his fiancée for three years.
젊은 의대생 Evan은 그의 약혼녀와 3년간 떨어져 있어야 했다.

10 2015년 고1 11월
You [might hear / might have heard] of such stories.
당신은 이러한 이야기를 들어본 적이 있을 것이다.

다음 문장들을 정확하게 해석해 보자.

1
2016년 고3 06월
We must not be over-optimistic.
해석

2
2015년 고3 06월
Many had to reenter the workforce just to make ends meet.
해석

3
2016년 고3 04월
We must choose some goods and services and not others.
해석

4
2015년 고3 09월
Anderson could not help but smile.
해석

5
2015년 고3 09월
What aspect of the product should he emphasize?
해석

6
2016년 고3 04월
You had to repeatedly work a lever to eliminate a vacuum in the line before water could flow.
해석

7
2016년 고3 06월
The grasp and support forces must also match overall object mass and fragility.
해석

8
2014년 고3 10월
They must have reasoned that it was important to use the head and not the hands.
해석

단어 PLUS

1
+over-optimistic
지나치게 낙관적인

2
+reenter 다시 들어가다
+workforce 작업전선
+make ends meet
겨우 먹고 살 정도로 벌다

3
+goods 재화
+services 용역

4
+can not help but
~하지 않을 수 없다

5
+product 생산품
+emphasize 강조하다

6
+lever (작동·조작) 레버
+eliminate 제거하다
+vacuum 빈 공간
+flow 흐르다

7
+grasp and support force
붙잡고 지지하는 힘
+match 부합하다
+overall 전반적인
+mass 질량
+fragility 연약함

8
+reason 추론하다

4 단계 수능 요리하기

다음 문장들을 정확하게 해석해 보자.

1 2015년 수능
Solar energy can be a practical alternative energy source in the foreseeable future.
해석

2 2016년 수능
The notion that events always occur in a field of forces would have been completely intuitive to the Chinese.
해석

3 2014년 수능
The vanguard of such a migration must have been small in number.
해석

4 2015년 수능
Still others may be left unmoved, neither attracted nor disgusted.
해석

5 2017년 수능
They may blame us for our wasteful ways but they can never collect on our debt to them.
해석

6 2015년 수능
But while a large population may have been necessary, in itself it was not sufficient for science to germinate.
해석

7 2014년 수능
War should be a last resort, obviously, undertaken when all other options have failed.
해석

8 2013년 수능
For the calculations for the satellite-based GPS, Newton's theory would give the wrong answer.
해석

단어➕PLUS

1
+ **solar energy** 태양 에너지
+ **practical** 실용적인
+ **alternative** 대안의
+ **source** 자원
+ **foreseeable** 예측 가능한

2
+ **notion** 개념
+ **field** ～장
+ **force** 힘
+ **intuitive** 직관적인

3
+ **vanguard** 선발대
+ **migration** 이주

4
+ **attract** ～을 유혹하다
+ **disgust** 혐오감을 유발하다

5
+ **blame A for B**
  B에 대해 A를 탓하다
+ **wasteful** 낭비적인
+ **collect on** 상환받다
+ **debt** 빚

6
+ **population** 인구
+ **necessary** 필수적인
+ **in itself** 그 자체로
+ **sufficient** 충분한
+ **germinate** 싹트다

7
+ **last resort** 최후의 수단
+ **undertake** 착수하다

8
+ **calculation** 계산
+ **satellite-based**
  인공위성에 기반을 둔
+ **theory** 이론

앞서 배운 문장들을 바탕으로 빈칸을 채워 문장을 완성해 보자.

1 2015년 고3 06월
Many / _____ to reenter / the workforce / just to make ends meet.
대다수의 사람들은 / 다시 뛰어들어야만 했다 / 작업 전선에 / 단지 먹고살기 위해서

2 2016년 고3 04월
We / _____ choose / some goods and services / and not others.
우리는 / 선택해야 한다 / 몇 개의 재화와 용역 / 그리고 다른 것들이 아닌

3 2015년 고3 09월
Anderson / _____ _____ _____ _____ / smile.
Anderson은 / ~하지 않을 수 없었다 / 미소를 짓다

4 2016년 고3 04월
You / _____ _____ repeatedly work a lever / to eliminate a vacuum in the line /
before water could flow.
당신은 / 반복적으로 레버를 움직여야 했다 / 관속의 빈 공간을 제거하기 위해 / 물이 흐를 수 있기 전에

5 2014년 고3 10월
They / _____ _____ reasoned / that it was important to use the head / and not
the hands.
그들은 / 추론했음에 틀림없다 / 머리를 쓰는 것이 중요하다고 / 손이 아니라

6 2016년 수능
The notion that events always occur / in a field of forces / _____ _____
_____ completely intuitive / to the Chinese.
사건이 언제나 발생한다는 개념은 / 여러 힘이 작용하는 장에서 / 직관적이었을 것이다 / 중국인에게

7 2014년 수능
The vanguard of such a migration / _____ _____ _____ small / in
number.
이러한 이주의 선발대는 / 적었음에 틀림이 없다 / 수에 있어서

8 2017년 수능
They / _____ _____ us / for our wasteful ways / but they can never collect on /
our debt to them.
그들은 / 우리를 비난할지도 모른다 / 우리의 낭비적인 방식을 / 그러나 그들은 결코 상환 받을 수 없다 / 그들에게 진 우
리 빚을

중학교 때 공부 안해도, 고등학교 때 죽어라 하면 되지 않을까요?

서울대 선배가 너에게

기본적으로 중학교는 고등학교 공부를 준비하기 위한 하나의 단계야. 고등학교 공부들은 정말 기존의 공부들과는 차원이 달라질 것이기 때문에 (앞에서 언급한 수학의 예를 참조하면 좋을 것 같아.) 3년이라는 긴 시간 동안 차근차근 준비를 해나가는 것이지. 그럼 당연히 중학교 때 공부를 열심히 해 놓으면 고등학교 때 조금 더 편하게 공부를 할 수 있겠지?

그런데 이런 당연한 말은 너희 가슴에 사실 잘 와닿지 않을 거야. 그래서 내 이야기를 조금 해줄게. 나는 중학교 때 공부를 굉장히 열심히 했어. 무엇 때문에? 그때부터 대학에 욕심이 생겨서? 그것보다는 단지 같은 반이었던 라이벌 하나 정말 이겨보고 싶어서 죽도록 공부를 했어. 이렇게 단순한 목적을 위해서 정말 열심히 공부했었고 결과적으로 그 의도가 어땠든 간에 정말 긍정적인 영향이 생겼어. 그 친구는 대부분의 공부를 사교육으로 해결했었고 나는 독학으로 대비하는 스타일이었어. '나는 혼자 공부해' 라는 이상한 자부심에 나에게 알맞은 공부 방법을 고안해내고, 그걸 추진하고 효율이 안 오른다 싶으면 뒤엎고. 이런 모든 일련의 과정들이 고등학교에서 공부를 할 때 훨씬 더 효율적으로 공부할 수 있게 만들어준 자양분 역할을 해주었던 것 같아. 이런 의미에서 그 친구가 아니었다면 내 고등학교 생활은 완전히 달라졌을 거야. 중학교 때 공부를 정말 열심히 해놔서 고등학교 3년이 비교적 여유로웠어.

근데 이게 선행학습을 무슨 고3 끝까지 다 해놨다는 얘기가 아니야. 오히려 난 선행학습을 수학 한 학기 정도를 제외하면 전혀 하지 않았어. 중학교 때 공부를 열심히 한다는 건 고등학교 내용을 미리 공부해오고 온다는 것이 아니라, 중학교 교육과정의 모든 내용은 빠짐없이, 철저히 공부했다는 이야기야. 중학교 때 열심히 공부해놓아야 고등학교 가서도 성공적으로 공부할 수 있는 가장 대표적인 과목이 수학인데, 중3 때 배운 이차함수의 모든 내용을 소화하니까, 고1 때 이차함수와 관련된 더 어려운 이야기들이 나와도 정말 무리 없이 수월하게 공부할 수 있었어.

이렇게 중학교 때 열심히 공부를 해 놓으니까 고등학교 때 비교적 여유가 생겼고, 동아리와 독서, 취미 생활, 연애(?) 등에 남들보다 더 많은 시간을 투자할 수 있었어. 그래서 연애도 재밌게 했고 동아리에서도 부장직을 자원해서 했고 주말마다 연극보러 가고 친구들이랑 밴드 하고, 정말 다채롭게 지냈어. 사실 공부보다 '난 어떤 삶을 사는 어른이 될 것인가?' 라는 물음에 더 집중했고 이런 다양한 경험들이 나의 색을 만들어주었어. 결국 이러한 일련의 과정들을 서류에 진심으로 녹아냈고 그 진정성을 인정받아서 서울대, 연세대, 고려대 모두에 수시전형으로 합격할 수 있었어. 이게 우리가 바로 중학교에 주목해야 하는 이유야. 대한민국에서 고등학교로 살아간다는건 정말 힘들고 어려운 일이야. 하지만, 내가 앞에서도 얘기했듯, 우리가 목표 대학에 가기 위해 공부해야 할 양은 정해져 있다라는 사실을 받아들이면, 중학교 때 공부를 미리 더 열심히 해 놓을 수 있을 것이고, 나처럼 고등학교 생활을 '마냥 힘들었다' 가 아니라 '정말 내 인생에서 값진 시간들이었다' 로 인식할 수 있게 될 거야. 더 아름다운 고등학교 생활을 위해서. 어차피 우리가 공부해야 할 총량은 정해져 있으니, 미리 좀 앞당겨 해도 괜찮지 않겠어?

06일차

수동태의 모든 것

난이도 🌶🌶🌶

MISSION 다음 우리말 의미에 맞게 알맞은 단어를 골라 보자.

Something had to do / be done to solve the problem.

그 문제를 해결하기 위해서 어떤 조치가 행해져야만 했다.

MISSION 정답 : be done

개념MASTER ❶

수동태 x 시제

수동태와 시제가 만나면 다양한 표현을 만들 수 있는데 각각의 시제에 「be + p.p.」를 더해 주면 수동태의 느낌을 더할 수 있어. 실제 독해에서는 동사가 원형 그대로 사용되는 경우가 거의 없고 시제, 수동태, 조동사와 함께 제시되니 평소에 다양한 형태를 연습해두자.

He cleans the room. (현재)
→ The room is cleaned by him.
He cleaned the room. (과거)
→ The room was cleaned by him.
He will clean the room. (미래)
→ The room will be cleaned by him.
He is cleaning the room. (진행)
→ The room is being cleaned by him.
He has cleaned the room. (완료)
→ The room has been cleaned by him.
＊ 완료진행형의 수동태와 미래진행형의 수동태는 실제 영어에서는 사용되지 않아.

모의고사 2016년 고3 04월
Prizes will be given to the top three cakes.
상품은 3등 케이크까지 주어집니다.

개념MASTER ❷

4형식 수동태, 5형식 수동태

4형식 문장의 수동태를 만드는 방법을 익히자. 4형식 문장은 간접목적어와 직접목적어를 주어로 하는 두 개의 수동태가 가능하며, 직접목적어가 주어인 수동태의 경우 간접목적어 앞에 to, for 등의 전치사를 써야 해.

The boss gave me a chance.
→ I was given a chance by the boss.
→ A chance was given to me by the boss.

5형식 문장의 수동태는 목적격보어가 그대로 남아 있기 때문에 「be + p.p.」 다음에도 명사나 형용사가 존재해. 목적격보어가 아니라 목적어만 수동태의 주어로 올 수 있다는 사실 꼭 명심해!

They called the baby Sam.
→ The baby was called Sam by them.

My mom made me take care of my sister. 나의 엄마는 내가 여동생을 돌보게 시키셨다.
→ I was made to take care of my sister by my mom.

We saw him enter the building. 우리는 그가 빌딩에 들어가는 것을 보았다.
→ He was seen to enter the building.

사역동사(make, help)나 지각동사(see, watch, hear, feel ...)가 포함된 문장을 수동태로 만들면 목적격보어에 없어졌던 to를 부활시켜야 해.

* have나 let은 수동형으로 사용하지 않음
She let me go out and play. 그녀는 내가 나가서 노는 것을 허락했다.
→ I was allowed to go out and play by her.

* 지각동사의 목적격보어가 현재분사(Ving)인 경우 그대로 현재분사 형태를 유지
We heard him singing a song. 우리는 그가 노래를 부르는 것을 들었다.
→ He was heard singing a song.

개념MASTER ❸
수동태 x by이외의 전치사

수동태를 만들 때 아래와 같이 by 이외의 전치사들을 이용해서 다양한 수동태 표현을 할 수 있어. 독해할 때 자주 만날 수 있으니 익혀 두자.

be made of ~ : ~로 만들어지다 (물리적 변화)
be made from : ~로 만들어지다 (화학적 변화)
be named after : ~의 이름을 따서 이름 짓다
be surrounded by[with] : ~에 둘러싸이다

be known for : (능력) ~로 알려지다	be satisfied with : ~에 만족하다
be born in : ~에 태어나다	be known as : (명사) ~로 알려지다
be pleased with[at] : ~에 기뻐하다	be interested in : ~에 관심이 있다
be frightened to : ~에 놀라다	be disappointed with[at] : ~로 실망하다
be tired with[from] : ~에 지치다	be tired of : ~에 싫증나다
be married to : ~와 결혼하다	be known to : ~에게 알려지다
be filled with : ~로 가득 차다	be crowded with : ~로 붐비다
be covered with : ~로 덮여 있다	be surprised at : ~에 놀라다

디저트 퀴즈
다음 문장들을 수동태로 바꿔 보자.

1 I made him study.

2 He made me angry.

3 I saw you hit by bullies.

4 I am doing my homework.

5 My mom gave me a piece of cake.

다음 우리말 의미에 맞게 박스 안에서 알맞은 것을 골라 보자.

1 2014년 고1 11월
This misconception calls / is called the false-consensus effect.
이런 오해는 허위 합의효과라고 불린다.

2 2016년 고3 03월
Pet owners' costumes are optional but encouraged / encouraging .
애완동물 주인의 참가 의상은 선택 사항이지만 (입을 것을) 권장합니다.

3 2015년 고1 06월
The outermost circle is knowing / known as the performance zone.
가장 바깥 원은 수행 영역으로 알려져 있다.

4 2012년 고2 03월
Fewer than 10% of these world-class scholar-teachers select / are selected to make The Great Courses.
세계 일류 학자이면서 교수인 이 분들 중에서도 10%가 안 되는 분들이 The Great Courses를 만드는 데 선택됩니다.

5 2015년 고1 03월
These conclusions are also calling / called inferences.
이러한 결론은 추론이라고 불리기도 한다.

6 2015년 고1 03월
Through his father's action of tearing up the letter, Gandhi knew he was forgiving / forgiven .
편지를 찢는 아버지의 행동을 통해서, 간디는 자신이 용서받았음을 알았다.

7 2015년 고2 06월
Each student is allowed purchase / to purchase a maximum of three tickets.
각 학생은 최대 세 장의 표를 구매할 수 있습니다.

8 2015년 고3 09월
Science is not conducted / conducting in a vacuum.
과학은 진공 속에서 실행되지 않는다.

9 2016년 고1 03월
The worst effect of dams has been observed / observing on salmon.
댐의 가장 나쁜 영향은 연어에게서 관찰되어 왔다.

10 2015년 고3 09월
He was elected / elected Principal Librarian at the newly founded London Institution.
그는 새로 설립된 London Institution에서 수석 사서로 선출되었다.

3 단계 해석 요리하기

다음 문장들을 정확하게 해석해 보자.

1
2015년 고3 04월
This tendency is called the 'primacy effect.'
해석

2
2016년 고3 03월
Judging will be based not only on taste but also on creativity.
해석

3
2016년 고3 06월
Distance is seen as good if you have a hierarchical preference.
해석

4
2016년 고3 03월
As a special treat, his young granddaughter was allowed to come to the table.
해석

5
2015년 고3 10월
Even genetic mutations are, to some extent, caused by environmental factors.
해석

6
2015년 고3 10월
For most of European history, artists were considered primarily craftsmen.
해석

7
2016년 고3 03월
All the historian's powers of imagination must be harnessed to the task of bringing the past to life.
해석

8
2015년 고3 09월
Scientific experiments should be designed to show that your hypothesis is wrong.
해석

단어PLUS

1
+**tendency** 성향, 경향
+**primacy effect** 초두 효과

2
+**judging** 심사
+**creativity** 창의성

3
+**hierarchical** 계층의
+**preference** 선호

4
+**treat** 대우
+**granddaughter** 손녀

5
+**genetic mutation** 유전적 돌연변이
+**to some extent** 어느 정도까지
+**environmental factor** 환경적 요소

6
+**primarily** 주로
+**craftsman** 장인

7
+**historian** 역사가
+**imagination** 상상력
+**harness** 이용하다
+**task** 과업, 일

8
+**experiment** 실험
+**hypothesis** 가설

다음 문장들을 정확하게 해석해 보자.

1 2014년 수능
At other angles, the image will be seen as a trapezoid.
해석

2 2015년 수능
They are not plagued by the fragility and tensions.
해석

3 2017년 수능
Another share will be invested in the shift from coal to more expensive fuels, like conventional gas.
해석

4 2015년 수능
He was assigned to a small school in a poor rural county.
해석

5 2012년 수능
Something had to be done to solve the problem.
해석

6 2015년 수능
The temperature was maintained at the same level, but the walls were painted a warm coral.
해석

7 2014년 수능
The names of pitches are associated with particular frequency values.
해석

8 2012년 수능
He was considered to be more successful as an architect than a painter.
해석

단어 PLUS

1
+trapezoid 사다리꼴

2
+plague ~을 괴롭히다
+fragility 취약함
+tension 긴장

3
+share 몫
+invest 투자하다
+coal 석탄
+conventional 재래식의

4
+assign 배정하다
+rural 시골

6
+at the same level 같은 수준으로
+warm coral 따뜻한 코랄색

7
+pitch 음높이
+associate 연관 짓다
+particular 특정한
+frequency value 진동 값

8
+consider 여기다
+architect 건축가

앞서 배운 문장들을 바탕으로 빈칸을 채워 문장을 완성해 보자.

1 2015년 고3 04월
This tendency / _____ _____ / the 'primacy effect.'
이 성향은 / 칭해진다 / '초두 효과'라고

2 2016년 고3 03월
Judging / will _____ _____ / not only on taste but also on creativity.
심사는 / 바탕으로 할 것입니다 / 맛뿐만 아니라 창의성을

3 2016년 고3 06월
Distance / _____ _____ as good / if you have a hierarchical preference.
거리를 두는 것이 / 좋은 것으로 보인다 / 만약 당신이 계층에 대한 선호를 가지고 있다면

4 2016년 고3 03월
All the historian's powers of imagination / _____ _____ _____ / to the task of bringing the past to life.
모든 역사가들의 상상력은 / 이용되어야 한다 / 과거를 소생시키는 일에

5 2014년 수능
At other angles, / the image / will _____ _____ / as a trapezoid.
다른 각도에서 / 그 그림은 / 보여질 것이다 / 사다리꼴로

6 2017년 수능
Another share / will _____ _____ / in the shift / from coal to more expensive fuels, / like conventional gas.
다른 몫은 / 투자될 것이다 / 이동에 / 석탄에서 더 비싼 연료로 / 재래식 가스 같은

7 2012년 수능
Something / _____ _____ _____ _____ / to solve the problem.
어떤 것이 / 행해져야만 했다 / 그 문제를 해결하기 위해

8 2014년 수능
The names of pitches / _____ _____ / _____ particular frequency values.
음 높이의 명칭은 / 연관이 있다 / 특정한 진동 값과

9 2012년 수능
He / _____ _____ / to be more successful / as an architect / than a painter.
그는 / 여겨졌다 / 더 성공했다고 / 건축가로서 / 화가보다

B course

핵심 문법

혼공

07일차

to 부정사를 이용한 문장

난이도 🌶️🌶️🌶️

MISSION 다음 밑줄 친 to 부정사는 명사/형용사/부사적 용법 중 무엇인가?

I've always wanted <u>to explore</u> the Amazon, the unknown and mysterious world.

나는 항상 미지의 신비스러운 세계인 아마존을 탐험하고 싶었다.

MISSION 정답 : 명사적 용법

개념 요리하기

학습날짜 : 　월　　일

개념MASTER ❶
to 부정사의 명사적 용법

to 부정사는 동사에 to를 붙여서 명사, 형용사, 부사로 활용하는 문법이지. 이 세 가지 용법을 정확하게 이해하고 구별할 줄 아는 것이 중요해. 명사적 용법은 to 부정사가 문장에서 명사처럼 주어, 목적어, 보어 역할을 하는 것을 말해. 자세히 알아보자.

1. 주어역할
To study English is interesting. 영어를 공부하는 것은 흥미롭다.

2. 보어 역할: 주격보어, 목적격보어
My job is to teach English. (주격 보어) 나의 직업은 영어를 가르치는 것이다.
I want her to be quiet. (목적격 보어) 나는 그녀가 조용하기를 원한다.

3. 목적어 역할
She plans to go to Paris. 그녀는 파리에 갈 계획이다.

＊ 5형식 문장에서 to 부정사가 목적어로 쓰일 경우 가목적어 it 사용
We found it important to communicate with each other.
우리는 서로 의사소통하는 것이 중요하다는 것을 알았다.

모의고사 2016년 고3 04월
Four people agreed to join her. 네 명이 그녀와 함께할 것에 동의했다.

시험MASTER 「의문사 + to 부정사」도 명사적 용법!

의문사[who/when/where/what/which/how] + to 부정사

I don't know what to do. 나는 무엇을 해야 할지 모르겠다.
I learned how to cook spaghetti. 나는 스파게티를 요리하는 방법을 배웠다.

＊「why + to 부정사」의 형태는 사용할 수 없음

개념MASTER ❷

to 부정사의 형용사적 용법

to 부정사의 형용사적 용법은 '~할, ~하는'이라는 뜻으로 형용사처럼 명사를 꾸며주거나 문장에서 보어의 역할을 해.

1. 명사 수식 (한정적 용법)
명사 뒤에서 앞에 나온 명사를 수식 (~할)

We have no food to eat. 나는 먹을 음식이 없다.

I have some work to finish. 나는 끝마칠 일이 좀 있다.

2. 문장의 보어 역할 (서술적 용법)

· 주격 보어

He seems to be right. 그는 괜찮은 것처럼 보인다.

She proved to be a great musician. 그녀는 훌륭한 음악가로 증명되었다.

· be to 용법

to 부정사가 형용사적 용법으로 쓰여서 문장의 보어 자리에 오는 것은 명사적 용법과 구별해서 be to 용법이라고 불러. 예정/의무/가능/운명/의도 등의 의미를 나타내.

The President is to make a visit to New York next week. (예정)
대통령은 다음 주에 뉴욕을 방문할 예정이다.

You are to respect your parents all the time. (의무)
너는 항상 너의 부모님을 존경해야 한다.

If you are to succeed, you must save your time. (의도)
만약 네가 성공하고자 한다면, 너는 시간을 절약해야만 한다.

No one was to be seen at school. (가능)
아무도 학교에 보이지 않았다.

The princess was to get married to an ugly frog. (운명)
공주는 못생긴 개구리와 결혼할 운명이었다.

모의고사 2015년 고3 09월
They have no ability to estimate how long a task will take.
그들은 어떤 과제가 얼마나 걸릴 지를 추정할 수 있는 능력이 없다.

시험MASTER to 부정사 뒤에 전치사가 필요한 경우

to 부정사가 꾸며주는 명사를 to 부정사 뒤로 넘겨봤을 때 전치사가 필요한 경우가 있어. 이 때 to 부정사에 전치사를 '꼭' 추가해야 해

I need a friend to talk with. 나는 이야기를 나눌 친구가 필요하다.
I need a friend to talk. (X)
She will buy something to write with. 그녀는 쓸 무언가를 살 것이다.
I have many things to choose from. 나는 선택할 많은 것들이 있다.
I need a piece of paper to write on. 나는 쓸 종이가 필요하다.

개념MASTER ③
to 부정사의 부사적 용법

to 부정사의 부사적 용법은 to 부정사가 부사처럼 문장의 의미를 보충해 주는 것을 말해. 문장의 주요 성분은 아니지만, 의미를 보충하는 역할을 해. 다양한 의미를 익히는 것이 핵심!

1. 목적: ~하기 위해서

He went to his house to do his homework. 그는 그의 숙제를 하기 위해서 집으로 갔다.

2. (감정의) 원인: ~해서, ~하니

I am sorry to hear that. 그 말을 들으니 유감이다.

3. 결과: (~하여 그 결과) ~하다

She grew up to be a pianist. 그녀는 성장해서 피아니스트가 되었다.

4. 판단의 근거: ~하다니

You must be cruel to say so. 너는 그렇게 말하다니 잔인함에 틀림없다.

5. 형용사 수식: 형용사를 수식하는 것은 부사의 원래 역할!

This book is difficult to read. 이 책은 읽기 어렵다.

모의고사 2016년 고3 03월
All pets are welcome to participate. 모든 애완동물의 참가를 환영합니다.

시험MASTER **to 부정사의 3가지 용법의 구별**

to 부정사의 3가지 용법을 구별하는 것은 시험의 단골손님이므로 각자의 역할을 다시 한번 확인!

- 명사적 용법: 문장의 주요 구성 성분(주어, 목적어, 보어) 역할, 의문사 + to 부정사
- 형용사적 용법: 명사 수식, be to 용법
- 부사적 용법: 문장에 의미를 더해 주는 역할(목적, 결과, 원인, 이유 · 판단의 근거, 조건, 형용사 수식)

개념MASTER ④

to 부정사의 기타 용법

to 부정사는 동사를 가지고 만든 문법이라서 부정을 할 수 있고, 시제와 태를 이용해서 형태를 바꿀 수 있어. 다양한 용법으로 to 부정사를 마무리 하자!

1. to 부정사의 부정 not[never] + to 부정사

She asked me not[never] to call her again.
그녀는 내가 다시는 그녀에게 전화하지 않기를 요청했다.

2. to 부정사의 의미상의 주어 for와 of

· for + 목적격: 일반적인 to 부정사의 의미상의 주어

It's not easy for me to break the bad habit. 내가 나쁜 습관을 없애는 것은 쉽지 않다.

· of + 목적격: 사람의 성격이나 성질에 대한 주관적인 평가를 나타내는 형용사가 보어로 쓰일 때 사용
 – 긍정의 형용사: good, kind, generous, nice, polite, clever ...
 – 비난의 형용사: foolish, silly, stupid, careless, rude, cruel, wrong, selfish ...

It's kind of him to carry such a heavy thing.
그가 그렇게 무거운 것을 옮기다니 참 친절하구나.

3. to 부정사의 단순/완료 시제

단순 시제: to 동사원형 (주절의 시제와 to 부정사의 시제가 같을 때)
완료 시제: to have p.p. (to 부정사의 시제가 주절의 시제보다 하나 더 과거일 때)

He seems(현재) to be(현재) rich. 그는 부자인 것처럼 보인다.
He seems(현재) to have been(과거) rich. 그는 부자였던 것처럼 보인다.
He seemed(과거) to be(과거) rich. 그는 부자인 것처럼 보였다.
He seemed(과거) to have been(과거의 과거) rich. 그는 부자였었던 것처럼 보였다.

4. to 부정사의 수동태

단순 시제: to be p.p.
완료 시제: to have been p.p.

I'm happy(현재) to be invited(현재) to the party. 나는 파티에 초대되어서 기쁘다.
I'm happy(현재) to have been chosen(과거) a captain of my class.
나는 학급의 반장으로 선정되어서 기쁘다.

디저트 퀴즈   다음 문장들에 to가 들어갈 곳을 표시해 보자.

1 The Indian tribe left their land never return.

2 We are now looking for a bigger house live in.

3 He woke up find himself lying on a park bench.

4 Our purpose is help the poor.

5 If you are succeed, you will have to work hard.

다음 문장들의 밑줄 친 to 부정사가 명사/형용사/부사적 용법 중 무엇인지 써 보자.

1 2016년 고1 03월
These do not need <u>to be</u> elaborate setups. (   )적 용법
이것들은 공들인 계획이 될 필요는 없다.

2 2016년 고1 06월
Many Joshua trees have been dug up <u>to be planted</u> in urban areas. (   )적 용법
많은 Joshua tree가 뽑혀져 도시 지역에 심어졌다.

3 2012년 고2 11월
You would benefit more by giving your body a chance <u>to recover</u>. (   )적 용법
당신의 몸에 회복할 기회를 제공함으로써 당신은 더 많은 혜택을 얻을 것이다.

4 2016년 고1 06월
Problems occur when we try too hard <u>to control</u> or avoid these feelings. (   )적 용법
이러한 감정을 통제하거나 피하려고 지나치게 노력하면 문제들이 발생한다.

5 2016년 고1 06월
Paderewski did not know where <u>to turn</u> for help. (   )적 용법
Paderewski는 어디에서 도움을 구할지 몰랐다.

6 2015년 고3 09월
Young people often prefer <u>to use</u> text messages to communicate with their friends. (   )적 용법
젊은이들은 친구들과 소통하기 위해 문자 메시지를 사용하기를 보통 선호한다.

7 2015년 고2 09월
Later, he returned to Milwaukee <u>to work</u> as an inventory manager. (   )적 용법
이후, 그는 Milwaukee에 돌아와서 재고관리자로 일했다.

8 2014년 고1 09월
We have evolved the capacity <u>to care</u> for other people, animals and things. (   )적 용법
우리는 다른 사람들, 동물들 그리고 사물들을 돌보는 능력을 발달시켜왔다.

다음 문장들을 정확하게 해석해 보자.

1
2015년 고3 09월
A salesperson's aim is to conclude a sale profitably.
해석

2
2015년 고3 09월
People naturally gravitate to them and want to follow them.
해석

3
2015년 고3 09월
They have no ability to estimate how long a task will take.
해석

4
2015년 고3 09월
Do you have the emotional state of mind to become a leader?
해석

5
2015년 고3 06월
Are you looking for somewhere special to go for the weekend?
해석

6
2016년 고3 07월
Sometimes the best decision is just to give up and to move on.
해석

7
2016년 고3 04월
In the Middle Ages, work began to be seen as the curse of the poor.
해석

8
2015년 고3 09월
He needs immediate feedback to finish the rest of the sequence
successfully.
해석

단어 + PLUS

1
+ salesperson 판매원
+ conclude 마치다
+ profitably 수익성 있게

2
+ naturally 자연스럽게
+ gravitate 끌리다

3
+ estimate 추정하다
+ task 일, 과제

4
+ state of mind 마음의 상태

5
+ look for ~을 찾다

6
+ decision 결정
+ give up 포기하다

7
+ Middle Ages 중세시대
+ curse 저주

8
+ immediate 즉각적인
+ rest 나머지
+ sequence 연속과정

다음 문장들을 정확하게 해석해 보자.

1 2011년 수능
For each person there are thousands of opportunities, challenges to expand ourselves.
해석

2 2017년 수능
Later, he emigrated to the U.S. and continued to make films.
해석

3 2012년 수능
In a businesslike fashion, the two women began figuring out how to disengage.
해석

4 2012년 수능
The only way to overcome this problem is to be more connected to others.
해석

5 2013년 수능
I was full of great plans to find success in this unknown land.
해석

6 2012년 수능
To prove the existence of premonitory dreams, scientific evidence must be obtained.
해석

7 2011년 수능
Experienced martial artists use their experience as a filter to separate the essential from the irrelevant.
해석

8 2013년 수능
To say that we need to curb anger and our negative thoughts and emotions does not mean that we should deny our feelings.
해석

단어 PLUS

1
+opportunity 기회
+expand 확장하다

2
+emigrate 이민을 가다
+make a film 영화를 만들다

3
+businesslike 현실적인
+fashion 방식
+figure out 알아내다
+disengage 벗어나다, 분리되다

4
+overcome 극복하다

5
+be full of ~로 가득하다
+unknown 미지의

6
+prove 증명하다
+existence 존재
+premonitory 예고하는
+evidence 증거
+obtain 얻다, 확보하다

7
+experienced 노련한
+martial artist 무술인
+filter 여과기
+essential 필수적인
+irrelevant 무관한

8
+curb 억제하다
+deny 부인하다

앞서 배운 문장들을 바탕으로 빈칸을 채워 문장을 완성해 보자.

1 2015년 고3 09월
A salesperson's aim / is _____ _____ / a sale / profitably.
판매원의 목표는 / 끝내는 것이다 / 판매를 / 수익성 있게

2 2015년 고3 09월
People / naturally gravitate / to them / and want _____ _____ them.
사람들은 / 자연적으로 끌린다 / 그들에게 / 그리고 그들을 따르고 싶어 한다.

3 2015년 고3 09월
They / have no ability / _____ _____ / how long a task will take.
그들은 / 능력이 없다 / 추정하는 / 과제가 얼마나 걸릴지

4 2015년 고3 09월
Do you have / the emotional state of mind / _____ _____ a leader?
여러분은 갖고 있는가 / 감정적 마음의 상태를 / 지도자가 되려는

5 2016년 고3 07월
Sometimes / the best decision / is just _____ _____ _____ / and
_____ _____ _____.

때때로 / 최상의 결정은 / 그냥 포기하고 / 다음으로 넘어가는 것입니다

6 2017년 수능
Later, / he / emigrated to the U.S. / and continued _____ _____ _____.
나중에 / 그는 / 미국으로 이민을 갔다 / 그리고 계속 영화들을 만들었다

7 2012년 수능
The only way / _____ _____ this problem / is _____ _____
more connected / to others.
유일한 방법은 / 이 문제를 극복하는 / 더 연결되는 것이다 / 타인들과

8 2012년 수능
_____ _____ / the existence of premonitory dreams, / scientific evidence / must
be obtained.
증명하기 위해서 / 예고하는 꿈의 존재를 / 과학적인 증거가 / 확보되어야 한다

9 2013년 수능
_____ _____ / that we need to curb / anger and our negative thoughts and
emotions / does not mean / that we should deny our feelings.
말하는 것은 / 우리가 억제할 필요가 있다고 / 분노와 부정적인 생각과 감정을 / 의미하지 않는다 / 우리가 우리의 감정
을 부정해야 함을

정말 문과 나오면
먹고 살기 힘든가요?

서울대 선배가 너에게

사실 나도 아직 사회에 나가보지 않았고, 대학에 들어가 공부를 시작한지 얼마 되지 않은 사람이기 때문에 이 질문에 대해서 명확한 답을 주기는 어려워. 사회적 맥락에서 봤을 때 산업 구조 상 기업이 지속적으로 이윤을 창출하기 위해선 끊임없이 새로운 기술을 발전시켜야 하니까 이 과정에서 핵심적인 역할을 하는 공학 계열 분야를 전공한 사람들의 수요가 많을 수 밖에 없어.

그런데 '문과보다 이과의 취업률이 더 높다' 라는 말 속에 '문과 나오면 먹고 살기가 쉽지 않다.' 라는 말이 내포되어 있진 않아. 오로지 취직을 위한 공인어학점수를 받기 위해 영어를 공부하고, 남들이 다 가니까 어학 연수 한 번 갔다 오고, 스펙 쌓기 위해 봉사 활동 몇 번 갔다 오고. 오히려 이렇게 '취직' 만을 위한 대학 생활과 공부를 하면 역설적으로 가장 사회에 나갔을 때 별 영향력 없는 사람이 되기가 쉬워. 왜냐하면 그런 사람들은 사회 안에서 널려있거든. 우리가 그런 사람들 속에서 경쟁력을 확보하기 위해서는 우리만의 이야기들과 색깔을 찾아내야만 해. 지난 챕터에서도 이야기했지만 우린 항상 '왜 공부하는가?'에 대한 끊임없는 고민이 필요해.

본인만의 가치가 정립된 후에는 알아서 '해야 할 일'을 찾게 돼. 내가 아는 선배는 신앙심이 깊은 사람인데, 창조과학이 지닌 한계점을 극복함으로써 본인의 종교가 가진 이론적 토대를 견고히 하기 위해 기존 과학적 데이터에 부합하는 신학을 더 연구해. 또 한 선배는 언어학을 전공하는 사람인데 먼 공과대학까지 굳이 가서 컴퓨터 공학을 공부해. 본인의 목표인 '언어가 만들어지는 구조와 컴퓨터 언어의 구조 간의 어떠한 연관성'을 찾아내기 위해서 이렇게 힘든 일들을 감수하는 거야. 이렇게 공부하는 사람들이 흔할까? 당연히 그냥 심리학만을 공부하는 사람들과 그냥 언어학만을 공부하는 사람들보다 힘들고 고된 과정을 걷고 있는 사람들이기 때문에 그 수가 많지 않을 거야. 이렇게 꼭 전공에 얽매이지 않고 본인이 가치 있다고 생각하는 분야가 무엇인지 고민하고, 그것에 대해 주체적으로 끊임없이 공부하다 보면 언젠가는 본인이 '이런 사람이 되고 싶다'라는 모델에 한층 더 가까워져 있을 것이고 사회에서 본인만의 색깔로 영향력을 발휘할 수 있는 사람이 되어 있을 거야.

더불어, 사실 현대 사회에서 더 이상 문과, 이과의 구분은 무의미해지고 말았어. 과학자들은 연구를 할 때 철학과 윤리학의 관점에서 본인들의 연구에 대한 자체적인 평가를 내릴 줄 알아야 하고, 인문학자들도 자연과학을 함께 공부해가면서 그들이 알아내고자 하는 어떠한 진리에 더 실질적으로 다가갈 줄 알아야만 해. 내가 전공하고 있는 심리학만 하더라도, 요즘에는 뇌의 구조와 기능에 대해서 배워야만 입체적인 연구가 가능하기 때문에 뇌과학을 함께 공부해야만 하는 추세야. 실제로 이런 '융합'에 대한 키워드의 가치가 증대됨에 따라서 한 때 고려대학교는 수시 전형 이름을 아예 '융합형인재전형'이라고 바꾸기도 했어. 그래서 취업률이라는 한 통계자료만을 신봉하고 이과를 택하는 친구들에게 해주고픈 이야기가 있어. 너희가 이과에 간다해도 어떤 뚜렷한 비전이나 목적의식이 없으면 그러한 것들을 가지고 있는 인문계열 친구들보다 도태될 수 있는 가능성이 우리가 마주하고 있는 미래에는 훨씬 더 커질 거야. 그런 통계자료치를 조사하기 전에, 자신에 대해서 좀 더 돌아보는 시간을 가졌으면 좋겠다. :-)

08일차

• 동명사를 이용한 문장 •

난이도 🌶🌶🌶

MISSION ▶ 다음 우리말 의미에 맞게 알맞은 단어를 골라 보자.

Being / Be assertive does not have to mean being disagreeable.

확신에 차 있다는 것이 무례하다는 것을 의미해야만 하는 것은 아니다.

MISSION 정답 : Being

개념 요리하기

학습날짜 : 월 일

개념MASTER **1**
동명사

동명사는 동사를 명사처럼 활용하는 문법이야. to 부정사처럼 동명사도 명사의 자격으로 주어, 목적어, 보어의 역할을 하는데 주로 동사에 ~ing를 붙여 Ving로 쓰지. 또한 여기에 전치사의 목적어라는 역할도 해. 전치사의 목적어는 전치사 다음의 명사 자리를 말해.

1. 주어 역할

모의고사 2016년 고3 03월

Getting enough sleep topped the list for both men and women.
충분한 잠을 자는 것이 남성과 여성 모두의 목록에서 1위를 했다.

2. 목적어 역할

모의고사 2016년 고3 03월

I opened the letter and started reading. 나는 편지를 열고 읽기 시작했다.

3. 보어 역할

모의고사 2016년 고3 04월

For any product, the last step of the recycling process is selling the new product.
어느 제품에 대해서든지 재활용 과정의 마지막 단계는 새 제품을 판매하는 것이다.

4. 전치사의 목적어 역할

모의고사 2015년 고3 09월

Doing so will ensure more lasting success in reaching one's goals.
그렇게 하는 것은 목표를 달성하는 것에서 더 지속적인 성공을 보장할 것이다.

시험MASTER 1 **동명사, to 부정사만 목적어로 취하는 동사**

Everybody avoided talking. (O) 모든 사람들이 말하기를 피했다.
Everybody avoided to talk. (X)

• 목적어로 동명사만을 취하는 동사
enjoy, give up, finish, stop, admit, mind, avoid, deny, practice, put off, postpone, delay, forgive, understand, suggest, imagine, consider ... + 동명사

• 목적어로 to 부정사만을 취하는 동사
agree, ask, choose, decide, expect, hope, learn, mean, offer, plan, pretend, promise, refuse, want, wish, afford, manage ... + to 부정사

동명사와 to 부정사 둘 다 목적어로 취하는 동사

1. remember
remember Ving: ～한 것을 기억하다
remember to ～: ～해야 할 것을 기억하다

2. forget
forget Ving: ～한 것을 잊다
forget to ～: ～해야 할 것을 잊다

3. regret
regret Ving: ～한 것을 후회하다
regret to ～: ～하게 되어 유감이다

4. try
try Ving: 시험 삼아 ～하다
try to ～: ～하려고 노력하다

I regret telling her a lie. 나는 그녀에게 거짓말을 했던 것을 후회한다.

개념MASTER 2

동명사의 부정과 의미상의 주어

1. 동명사의 부정

not + 동명사

I am considering not writing to her. 나는 그녀에게 편지를 안 쓰는 것을 고려중이다.

2 동명사의 의미상의 주어

소유격[목적격] + 동명사

We were proud of winning the prize. 우리는 (우리가) 상을 탄 것을 자랑스러워했다.

We were proud of his[him] winning the prize. 우리는 그가 상을 탄 것을 자랑스러워했다.

We were proud of Yuna's[Yuna] winning the prize.

우리는 Yuna가 상을 탄 것을 자랑스러워했다.

개념MASTER 3

동명사의 필수 관용 표현

look forward to Ving   ～를 학수고대하다
object to Ving   ～를 반대하다
contribute to Ving   ～에 기여하다
devote A to Ving   A를 ～하는데 바치다
be used to Ving = be accustomed to Ving   ～에 익숙하다

 디저트 퀴즈   **밑줄 친 동명사의 역할을 골라 보자.**

1	I keep <u>watching</u> him.	(주어 / 목적어 / 보어 / 전치사의 목적어)
2	The theater postponed <u>holding</u> the event.	(주어 / 목적어 / 보어 / 전치사의 목적어)
3	I am looking forward to <u>hearing</u> from you soon.	(주어 / 목적어 / 보어 / 전치사의 목적어)
4	Do you mind my <u>opening</u> the door?	(주어 / 목적어 / 보어 / 전치사의 목적어)
5	My dream is <u>being</u> a professional chef.	(주어 / 목적어 / 보어 / 전치사의 목적어)

다음 우리말 의미에 맞게 박스 안에서 알맞은 것을 골라 보자.

1 2014년 고2 11월
Avoid to judge / judging your own value by comparing yourself with others.
당신과 남을 비교함으로써 당신 자신의 가치를 판단하는 것을 피하라.

2 2015년 고1 03월
By to share / sharing , we can get opinions and find solutions.
공유함으로써, 우리는 의견을 얻고 해결책을 찾을 수 있다.

3 2011년 고3 03월
Socrates' rationality was essential to his to be / being Socrates.
소크라테스의 이성은 그가 소크라테스로 존재하는 것에 본질적이다.

4 2016년 고1 03월
If you are afraid of a work presentation, trying to avoid / avoiding your anxiety will likely reduce your confidence.
당신이 업무 프레젠테이션을 두려워한다면, 불안을 피하려고 애쓰는 것이 당신의 자신감을 감소시킬 수 있다.

5 2016년 고3 04월
She had never enjoyed reading / to read law books.
그녀는 법률 서적 읽는 것을 즐긴 적이 없었다.

6 2016년 고1 03월
Some people want cutting / to cut down the trees for lumber.
어떤 사람들은 목재용으로 그 나무들을 베려고 한다.

7 2016년 고3 06월
I am looking forward to hear / hearing from you soon.
나는 당신으로부터 곧 소식을 듣기를 기대하고 있습니다.

8 2016년 고1 06월
Focusing too much on the goal can prevent you from achieving / achieve the thing you want.
목표에 지나치게 집중하는 것은 당신이 원하는 것을 성취하지 못하도록 방해할 수 있다.

해석 요리하기

다음 문장들을 정확하게 해석해 보자.

단어 PLUS

1   2016년 고3 06월
The idea of protecting intellectual activity and creation has deep roots.
해석

1
+**intellectual** 지적인
+**creation** 창작

2   2016년 고3 03월
They became ready to engage in the activity of their own choosing.
해석

2
+**engage in** ∼에 참여하다

3   2015년 고3 06월
They also earn additional income by performing folk dances and fire walking.
해석

3
+**earn** 벌다
+**additional** 추가적인
+**folk dance** 민속춤
+**fire walking** 불 속 걷기

4   2016년 고3 04월
She trembled uncontrollably for fear of being caught.
해석

4
+**tremble** 떨다
+**uncontrollably**
통제불가능할 정도로
+**for fear of**
∼에 대한 두려움 때문에

5   2016년 고3 04월
Angela ended up becoming a drama teacher at a high school.
해석

5
+**end up** ∼ing
결국 ∼으로 끝나다

6   2015년 고3 09월
Doing so will ensure more lasting success in reaching one's goals.
해석

6
+**ensure** 보장하다
+**lasting** 지속되는
+**reach** 도달하다

7   2015년 고3 06월
Planning involves only the half of your brain that controls your logical thinking.
해석

7
+**involve** 관련하다
+**logical** 논리적인

8   2016년 고3 03월
Historians make sense of the mess by making meaning of it and organizing it into some kind of discernible pattern.
해석

8
+**historian** 역사가
+**make sense of**
∼을 이해하다
+**mess** 혼란스러운 것
+**discernible** 식별가능한

다음 문장들을 정확하게 해석해 보자.

1 _{2012년 수능}
Surrounding ourselves with a wall of fear is not the answer.
해석

2 _{2013년 수능}
Making amends serves to repair damaged social relations.
해석

3 _{2017년 수능}
Rather, we spent much time in the social studies office complaining about a lack of time and playing the blame game.
해석

4 _{2013년 수능}
Scientists can lessen bias by running as many trials as possible.
해석

5 _{2012년 수능}
Several years after recovering from my illness, I started skateboarding.
해석

6 _{2014년 수능}
He grew up in a farming community, so living simply was integral to his life philosophy.
해석

7 _{2013년 수능}
By likening the eye to a camera, elementary biology textbooks help to produce a misleading impression of what perception entails.
해석

8 _{2014년 수능}
It's about giving yourself the time, freedom, and money to pursue your dreams.
해석

단어 + PLUS

1
+surround 둘러싸다

2
+make amends (for)
(~에 대해) 보상하다
+serve 역할을 하다
+repair 고치다

3
+complain 불평하다
+blame game
서로 비난하고 책임 전가하기

4
+lessen 줄이다
+bias 편견
+trial 실험

5
+recover 회복하다
+illness 질병

6
+farming community 농촌
+simply 소박하게
+integral 완전한, 필수인
+philosophy 철학

7
+liken A to B
A를 B에 비유하다
+elementary 초급의
+misleading 잘못된
+perception 지각, 인식
+entail 수반하다

8
+pursue 추구하다, 쫓다

앞서 배운 문장들을 바탕으로 빈칸을 채워 문장을 완성해 보자.

1 2016년 고3 06월

The idea of _____ intellectual activity and creation / has / deep roots.

지적활동과 창작을 보호한다는 생각은 / 가지고 있다 / 깊은 뿌리를

2 2016년 고3 03월

They / became ready / to engage in the activity / of their own _____.

그들은 / 준비되었다 / 활동에 참여할 / 그들이 직접 선택한

3 2015년 고3 06월

They / also earn additional income / by _____ folk dances and fire walking.

그들은 / 또한 추가적인 소득을 얻고 있다 / 포크 댄스와 불 속 걷기 공연으로부터

4 2016년 고3 04월

She / trembled / uncontrollably / for fear of _____ _____.

그녀는 / 떨었다 / 통제 불가능할 정도로 / 잡히는 것에 대한 두려움 때문에

5 2015년 고3 09월

Doing so / will ensure / more lasting success / in _____ one's goals.

그렇게 하는 것은 / 보장할 것이다 / 더 지속적인 성공을 / 목표를 달성하는 것에서

6 2012년 수능

_____ ourselves / with a wall of fear / is not the answer.

우리들 자신을 둘러싸는 것은 / 두려움의 벽으로 / 해답이 아니다

7 2013년 수능

Scientists / can lessen / bias / by _____ as many trials as possible.

과학자들은 / 줄일 수 있다 / 편견을 / 가능한 한 많은 실험을 함으로서

8 2012년 수능

Several years after / _____ from my illness, / I / started / skateboarding.

수년 후 / 나의 병에서 회복한지 / 나는 / 시작했다 / 스케이트 보딩을

9 2013년 수능

By _____ / the eye to a camera, / elementary biology textbooks / help / to produce a misleading impression / of what perception entails.

비유함으로써 / 눈을 카메라에 / 기초 생물학 교과서는 / 돕는다 / 잘못된 인상을 만들어 내는 것을 / 인식이 수반하는 것에 대한

10 2014년 수능

It's / about _____ yourself the time, freedom, and money / to pursue your dreams.

그것은 / 너 스스로에게 시간, 자유, 그리고 돈을 제공하는 것에 대한 것이다 / 너의 꿈을 추구하기 위한

어차피 좋은 대학에 가는 사람들은
다 정해져 있는 것 아닌가요?

서울대 선배가 너에게

결론부터 이야기하면 '아니야'. 나의 경우엔 중학교 때부터 착실히 공부를 해왔기 때문에 '좋은 대학에 갈 확률이 높았던 사람' 중 한 명이었어. 그래서 나의 예시를 드는 것은 적절하지 않은 것 같아. 음, 나랑 중학교와 고등학교 모두를 같은 곳을 나온 내 친한 친구가 하나 있어. 그 친구는 현재 고려대학교에 다녀. 그런데 그 친구도 중학교 때부터 착실히 공부했느냐? 그건 아니거든. 나는 사실 외고에 그 친구가 오게 될 줄도 정말 몰랐어!

중학교 때를 회상해보면 그 친구는 공부랑은 거리가 멀었던 친구였어. 나의 중학교에는 당시 특별반 제도가 있었는데 거기엔 전교 30등까지 들어갈 수 있었어. 그런데 중학교 3년 동안 그 친구를 거기서 본 적이 한 번도 없었거든. 그런데 이 친구가 고등학교에 들어오고 부터 달라지기 시작했어. 갑자기 성적으로 무섭게 치고 올라오더니, 졸업 때 우리 과 (외고에는 과가 다 있어. 참고로 나와 그 친구는 일본어 전공이었어.)에서 수석과 차석을 나란히 나와 그 친구가 차지하게 되었어. 고등학교를 졸업하고 술을 함께 마시면서 그 친구와 이야기를 나누는 시간이 있었는데, 내가 '갑자기 왜 이렇게 공부를 열심히 하게 된 거냐, 너 원래 공부랑은 좀 거리가 있지 않았느냐'라고 물으니 웃으며 '그냥, 공부해야 하는 이유를 어렴풋이나마 알게 됐던 것 같아.' 라고 답하더라고. 그 '이유'가 무엇인지는 굳이 여기에 밝힐 필요는 없어서 적지 않지만, 역시나 '왜 공부를 해야하는가?'에 대한 고민이 이렇게 강력한 힘을 발휘할 수 있다는 하나의 예시로 삼으면 좋을 것 같아. 대학을 떠나 참 본받을 점이 많은 친구이기도 하고, 3년 동안 그 친구를 옆에서 지켜와 보면서 '공부에 있어 정말 열심히 하면 안 될 것이 없구나.'라는 아주 불확실한 명제에 대해 어떤 확신을 가질 수 있었어.

또 다른 예를 하나 소개해줄게. 나와 현재 같은 동아리에 있는 친구가 있는데 그 친구는 아주 놀랍게도 수능에서 만점을 받고 들어온 친구였어. 그래서 당연히 난 그 친구가 항상 모의고사 때나 내신 때나 압도적으로 1등만 계속 해온 줄 알았지. 수능 만점자들은 보통 각종 언론과 인터뷰를 하고, 그 인터뷰가 기사로 나기 때문에 나도 인터넷 뉴스에서 그 친구를 볼 수 있었어. 그런데 그 기사를 읽으면서 난 충격에 빠졌어. 그 친구는 원래 전교 27등이었대. 그런데 본인만의 공부법을 조금 늦게 정착을 해서 그것만 믿고 쭉 해갔더니 수능에서 만점을 받고, 전교 1등보다 더 좋은 대학에 오게 된 것이래. 이 말을 거꾸로 생각해보면 잘해오던 친구들도 삐끗 할 수가 있는 거고, 못해오던 친구들도 정말 결정적 시기에 대박을 칠 수 있는 거야. 이미 '정해져 있는 것'이란 건 없어. 다만, 공부를 열심히 하면 할수록 목표하는 좋은 대학에 '갈 수 있는 확률'은 좋아지는거야.

사실 내가 수능으로 대학에 들어온 건 아니지만, 나도 비슷한 경험을 한 적이 있어. 나는 원래 한국사를 정말 못했고 모의고사에서 1등급을 받아본 적이 한 번도 없었어. 보통 수능 문제는 ebs 교재에서 많이 나오니까 다른 친구들은 다 그 책만 풀었는데, 나는 내가 개념 숙제가 잘 안되어있음을 인식했고 교과서를 처음부터 끝까지 다시 꼼꼼히 봤어. 그랬더니 처음으로 수능 때 50점 만점이 나오더라. 이러한 에피소드들이 시사하는 바는 본인의 신념과 공부방법, 할 수 있다라는 가능성을 믿고 흔들림 없이, 일관되게 잘 해나간다면 '좋은 대학에 갈 것이 정해져 있는 아이들'보다 더 좋은 대학에 갈 수도 있게 되는 거야. 다시 한 번 말하지만, 그 누구도 그 사람의 미래가 정해져 있다는 걸 확인할 수는 없어.

09일차

·분사를 이용한 문장·

난이도 🌶🌶🌶

MISSION ▸ 다음 우리말 의미에 맞게 알맞은 단어를 골라 보자.

Rumors published / publishing on the Internet now have a
way of immediately becoming facts.

인터넷에 발표된 소문들은 이제 즉시 사실이 되는 수가 있다.

MISSION 정답 : published

1단계 개념 요리하기

개념MASTER 1

현재분사와 과거분사

분사는 동사를 두 가지 형태로 바꾸어서 형용사, 부사로 활용하는 문법이야. 분사에는 현재분사, 과거분사의 두 가지 종류가 있는데, 이 둘을 구별하는 것이 아주 중요하지.

	현재분사	과거분사
기본 의미	능동, 진행(~하는)	수동, 완료(~된, ~진, ~한)
명사 수식 (한정적 용법)	sleeping baby 잠자는 아기	fallen leaves 떨어진 잎, 낙엽
보어 역할 (서술적 용법)	I am playing computer games. I saw you crossing the road.	I was surprised at the news. I had my hair cut.
분사구문	Watching TV, I ate dinner.	Left alone, the girl began to cry.

모의고사 2016년 고3 06월
But how does someone listening to a story find those beliefs?
그러나 이야기를 듣는 사람은 어떻게 그런 신념들을 찾는가?

모의고사 2016년 고3 04월
The more commonly known name for this overlearning is addiction.
이러한 과잉 학습에 대한 더 일반적으로 알려진 명칭이 중독이다.

시험MASTER 현재분사와 과거분사의 구분

현재분사와 과거분사를 구별하는 것은 시험에 매우 자주 출제되므로 상황별로 다시 한번 확인하자.

1. 명사를 수식할 때: 수식하는 명사와 분사의 관계가 능동이면 현재분사, 수동이면 과거분사
I don't want to carry the boiling pot. 나는 끓고 있는 냄비를 옮기기를 원하지 않는다.
There is a car parked in front of my house. 나의 집 앞에 주차된 차가 한 대 있다.

2. 주격보어로 쓰였을 때: 분사가 주어와 능동 관계이면 현재분사, 주어와 수동 관계이면 과거분사
He is laughing. 그는 웃고 있는 중이다.
She looked excited about the game. 그녀는 게임에 대해서 흥분돼 보였다.

3. 목적격보어로 쓰였을 때: 목적어와 분사의 관계가 능동이면 현재분사, 수동이면 과거분사
She saw me crossing the street. 그녀는 내가 길을 건너는 것을 보았다.
He watched her carried out of the building. 그는 그녀가 건물 밖으로 옮겨지는 것을 보았다.

개념MASTER 2

감정을 나타내는 분사

감정을 나타내는 분사는 감정을 일으키는지, 감정을 느끼는지에 따라서 현재 분사와 과거분사를 구분해서 써. 주로 사람이 주어일 때는 과거분사를, 사물 이 주어일 때는 현재분사를 쓴다고 생각하면 돼.

This novel is very interested. (X) 이 소설은 흥미롭다.
This novel is very interesting. (O)

현재분사	과거분사
· 해석: ~한 감정을 유발하는	· 해석: ~한 감정을 느끼는
· 주로 사물과 함께 사용	· 주로 사람과 함께 사용

현재분사	과거분사	현재분사	과거분사
amazing (놀라운)	amazed (놀란)	depressing (우울하게 하는)	depressed (우울한)
exciting (흥미진진한)	excited (흥분된)	confusing (혼란스러운)	confused (혼란스러워 하는)
interesting (흥미로운)	interested (흥미를 갖는)	satisfied (만족스러운)	satisfying (만족스러워 하는)
boring (지루한)	bored (지루함을 느끼는)	embarrassing (당황하게 하는)	embarrassed (당황함을 느끼는)
shocking (충격적인)	shocked (충격 받은)	disappointing (실망스러운)	disappointed (실망하게 된)
frightening (무서운)	frightened (무서워하는)	amusing (재미있는, 즐거운)	amused (즐거움을 느끼는)
surprising (놀라운)	surprised (놀란, 놀라게 된)	fascinating (매혹적인)	fascinated (매혹된)

She is interested in my photos. 그녀는 내 사진에 흥미가 있다.
This game looks exciting. 이 게임은 흥미진진해 보인다.

디저트 퀴즈   다음 괄호 안의 단어를 알맞은 형태로 바꿔 보자.

1 I observed someone _____ (come) toward me in the dark.
나는 어둠 속에서 나를 향해서 누군가가 다가오는 것을 관찰했다.

2 Keep yourself _____ (move). 계속 움직여라.

3 I don't care the gossip _____ (follow) me.
나는 나를 따라다니는 소문을 신경 쓰지 않는다.

4 _____ (develop) countries have to help _____ (develop) countries.
선진국은 개발도상국을 도와야 한다.

다음 우리말 의미에 맞게 박스 안에서 알맞은 것을 골라 보자.

1　2016년 고1 06월
A fish fills its bladder with oxygen collecting / collected from the surrounding water.
물고기는 주변 물에서 모은 산소로 자신의 부레를 채운다.

2　2016년 고1 03월
They interviewed people acknowledging / acknowledged as successful.
그들은 성공한 것으로 인정받은 사람들을 인터뷰했다.

3　2015년 고1 03월
The addax is a kind of antelope finding / found in some areas in the Sahara Desert.
addax는 사하라 사막의 일부 지역에서 발견되는 영양의 일종이다.

4　2015년 고1 11월
The fast pace of today's lifestyle has us piling / piled one thing on top of another.
오늘날 생활 방식의 빠른 속도가 우리로 하여금 다른 것 위에 또 하나를 쌓게 한다.

5　2016년 고1 03월
Don't leave the reader guessed / guessing about Laura's beautiful hair.
독자가 Laura의 아름다운 머리카락에 대해 추측하게 두지 마라.

6　2015년 고1 09월
The soldiers were lost and frightened / frightening, but one of them found a map in his pocket.
들은 길을 잃고 겁을 먹었으나, 그들 중 한 명이 주머니에서 지도를 발견했다.

7　2015년 고1 09월
Consider an innocent question asking / asked years ago by a son to his father.
몇 년 전 한 소년이 아버지에게 했던 순진무구한 질문을 고려해 보자.

8　2015년 고1 03월
He wrote a letter asking / asked his father to punish him.
그는 아버지께 그를 벌해 달라고 요청하는 편지를 썼다.

3 단계
해석 요리하기

다음 문장들을 정확하게 해석해 보자.

1 <small>2016년 고3 06월</small>
Canada had the second largest daily oil production followed by Mexico and Brazil.

해석

1
+**daily production**
일일 생산량

2 <small>2016년 고3 03월</small>
Each movements evoked an emotional response having its roots in an earlier tradition.

해석

2
+**evoke** 불러 일으키다
+**emotional** 정서적
+**response** 반응

3 <small>2015년 고3 09월</small>
He significantly improved Greek texts and edited four plays written by Euripides.

해석

3
+**significantly** 상당히
+**improve** 개선하다
+**edit** 편집하다
+**play** 희곡

4 <small>2015년 고3 04월</small>
These clothes are effective because there are two thermal processes happening at once.

해석

4
+**effective** 효과적인
+**thermal process**
열처리 과정
+**at once** 동시에

5 <small>2015년 고3 03월</small>
Moreover, people often follow the rules made in distant places by people they will never meet.

해석

5
+**rule** 규칙
+**distant** 떨어진, 먼

6 <small>2015년 고3 04월</small>
The primacy effect was documented in a famous study conducted by social psychologist Solomon Asch.

해석

6
+**primacy effect** 초두 효과
+**document** 기록하다
+**conduct** 수행하다
+**psychologist** 심리학자

7 <small>2016년 고3 04월</small>
Canada was a dominant source making up more than 80% of U.S. immigrants.

해석

7
+**dominant** 우세한
+**make up** ~을 구성하다, ~(비중을) 차지하다

8 <small>2016년 고3 04월</small>
Tigers leave their protected areas to hunt in the surrounding human-dominated landscape.

해석

8
+**surrounding** 인근의
+**human-dominated**
인간에 의해 지배되는
+**landscape** 지역

다음 문장들을 정확하게 해석해 보자.

1 2017년 수능

Ideas expressed imprecisely may be more intellectually stimulating for listeners or readers than simple facts.

해석

2 2014년 수능

Her attention was distracted by a rough, noisy quarrel taking place at the ticket counter.

해석

3 2013년 수능

73 percent of Canadian voters surveyed denied in the strongest possible terms that their votes had been influenced by physical appearance.

해석

4 2014년 수능

The actual exploration challenge is the time required to access, produce, and deliver oil under extreme environmental conditions.

해석

5 2014년 수능

Seeds recovered at archaeological sites clearly show that farmers selected for larger seeds and thinner seed coats.

해석

6 2014년 수능

For example, most people in the United States using US customary units have resisted adopting the metric system.

해석

7 2012년 수능

Once again, they discussed the company's expenses and dwindling revenue.

해석

8 2013년 수능

Rumors published on the Internet now have a way of immediately becoming facts.

해석

단어+PLUS

1
+**imprecisely** 부정확하게
+**intellectually** 지적으로
+**stimulating** 자극적인

2
+**attention** 집중력
+**distract** 산만하게 하다
+**take place** 일어나다, 벌어지다

3
+**survey** 설문조사하다
+**deny** 부인하다
+**term** 표현, 용어
+**vote** 투표
+**physical appearance** 신체적인 외모

4
+**actual** 실제의
+**exploration** 탐사
+**challenge** 어려움
+**extreme** 극한의, 혹독한

5
+**recover** 발굴하다
+**archaeological site** 유적지
+**seed coat** 씨앗 껍질

6
+**customary unit** 관습적 단위
+**resist** 저항하다
+**adopt** 채택하다
+**metric system** 미터법

7
+**once again** 다시 한번
+**expense** 비용
+**dwindle** 줄어들다
+**revenue** 수익

8
+**publish** 발표되다
+**immediately** 즉시

앞서 배운 문장들을 바탕으로 빈칸을 채워 문장을 완성해 보자.

---

1 2016년 고3 03월

Each movements / evoked / an emotional response / _____ its roots / in an earlier tradition.

각각의 동향들은 / 불러 일으켰다 / 정서적 반응을 / 뿌리를 둔 / 이전의 전통에

2 2015년 고3 09월

He / significantly improved / Greek texts / and edited / four plays _____ by Euripides.

그는 / 상당히 개선했다 / 그리스어로 된 원문을 / 그리고 편집했다 / Euripides가 쓴 희곡 4편을

3 2015년 고3 04월

These clothes / are effective / because there are two thermal processes / _____ at once.

이런 옷들은 / 효과적이다 / 두 가지의 열처리 과정 때문에 / 동시에 일어나는

4 2015년 고3 03월

Moreover, / people / often follow the rules / _____ in distant places / by people / they will never meet.

게다가 / 사람들은 / 흔히 규칙을 따른다 / 멀리 떨어진 장소에서 만들어진 / 사람들에 의해 / 그들이 절대 만나지 못할

5 2015년 고3 04월

The primacy effect / was documented / in a famous study / _____ by social psychologist Solomon Asch.

초두 효과는 / 기록되었다 / 유명한 연구에 / 사회심리학자인 Solomon Asch에 의해 수행된

6 2014년 수능

Her attention was distracted / by a rough, noisy quarrel / _____ _____ at the ticket counter.

그녀는 주의가 산만해졌다 / 거칠고 시끄러운 다툼에 의해 / 매표소에서 벌어지고 있는

7 2013년 수능

73 percent of Canadian voters / _____ / denied / in the strongest possible terms / that their votes / had been influenced / by physical appearance.

73퍼센트의 캐나다 유권자들은 / 조사에 참여한 / 부인했다 / 가능한 한 가장 강력하게 / 그들의 투표가 / 영향을 받았다는 것을 / 신체적 외모로부터

8 2014년 수능

The actual exploration challenge / is the time / _____ to access, produce, and deliver oil / under extreme environmental conditions.

실제 탐사의 어려운 문제는 / 시간이다 / 석유에 접근, 생산, 배송에 요구되는 / 극한의 환경 조건에서

9 2014년 수능

Seeds / _____ at archaeological sites / clearly show / that farmers selected for larger seeds and thinner seed coats.

씨앗들 / 고고학적 현장에서 발굴된 / 명백하게 보여 준다 / 농부들이 더 큰 씨앗과 더 얇은 껍질을 선택했다는 것을

나의 합격 수기

서울대 선배가 너에게

안녕하세요. 저는 올해 지원한 모든 대학에 수시전형으로 합격한 이진우입니다. 막상 이렇게 합격 수기를 쓰려 지나온 3년을 회상하려니 어디에서부터 글을 시작해야할지 잘 모르겠습니다. 그래서 단편적인 사례들 말고, 제 수시 준비 기간 전체를 관통해온 한 가지 생각을 지면을 빌려 여러분에게 들려 드리려고 합니다.

3년 동안 '싫어하는 일'들을 '좋아하는 일'로 해결해나가면서 학교생활에 별 스트레스 없이 임할 수 있었습니다. 원하던 과였던 심리학과에 가기 위해선 반드시 수행해야 할 '싫어하는 일'도 분명 많았지만, 제가 원하던 과였고 하고 싶은 일과 직결되어 있는 분야였기에 입시를 준비하는 과정 속에서의 '좋아하는 일' 역시 못지 않게 많았습니다. 가령, 학술 대회에 참여해 여러 사람들 앞에 나가 제 연구를 발표하는 일은 싫어하는 일의 범주에 속했으나 제가 좋아하는 분야를 연구하는 일은 좋아하는 일의 범주에 속했습니다. 또 하나의 예시를 들어보자면 많은 분들의 증오의 대상인 내신을 저는 '나대기'라는 좋아하는 일로 헤쳐나갔습니다. 저는 자소서에 교사가 되겠다라고 썼던 만큼, 남에게 제가 가진 지식을 공유하는 일이 너무나 즐거웠습니다. '합리적 잘난 척'이라고 해두면 좋겠지요. 수학 내신은 '수풀남'이라는 자체 인강 제작 프로젝트를 준비하면서 즐겁게 관리할 수 있었고, 내신은 점심시간마다 강의를 친구들과 개설하면서 즐겁게 관리할 수 있었습니다. 대외활동의 경우에는 몸 담그고 있던 잡지 회사의 디자인 작업에 몰두하면서 수많은 밤샘작업 역시 즐겁게 해나갈 수 있었습니다.

스티브 잡스는 스탠포드 졸업식 연사에서 'connecting the dots'를 언급한 적이 있습니다. 영리적 목적 없이 순간을 믿고 자신이 끌리는 일들을 해 왔더니, 그 시간들이 자기 인생에서 하나의 점이 되고 그 점들을 잇는 순간 비로소 현재의 그를 만들어주었다는 이야기죠. 혹자는 '성공한 사람들의 지루한 자랑'이라고 평가할 수 있습니다. 사실 이 연설문을 접한게 고3 때였는데요, 저 또한 그 때 그렇게 생각하였습니다. 하지만 입시를 성공적으로 마친 후 3년을 뒤돌아 보니 저 원칙을 지켰기 때문에 좋은 성적을 얻을 수 있었던 것 같습니다.

이러한 원칙은 자기소개서를 쓸 때 본격적으로 빛나기 시작했습니다. 제가 좋아서 주체적으로 해 온 일들을 잇는 건 남이 시켜서 형식적으로 한 일들을 잇는 일보다 훨씬 쉬운 일이더라고요. 제가 스스로 해온 일들이 저만의 독특한 스토리를 만들어주었습니다. 자기소개서를 다른 친구들보다 수월하게 썼고 그 결과 더 일찍 작성을 끝냈습니다. 그럼에도 불구하고 선생님들로부터 좋은 평가를 얻을 수 있었고 다른 친구들이 힘들게 자소서에 몰두할 때 저는 비교적 가벼운 마음으로 수능 공부에 임할 수 있었습니다.

이 글을 읽으실 학생들 중 고1 여러분들은 일단 자기가 좋아하는 일이 무엇인지 곰곰이 생각해보시고 싫어하는 일을 어떻게 극복해갈지 고민하는 시간을 가지셨으면 좋겠습니다. 고2 여러분들은 슬슬 수시와 정시를 정할 시기입니다. 한 쪽을 택하셨으면 명확히 그 길을 걸어나가는 용기를 가지셨으면 좋겠습니다. 수시를 택하신 분들이시라면 위에서 언급한 원칙을 기억해주셨으면 더할 나위 없으면 좋겠습니다. 마지막으로 고3 여러분들은... 그냥 파이팅입니다.

10일차

분사구문을 이용한 문장

난이도

MISSION 다음 우리말 의미에 맞게 알맞은 단어를 골라 보자.

Warming may ease extreme environmental conditions,
expanded / expanding the production frontier.
온난화는 생산 한계 지역을 넓혀 주면서 극한의 환경 조건을 완화한다.

MISSION 정답 : expanding

개념MASTER **1**
분사구문

분사구문은 일단 만드는 방법부터 익혀야 해. 긴 부사절을 분사를 이용해서 짧게 만드는 것이 분사구문이야.

When she saw me, she smiled at me.

1. 부사절의 접속사 생략 (생략하지 않을 수도 있음)
She saw me, she smiled at me.

2. 부사절과 주절의 주어가 같으면 부사절의 주어 생략 (다르면 생략하지 말고 남겨 두기)
Saw me, she smiled at me.

3. 부사절과 주절의 시제가 같으면 동사ing 만들기 (부사절의 시제가 주절보다 과거이면 having p.p.사용)
Seeing me, she smiled at me.

모의고사 2016년 고3 06월 변형
Traveling across time zones, people experience jet lag.
표준 시간대를 가로질러 여행을 할 때에, 사람들은 시차로 인한 피로감을 경험한다.

개념MASTER **2**
분사구문의 해석

분사구문은 '시유조양부'의 다섯 글자를 기억하면서 문맥에 맞게 적절한 해석을 하는 것이 중요해.

1. 시간
Walking along the street, I met Jack. 길을 따라 걸을 때, 나는 Jack을 만났다.

2. 이유
Being sick, he couldn't go out. 아팠기 때문에, 그는 나갈 수 없었다

3. 조건
Turning to the left, you will see the building. 왼쪽으로 돌면, 너는 그 빌딩을 볼 것이다.

4. 양보
Knowing him, I didn't greet him. 나는 그를 알지만, 인사를 하지 않았다.

5. 부대상황
부대상황은 두 가지 동작이 동시에 일어나는 것을 말해. 영화를 보면서 동시에 팝콘을 먹는 것처럼 말이지.
Smiling brightly, she waved her hands. 밝게 웃으면서, 그녀는 손을 흔들었다.

개념MASTER ❸
분사구문의 활용

분사구문은 동사를 이용한 문법이기 때문에 다양한 동사의 특성을 나타내. 주어, 부정, 시제, 수동태가 동사의 특성들이야.

1. 분사의 의미상의 주어
부사절의 주어가 주절과 다를 경우는 주어를 그대로 남겨 둬. 이것이 분사의 의미상의 주어야.

Night coming on, we left for home. 밤이 와서, 우리는 집으로 떠났다.

It being a fine day yesterday, we went out for a walk.
어제 날씨가 좋아서, 우리는 산책을 하러 갔다.

2. 분사의 부정
분사구문의 부정은 분사구문 앞에 not을 추가해.

Not knowing him, I kept silent. 그를 몰라서, 나는 침묵을 유지했다.

Not having enough money, I can't enjoy shopping.
충분한 돈이 없어서, 나는 쇼핑을 즐길 수 없다.

3. 분사의 시제
· 단순시제: 부사절의 시제가 주절과 같으면 [동사ing]를 사용
· 완료시제: 부사절의 시제가 주절보다 과거이면 [having p.p.]를 사용

Having read the newspaper, I knew about the accident.
신문을 읽고 나서, 나는 그 사고에 대해서 알았다.

Having finished the work, I went to bed. 그 일을 마치고 나서, 나는 잤다.

4. 분사의 수동태
수동태이던 부사절을 분사구문으로 만들면 being, having been으로 시작하게 돼. 이 때 being, having been은 생략이 가능해서, 생략하고 나면 분사구문은 p.p.꼴로 시작하게 되지.

(Being) Seen from the plane, the island is beautiful.
비행기에서 보면, 그 섬은 아름답다.

(Having been) Written in haste, the book has many faults.
서둘러서 쓰여서, 그 책은 많은 오류를 갖고 있다.

디저트 퀴즈 　다음 괄호 안의 동사들을 알맞게 변형해 보자.

1 _____ (Cross) the street, you should look both ways.

2 _____ (See) from a distance, he looks handsome.

3 _____ (Invest) in the project, you'll make a fortune.

4 _____ (Know) little of the city, we hired a tour guide.

5 We started in the morning, _____ (arrive) in Seoul at noon.

문법 요리하기

다음 우리말 의미에 맞게 박스 안에서 알맞은 것을 골라 보자.

1 2016년 고1 03월
If | blocking / blocked | by a dam, the salmon life cycle cannot be completed.
만약 댐으로 막히면, 연어의 생활 주기는 완결될 수 없다.

2 2016년 고1 06월
People have changing values | depended / depending | on the situation.
사람들은 상황에 따라 변하는 가치관을 가지고 있다.

3 2016년 고2 06월
She was smiling and nodding, | urged / urging | him on with her wide eyes.
그녀는 미소를 지으며 고개를 끄덕였고, 동그랗게 뜬 눈으로 그를 재촉했다.

4 2016년 고1 06월
| Disappointed / Disappointing |, he went to Paderewski and explained his difficulty.
실망한 채, 그는 Paderewski에게 가서 자신의 어려움을 설명했다.

5 2014년 고2 03월
| Although / When | thinking about the size of your family garden, be realistic.
여러분의 가족 정원의 크기에 대해 생각할 때는 현실적이 되어라.

6 2014년 고1 09월
He published five books, | included / including | the highly acclaimed memoir Stop-Time.
그는 극찬을 받은 회고록 Stop-Time을 포함하여 다섯 권의 책을 출판하였다.

7 2015년 고1 06월
So Egypt established a standard cubit, | called / calling | the Royal Cubit.
그래서 이집트는 Royal Cubit이라고 불리는 표준 큐빗을 제정하였다.

8 2014년 고2 09월
| Looked / Looking | up, the youth searched for a glimpse of the finish line.
젊은이는 고개를 들어 결승선이 보이는지 찾아보았다.

다음 문장들을 정확하게 해석해 보자.

1 2015년 고3 06월
Assured, Gabby smiled and started to deliver her speech.
해석

2 2015년 고3 07월
She traveled worldwide, including to India and Turkey, promoting peace.
해석

3 2016년 고3 03월
The lawyer was outraged, assuming this to be an example of Latin American gender bias.
해석

4 2016년 고3 06월
Some seemed excited, walking like racing cars between passersby.
해석

5 2016년 고3 06월
Talking and laughing over coffee, they enjoyed the fabulous spring day.
해석

6 2016년 고3 04월
When done correctly, reciprocity is like getting the pump ready.
해석

7 2015년 고3 07월
Surprised by this result, he extended his research to humans.
해석

8 2015년 고3 06월
At first, the locusts continue to be loners, just feasting off the abundant food supply.
해석

단어 PLUS

1
+**assure** 안심시키다
+**deliver a speech** 연설하다

2
+**including** ~을 포함하여
+**promote** 고취하다, 촉구하다

3
+**outrage** 격노하게 만들다
+**assume** 추정하다
+**gender bias** 성 편견

4
+**passersby** 행인들

5
+**fabulous** 멋진

6
+**reciprocity** 상호 관계
+**pump** 펌프

7
+**extend** 확대하다

8
+**locust** 메뚜기
+**loner** 혼자 사는 사람
+**feast** 맘껏 먹다
+**abundant** 풍부한
+**food supply** 식량 공급

4단계 수능 요리하기

다음 문장들을 정확하게 해석해 보자.

1 2015년 수능
As a young man, he traveled around Europe, observing plants and developing his artistic skills.
[해석]

2 2013년 수능
Motivated by feelings of guilt, they are inclined to make amends for their actions.
[해석]

3 2015년 수능
When they "multitask," they switch back and forth, alternating their attention until both tasks are done.
[해석]

4 2012년 수능
The identical claim, expressed in two social contexts, may have different qualifiers.
[해석]

5 2013년 수능
The great climatic change and continued evaporation, exceeding the inflow of fresh water, reduced the lake to one-twentieth of its former size.
[해석]

6 2014년 수능
Free radicals move uncontrollably through the body, attacking cells, piercing their membranes and corrupting their genetic code.
[해석]

7 2014년 수능
These fierce radicals, built into life as both protectors and avengers, are potent agents of aging.
[해석]

8 2017년 수능
Meanwhile, observing the seller carefully, Paul sensed something wrong in Bob's interpretation.
[해석]

단어 ➕ PLUS

1
+observe 관찰하다

2
+motivate 자극하다
+feeling of guilt 죄책감
+be inclined to
 ~하려는 경향이 있다
+make amends for
 ~에 대해 보상하다

3
+multitask 멀티태스킹하다
+switch 바꾸다
+back and forth
 왔다 갔다 하면서
+alternate 번갈아가면서 하다

4
+identical 동일한
+context 맥락
+qualifier 표현물, 상징물

5
+evaporation 증발
+exceed 초과하다
+inflow 유입
+fresh water 담수
+one-twentieth 1/20
+former 이전의

6
+free radical 활성 산소
+pierce 찌르다, 꿰뚫다
+membrane 세포막
+corrupt 변질시키다
+genetic code 유전암호

7
+fierce 매서운, 사나운
+avenger 보복자
+potent 강력한
+agent 행위자, 동인

8
+meanwhile 그 사이
+observe 관찰하다
+sense 감지하다, 느끼다
+interpretation 통역

앞서 배운 문장들을 바탕으로 빈칸을 채워 문장을 완성해 보자.

1 2015년 고3 07월
She traveled worldwide, / including to India and Turkey, / _____ peace.
그녀는 전 세계를 여행했다 / 인도와 터키를 포함하여 / 평화를 고취하면서

2 2016년 고3 03월
The lawyer was outraged, / _____ this / to be an example / of Latin American gender bias.
그 변호사는 분개했다 / 그것을 여기면서 / 한 예로 / 라틴아메리카의 성편견의

3 2016년 고3 06월
Some / seemed excited, / _____ like racing cars / between passersby.
몇몇은 / 흥분한 것처럼 보였다 / 경주용 자동차처럼 걸어가면서 / 행인들 사이를

4 2016년 고3 04월
When _____ correctly, / reciprocity / is like getting the pump ready.
올바르게 행해지면 / 상호 의존 관계는 / 펌프를 준비시키는 것과 같다

5 2015년 고3 07월
_____ by this result, / he / extended / his research / to humans.
결과에 놀라서 / 그는 / 확대했다 / 그의 연구를 / 인간에게

6 2015년 수능
As a young man, / he / traveled / around Europe, / _____ plants / and developing his artistic skills.
젊은 시절 / 그는 / 여행했다 / 유럽을 / 식물을 관찰하고 / 미술 기법을 발전시키면서

7 2013년 수능
_____ by feelings of guilt, / they / are inclined / to make amends / for their actions.
죄책감으로 자극받을 때 / 사람들은 / 경향이 있다 / 보상을 하려는 / 그들의 행동에 대해

8 2012년 수능
The identical claim, / _____ in two social contexts, / may have / different qualifiers.
동일한 주장은 / 두 개의 사회적 맥락으로 표현된 / 가질 수 있다 / 다른 표현물을

9 2014년 수능
Free radicals / move / uncontrollably / through the body, / _____ cells, / _____ their membranes / and _____ their genetic code.
활성 산소는 / 돌아다닌다 / 통제할 수 없게 / 신체를 / 세포를 공격하고 / 세포막을 뚫고 / 유전 암호를 변질시키면서

친구들과 친해지고 싶은데, 인간관계가 너무 어려워요.

서울대 선배가 너에게

학창시절 성적 못지 않게 정말 중요한 것이 바로 인간관계야. 어쩌면 누구에게는 좋은 성적을 받는 것보다 훨씬 어려운 일이 바로 인간관계를 만드는 것일 수 있어. 나도 인간관계에 있어 참 많은 어려움을 겪었어. 음악 취향부터 취미까지 너무 별나서 당시 친구들이랑 친해지기가 굉장히 어려웠어. 심지어 나는 남중을 나왔는데, 게임에 별 흥미를 못 느끼다 보니 다른 친구들이 함께 pc방을 가자고 할 때 억지로 가긴 했지만 정말 재미가 없었어.

사실 중학교 때까지만 보면, 아이들의 취향이나 성격의 스펙트럼이 그닥 넓지 않아서 나와 같은 이유로 인간관계에 어려움을 겪었던 친구들은 '어쩔 수 없이 다른 아이들에게 맞춰야 하는' 비극적인 일이 벌어져. 하지만 어떤 관계라는 것은 상호적인 작용이야. 즉, 너의 모든 것에 대해 공감하고 맞춰줄 수 있는 사람은 이 세상에 너와 너의 가족들을 제외하곤 찾기 어려워. 서로 조정하는 과정이 필요하다는 이야기야. 필연적으로 네가 다른 사람에게 맞추는 과정이 수반되기 마련이고, 맞춰주다가 점차 친구가 된 후, 너의 진짜 모습을 서서히 차근차근 보여주기 시작한다면 별 무리 없이 잘 지낼 수 있을 거야. 또, 공통점이 없어서 대화의 주제를 찾지 못해 어색한 분위기를 깨지 못하는 경우도 많을 거야. 하지만 같은 공간 안에서 얼굴을 마주하고 이야기 할 기회가 주어진 이상 공통점이 아예 없지는 않아. 가령, 같은 학교인데 처음 본 친구라면 학교 화장실 시설이 구리다라는 이야기도 할 수 있을 것이고, 급식에 대한 품평도 할 수 있을 것이고, 선생님들의 특징에 대해서 웃기게 이야기할 수도 있을 거야. 이렇게 대화의 소재를 찾는 건 생각보다 어렵지 않아. 하지만, 항상 어떤 일이든 연습을 해야 해. 나도 처음부터 이런 대화 소재 찾는 데에 능통한 건 아니였어. 많은 시행착오를 겪으면서 그나마 조금 매끄러워진 수준이야.

이제 관건은 고등학교 때인데, 이상하게 고등학교 때엔 다 비슷비슷해 보이던 아이들이 천차만별 달라지기 시작해. 스펙트럼이 넓어지면 넓어질수록 너와 맞는 친구들이 있을 가능성이 훨씬 더 넓어져! 이러한 상황에서 우리가 가장 효과적으로 친구를 만들 수 있는 방법은 '먼저 다가가기'야. 사실 대부분의 친구들이 인간관계 문제로 고민하고 있을 테고 먼저 말을 걸어줄, 다가올 누군가를 기다리고 있을 거야. 마치 네가 그러고 있는 것처럼! 먼저 다가간다고 자존심이 상하는 것도 아니고, 창피한 것도 아닌데 왜 우린 먼저 다가가기를 꺼려하는 걸까? 이런 상황에서 먼저 다가오는 사람은 더 특별하게 보일 수밖에 없고 목이 빠져라 먼저 다가올 누군가를 기다리고 있는 것보다 먼저 다가가는 방법이 훨씬 더 효율적일 거야. 나는 사실 그런 용기가 없어 계속 누군가를 기다리기만 했었고, 먼저 다가와준 친구들에게 정말 큰 고마움을 느꼈어. 그리고 대학에 가느라 뿔뿔이 흩어진 그 친구들과도 아직까지 연락을 해. 사실 내 고등학교 생활에 큰 아쉬움은 없지만, 먼저 다가가보면서 더 많은 친구들과 친해질 수 있었다면 얼마나 좋았을까라는 작은 아쉬움은 남아. 대학보다 중요한 건 어떻게 보면 나를 둘러싼 주변 사람들인데, 우리는 그 사람들한테 정말 많은 영향을 주고 받으면서 살거든. 이 글을 읽는, 인간관계로 고민하고 있을 너도 나와 같은 실수를 범하지 않기를 바라면서, 꼭 주변 친구들에게 먼저 다가가보는 연습을 해보라고 권유할게. 그럼 훨씬 더 재미있고 다채로운 학창시절이 너를 기다리고 있을 거야.

11일차

· 명사절을 이용한 문장 ·

난이도 🌶🌶🌶

MISSION ▶ 다음 우리말 의미에 맞게 알맞은 단어를 골라 보자.

As a result, I would like to ask if / that you might consider giving an additional week to consider your offer.

그 결과, 저는 당신의 제안을 고려할 추가적인 일주일을 주는 것을 당신이 고려하실 수 있는지를 묻고 싶습니다.

MISSION 정답 : if

개념MASTER 1
명사절을 이끄는 접속사의 종류

명사절을 이끌어서 문장에서 주어, 목적어, 보어의 역할을 하는 접속사들은 해석에서 굉장히 중요해. 명사절 덩어리를 제대로 느껴야 긴 문장을 정확하게 해석할 수 있어. 아래 문장들에서 표시된 명사절 덩어리들을 제대로 느껴보자!

명사절의 종류	접속사 that절 (~는 것)	I know that she is pretty. 나는 그녀가 예쁘다는 것을 안다.
	whether/if 절 (~인지)	I don't know if[whether] he will come. 나는 그가 올지 안 올지 모르겠다.
	관계대명사 what절 (~는 것)	I remember what you did to me. 나는 네가 나에게 했던 것을 기억한다.
	의문사절	She doesn't know what she should do. 그녀는 그녀가 무엇을 해야 하는지를 모른다.
	복합관계대명사절	Whoever comes first will win the prize. 먼저 오는 사람이라면 누구든지 상을 탈 것이다.

개념MASTER 2
명사절을 이끄는 접속사 if/whether

접속사 if/whether는 '~인지 아닌지'라는 불확실한 의미를 가진 명사절을 이끌어. 접속사 that은 확실한 사실의 명사절을 이끈다는 점에서 if/whether와 달라.

접속사 if/whether이 이끄는 명사절
· whether은 문장에서 주어, 목적어, 보어 역할
· if는 문장에서 목적어 역할(주어, 보어로는 사용하지 않음)
· 사실을 다루는 that과는 달리 불확실하거나 의문시되는 내용에 대해 말할 때 사용
· '~인지 아닌지'로 해석

I wonder if he will win the race. 나는 그가 경주에서 이길지 궁금하다.
I don't know whether it will rain tomorrow. 나는 내일 비가 올지 모르겠다.

모의고사 2016년 고3 06월
I was wondering if you could send me one.
저는 당신이 저에게 하나를 보내 주실 수 있을지 궁금해하고 있습니다.

개념MASTER ❸
명사절을 이끄는 접속사 that

접속사는 두 성분을 서로 이어주는 역할을 해. 그 중에서도 that은 명사절을 이끄는 역할을 해. that으로 시작하는 명사절 덩어리를 파악해야 정확하게 독해를 할 수 있어.

접속사 that이 이끄는 명사절
· 문장에서 주어, 목적어, 보어 역할
· '~한 것'으로 해석

1. 주어 역할
That the Earth is round is true. 지구가 둥글다는 것은 사실이다.

2. 보어 역할: be동사의 보어
My dream is that there are no hungry people. 나의 꿈은 굶주린 사람들이 없는 것이다.

3. 목적어 역할: know, think, believe, hope, say 등의 목적어로 사용하며 생략 가능
I hope (that) you're okay. 나는 네가 괜찮기를 바란다.

4. 동격 역할: 특정한 명사 다음에 접속사 that을 써서 해당 명사의 내용을 나타냄
the hope, the fact, the news, the possibility, the feeling, the evidence, the proof, the belief + that절 + 완전한 문장
I know the fact that he is honest. 나는 그가 정직하다는 사실을 안다.

모의고사 2015년 고3 09월
The idea that artists have a unique message to communicate is only a few hundred years old.
예술가는 전달하려는 특별한 메시지를 가지고 있다는 생각은 단지 몇 백 년 밖에 안 된 것이다.

디저트 퀴즈　　다음 문장의 명사절에 밑줄을 쳐 보자.

1　I'm not sure if she is Korean. 나는 그녀가 한국인인지 확실하지 않다.

2　They know it's essential. 그들은 그것이 꼭 필요하다는 것을 안다.

3　Don't just say you felt happy. 당신이 행복했다고 단순히 말하지 말라.

4　Charlie knew something was wrong. Charlie는 뭔가 잘못됐다는 걸 알았다.

5　The kind teacher told her that she was not stupid.
그 친절한 선생님은 그녀가 멍청하지 않다고 그녀에게 말했다.

다음 우리말 의미에 맞게 박스 안에서 알맞은 것을 골라 보자.

1 2016년 고1 03월
I was surprised and asked if / that she had ever done that.
나는 놀랐고 그녀가 그것을 한 적이 있는지를 물었다.

2 2016년 고3 04월
We store images and music files, on the assumption that / if perhaps some day we might need them.
우리는 아마도 언젠가 우리가 그것들을 필요로 하게 될지도 모른다는 가정 하에 이미지와 음악 파일들을 저장한다.

3 2015년 고1 06월
He long argued that / whether this is a much neglected area in the study of recent history.
그는 이것이 최근 역사 연구에서 대단히 간과된 영역이라고 오랫동안 주장했다.

4 2015년 고1 11월
Researchers measured how / that many times dogs would give their paw if they were not rewarded.
연구자들은 만약 개들이 보상받지 않는다면, 얼마나 많이 그들의 발을 줄지를 측정했다.

5 2015년 고1 11월
I would like to ask that / if you might consider giving an additional week to consider your offer.
저는 당신의 제안을 고려할 추가적인 일주일을 주는 것을 당신이 고려하실 수 있는지 묻고 싶습니다.

6 2012년 고2 09월
Tracer argued that / if , in fact, not crawling may be entirely normal.
Tracer는 사실 기지 않는 것이 완전히 정상적인 것일 수 있다고 주장했다.

7 2015년 고1 11월
This finding raises the very interesting possibility that / if dogs may have a basic sense of fairness.
이러한 결과는 개들이 공평에 대한 기초적인 개념을 가지고 있을 수 있다는 매우 흥미로운 가능성을 제기한다.

8 2016년 고3 03월
There is no denying that / if exceptional players like Smith can put points on the board.
Smith와 같이 매우 뛰어난 선수가 득점 기록판에 점수를 올릴 것을 부정할 수 없다.

다음 문장들을 정확하게 해석해 보자.

1 2016년 고3 03월

We hope you will help us in this regard.

해석

2 2012년 고2 03월

The man even asked if he could do anything to make my son more relaxed during the test.

해석

3 2016년 고3 03월

He asked him how much money he needed.

해석

4 2016년 고3 03월

Dad also taught him which kinds of bait were suitable for catching various kinds of fish.

해석

5 2015년 고3 07월

This comes from how we experience our own bodies.

해석

6 2016년 고3 04월

Julia asked her if there were any fun things she would like to do.

해석

7 2016년 고3 06월

She was not sure how long she could stay like that.

해석

8 2016년 고1 06월

Try to accept your anxiety as a signal that you are probably nervous about public speaking.

해석

단어 PLUS

1
+in this regard 이런 점에서

2
+relaxed 편안한

4
+suitable 적합한
+various 다양한

5
+come from 기인하다

7
+stay (상태를) 유지하다

8
+accept 받아들이다
+anxiety 불안
+signal 신호
+nervous 긴장한
+public speaking 연설

4 단계 수능 요리하기

다음 문장들을 정확하게 해석해 보자.

1 2012년 수능

The speed with which computers tackle multiple tasks feeds the illusion that everything happens at the same time.

해석

2 2015년 수능

It seems that most of us know how to fake it to some extent.

해석

3 2012년 수능

She believed that human nature is pretty much the same the whole world over.

해석

4 2013년 수능

The fact that the ground is wet and there are mud puddles dotting the landscape doesn't matter to the dogs.

해석

5 2013년 수능

Poe dismisses the argument that any ideas are so deep or subtle that they're "beyond our words."

해석

6 2011년 수능

Psychologist Solomon Asch wanted to discover whether people's tendency to agree with their peers was stronger than their tendency toward independent thought.

해석

7 2008년 수능

The tension is due to physical contact, the lack of control, and the fear of whether it will tickle or hurt.

해석

8 2013년 수능

Some consequences of this unconscious assumption that "good-looking equals good" scare me.

해석

단어 PLUS

1
+ **tackle** 처리하다
+ **multiple** 다수의
+ **feed** (정보)를 주다
+ **illusion** 착각

2
+ **fake** 속이다
+ **to some extent** 어느 정도까지는

3
+ **human nature** 인간 본성
+ **pretty** 아주

4
+ **mud puddle** 진흙 웅덩이
+ **dot the landscape** 여기저기 흩어져 있다
+ **matter** 중요하다

5
+ **dismiss** 일축하다
+ **argument** 주장
+ **deep** 심오한
+ **subtle** 미묘한

6
+ **psychologist** 심리학자
+ **discover** 밝히다
+ **tendency** 경향
+ **peer** 동료
+ **independent** 독립적인

7
+ **tension** 긴장감
+ **contact** 접촉
+ **tickle** 간질이다

8
+ **consequence** 결과
+ **unconscious** 무의식적인
+ **assumption** 가정

앞서 배운 문장들을 바탕으로 빈칸을 채워 문장을 완성해 보자.

1 2012년 고2 03월

The man / even asked / _____ he could do anything / to make my son more relaxed / during the test.

그는 / 심지어 물었다 / 그가 해줄 것이 있는지 / 내 아들을 더 편하게 해 주려고 / 시험 동안에

2 2016년 고3 03월

He / asked him / _____ _____ _____ / he needed.

그는 / 그에게 물었다 / 얼마나 많은 돈이 / 그에게 필요한지

3 2016년 고3 03월

Dad / also taught him / _____ _____ _____ bait / _____ _____ / for catching various kinds of fish.

아버지는 / 또한 그를 가르쳤다 / 어떤 종류의 미끼가 / 적합한지 / 다양한 종류의 물고기를 잡는데

4 2015년 고3 07월

This / comes from / _____ _____ _____ / our own bodies.

이것은 / 기인한다 / 어떻게 우리가 경험 하는가 / 우리의 신체를

5 2016년 고3 04월

Julia / asked / her / _____ _____ _____ any fun things / she would like to do.

Julia는 / 물었다 / 그녀에게 / 어떤 재밌는 일이 있는지 없는지를 / 그녀가 하고 싶은

6 2012년 수능

The speed / with which computers tackle multiple tasks / feeds the illusion / _____ _____ _____ / at the same time.

속도는 / 컴퓨터가 다수의 일을 처리하는 / 착각을 일으킨다 / 모든 것이 일어난다는 / 동시에

7 2015년 수능

It seems / _____ most of us / know / how to fake it / to some extent.

그렇게 보인다 / 우리 대부분이 / 알고 있는 것처럼 / 어떻게 속이는지 / 어느 정도는

8 2013년 수능

Poe / dismisses / the _____ / _____ any ideas are so deep or subtle / that they're "beyond our words."

Poe는 / 일축한다 / 주장을 / 어떤 생각이라도 매우 깊고 미묘해서 / 그것이 "말의 범위를 넘어선다"는

9 2008년 수능

The tension / is due to physical contact, the lack of control, and the fear of / _____ _____ tickle or hurt.

그러한 긴장감은 / 신체적 접촉, 억제력의 부족 그리고 두려움 때문이다 / 그것이 간질거릴지 아플지에 대한

C course
고난도 문법

12일차

관계대명사를 이용한 문장 1

난이도

다음 우리말 의미에 맞게 알맞은 단어를 골라 보자.

Cells that / who are produced as a result of these conditions
are densely arranged.

이런 상황의 결과로 만들어지는 세포들은 조밀하게 배열된다.

MISSION 정답 : that

개념 요리하기

학습날짜 :   월   일

개념MASTER 1
관계대명사

관계대명사는 두 개의 절을 합치는 역할을 해. 이 때 뒤의 절에서 명사를 지우면 관계대명사를, 부사를 지우면 관계부사를 그 자리에 넣어 줘야 하지. 관계대명사는 두 절의 관계를 맺어주는 접속사 역할과 뒤 문장에서 명사를 지운 자리에서 대명사의 역할을 해.

관계사 = 접속사 + 대명사

선 행 사	주 격	소유격	목적격
사람	who	whose	who(m)
사물, 동물	which	of which / whose	which
사람, 사물, 동물	that	-	that
선행사 없음	what	-	what

1. 주격 관계대명사: 관계대명사절에서 주어 역할

Heaven helps those who help themselves. 하늘은 스스로 돕는 자를 돕는다.

I have a dog which always follows me. 나는 항상 나를 따르는 개를 한 마리 가지고 있다.

2. 목적격 관계대명사: 관계대명사절에서 목적어 역할

He is the man whom I met yesterday. 그는 내가 어제 만난 사람이다.

Have you read the book which I gave you? 너는 내가 준 책을 읽었니?

3. 소유격 관계대명사: 관계대명사절에서 소유격 역할

The film is about a spy whose wife betrays him.
이 영화는 아내가 (그를) 배신한 스파이에 대한 것이다.

Look at the house whose roof is red. 지붕이 빨간 집을 봐라.

개념MASTER 2
관계대명사의 생략

관계대명사는 다음과 같은 경우 생략할 수 있어. 긴 문장을 해석할 때는 생략된 관계대명사를 파악해야 정확하게 해석을 할 수 있어.

1. 목적격 관계대명사 생략 가능

Everything (that) she told me was unbelievable.
그녀가 나에게 말한 모든 것은 믿을 수 없었다.

2. 주격 관계대명사 + be동사 생략 가능

Look at the boy (who is) eating an ice cream. 아이스크림을 먹고 있는 소년을 봐라.

모의고사 2016년 고3 04월

If we can't have everything (that) we want today, what do we do?
만약 우리가 오늘 원하는 모든 것을 가질 수 없다면, 우리는 무엇을 하는가?

개념MASTER ③

관계대명사의 계속적 용법

관계대명사의 명사를 뒤에서 앞으로 수식하는 역할은 한정적 용법이야. 선행사 다음에 콤마(,)를 찍고 관계대명사를 쓰면 계속적 용법이고. 앞에서부터 뒤로 자연스럽게 해석을 하면 돼.

1. 관계대명사의 계속적 용법의 특징
· 관계대명사 앞에 콤마(,)를 써서 나타냄
· 선행사에 대한 추가적인 정보를 제공
· 「접속사 + 대명사」로 바꾸어 쓸 수 있음
· 관계대명사 that, what은 계속적 용법으로 쓸 수 없음

I have two brothers, who go to high school.
나는 두 명의 남동생이 있는데, 고등학생이다.

We saw a fancy car, which was parked here.
우리는 멋진 차를 봤는데, 여기에 주차되어 있었다.

He loved a woman, who lived next door to him.
그는 한 여성을 사랑했는데, 그의 옆집에 살았다.

2. 주의해야 할 관계대명사의 계속적 용법
계속적 용법으로 쓰이는 which는 앞 문장의 일부분 혹은 전체를 가리키는 경우도 있어.

He failed the test, which surprised everyone around him.
그는 시험에 낙제했는데, 그 사실[그가 시험에 떨어졌다는 사실]이 그의 주변 모두를 놀라게 했다.

디저트 퀴즈

다음 밑줄 친 관계대명사의 알맞은 격을 찾아 보자.

1 I picked up the book <u>whose</u> pages are ripped.　　　(주격 / 목적격 / 소유격)

2 He is the only boy <u>that</u> I know cannot read English at all.　　(주격 / 목적격 / 소유격)

3 This book is something <u>that</u> I want.　　　(주격 / 목적격 / 소유격)

4 I discussed it with my brother, <u>who</u> is a lawyer.　　(주격 / 목적격 / 소유격)

5 I like the English teacher, <u>who</u> is very popular among students.　　(주격 / 목적격 / 소유격)

다음 우리말 의미에 맞게 박스 안에서 알맞은 것을 골라 보자.

2016년 고1 03월

1 Success wasn't something who / that had just happened to them due to luck.
성공은 운 때문에 그들에게 그저 발생한 어떤 것이 아니다.

2015년 고1 11월

2 Among the three platforms that / whose usage increased between the two years, cell phones showed the smallest increase.
두 해 사이에 사용이 증가한 세 가지의 플랫폼 중, 휴대전화가 가장 작은 증가를 보였다.

2013년 고2 03월

3 They lay between 100 and 300 eggs where / which have very thick shells.
암컷은 껍데기가 매우 두꺼운 100개에서 300개의 알을 낳는다.

2016년 고3 04월

4 The first thing that / who he decided to do was to help Angela increase the fun in her life.
그녀가 하기로 결심한 첫 번째 일은 Angela가 그녀의 삶에서 재미를 늘리도록 돕는 것이었다.

2015년 고1 06월

5 Linda, who / that sat next to her, passed the sheet without signing it.
그녀 옆에 앉아 있었던 Linda는 사인을 하지 않고 종이를 넘겼다.

2014년 고1 11월

6 He projected the colors back into the prism, that / which resulted in pure white light.
그는 색깔들을 다시 그 프리즘으로 투사시켰고, 그 결과 순수한 백색광이 나왔다.

2013년 고2 11월

7 The bat is just an instrument what / that helps send the ball on its way.
배트는 단지 공을 제 방향으로 보내도록 도와주는 도구이다.

2015년 고1 06월

8 They are among the sharks who / which are not considered as a threat to humans.
그들은 인간에게 위협으로 여겨지지 않는 상어들 중 하나이다.

3 단계 해석 요리하기

다음 문장들을 정확하게 해석해 보자.

1 2016년 고1 06월
Money is something (that) you will have to deal with for the rest of your life.
해석

2 2016년 고3 04월
We save different versions of the documents (that) we are working on to our hard disks.
해석

3 2015년 고3 09월
He teaches first graders, which means he lives in a world of riddles, birthday cakes, and pointless stories.
해석

4 2015년 고3 09월
The reader is the writer's "customer" and one whose business or approval is one we need to seek.
해석

5 2015년 고3 10월
We can simply state our beliefs, or we can tell stories that illustrate them.
해석

6 2015년 고3 03월
For example, shyness is a trait that seems to be partially hereditary.
해석

7 2015년 고3 06월
You learn to hear the quiet messages that can make your life an adventure.
해석

8 2016년 고3 07월
In the medium itself, there is nothing that carries a clue to the message.
해석

단어 PLUS

1
+**deal with** 처리하다
+**rest** 나머지

2
+**document** 문서

3
+**riddle** 수수께끼
+**pointless** 무의미한

4
+**one's business** 관심사
+**approval** 인정
+**seek** 추구하다

5
+**state** 진술하다
+**illustrate** 묘사하다

6
+**shyness** 수줍음
+**trait** 특성
+**partially** 부분적으로
+**hereditary** 유전인

8
+**medium** 매개물
+**carry** 전달하다
+**clue** 단서

다음 문장들을 정확하게 해석해 보자.

1 2012년 수능

The people who are most different from us probably have the most to teach us.

해석

2 2008년 수능

The answer should be multi, which means 'more than one.'

해석

3 2017년 수능

People who follow this practice tend to lose their individuality and begin to live with the notion that they are recognized by the job they do.

해석

4 2013년 수능

The number of unsuccessful people who come from successful parents is proof that genes have nothing to do with success.

해석

5 2015년 수능

It is because pollution was not recognized as a problem which engineers had to consider in their designs.

해석

6 2015년 수능

Likewise, the person will tend to hold in esteem those whose conduct shows an abundance of the motivation required by the principle.

해석

7 2012년 수능

Biologists who study whale behavior generally have to be content with hanging around in boats, waiting for their subjects to surface.

해석

8 2012년 수능

Standard English allows access to certain educational and economic opportunities, which is the primary reason for teaching it.

해석

단어 ➕ PLUS

1
+probably 아마

2
+multi 복수의

3
+practice 관행
+individuality 개성
+notion 개념
+recognize 인식하다

4
+proof 증거
+gene 유전자
+have nothing to do with
～와 관련 없다

5
+pollution 오염
+recognize 인식하다
+design 설계

6
+likewise 마찬가지로
+tend to ～하는 경향이 있다
+hold in esteem 존경하다
+conduct 행동
+abundance 풍부함
+motivation 동기
+principle 원칙

7
+generally 보통
+be content with
～로 만족하다
+hang around 걸어다니다
+subject 관찰 대상
+surface 표면에 드러나다

8
+standard English 표준영어
+access to ～로의 접근
+primary 가장 중요한, 주된

앞서 배운 문장들을 바탕으로 빈칸을 채워 문장을 완성해 보자.

1 2015년 고3 09월

The reader / is the writer's "customer" and one / _____ business or approval is one we need to seek.

독자는 / 작가들의 손님이고 어떤 사람이다 / 그의 관심사와 인정이 우리에게 추구될 필요가 있는 것인

2 2015년 고3 10월

We / can simply state / our beliefs, / or / we / can tell stories / _____ _____ them.

우리는 / 간단히 진술 수 있다 / 우리의 믿음을 / 또는 / 우리는 / 이야기를 할 수 있다 / 그것들을 묘사하는

3 2015년 고3 06월

You / learn / to hear the quiet messages / _____ _____ _____ / your life / an adventure.

너는 / 배운다 / 조용한 메시지를 듣는 것을 / 만들 수 있는 / 너의 삶을 / 모험으로

4 2016년 고3 07월

In the medium itself, / there is _____ / _____ _____ a clue to the message.

그 매개물 자체에는 / 아무것도 없다 / 메시지에 대한 단서를 전달해 주는

5 2012년 수능

The people / _____ _____ most different from us / probably have the most / to teach us.

그 사람들이 / 우리와 가장 다른 / 아마 가장 많이 가지고 있다 / 우리에게 가르칠 것을

6 2008년 수능

The answer / should be multi, / _____ _____ 'more than one.'

답은 / multi일 것이다 / 그것은 '하나 이상'을 의미한다

7 2013년 수능

The number of unsuccessful people / _____ come from successful parents / is proof / that _____ have nothing to do with success.

성공하지 못한 사람들의 숫자는 / 성공한 부모로부터 태어나는 / 증거이다 / 유전자가 성공과 관련이 없다는

8 2015년 수능

It / is because pollution was not recognized / as a problem / _____ engineers had to _____ / in their designs.

그것은 / 오염이 인식되지 않았기 때문이다 / 문제로 / 공학자들이 고려해야만 했다 / 그들의 설계에서

학원을 다녀도 성적이 오르지 않아요 어떻게 해야 할까요?

서울대 선배가 너에게

기본적으로 공부를 잘하는 친구들은 학원을 그렇게 많이 다니지 않아. 정말 많아야 한 두 개 정도? 왜 걔네들은 학원을 조금만 다니면서도 그렇게 공부를 잘 할까? 답은 학원을 조금만 다니기 때문이야. 자, 이 말이 이해가 가지 않는다면 우리가 학원을 가는 근본적인 이유에 대해서 생각해보자. 우린 학원을 왜 갈까? 단순히 엄마가 가라고 해서? 돈을 다 냈기 때문에? 그런 마인드라면 지금 당장 학원 때려치는 게 좋아. 돈, 체력, 시간 모든 걸 낭비하고 있는 중이니까. 우리가 기본적으로 학원에 다니는 이유는 전문 선생님들이 우리가 공부해야 할 내용들을 체계적으로 정리해주시고, 거기에 덤으로 알아두면 좋은 팁까지 제공해주시기 때문이야. 학원에서 그 먹이를 주면 우린 열심히 그걸 받아 먹는 구조인 거지.

자, 그렇다면 받아 먹었으면 소화할 시간이 필요하겠지? 그런데 내 주위에서 학원을 정말 열심히 다니는 친구들 — 수학 학원만 2개 다니는 친구도 보았고, (2개를 다니는 이유는 정말 우습게도 학교 진도를 따라가기 위해 A학원을 다니고, A학원의 진도를 따라가기 위해 B학원을 다니는 거라고 그러더라고.) 국수영사 각각의 단과 학원, 그러니까 총 4개를 다니는 친구도 봤어 — 은 공통적으로 각 학원에서 가르쳐준 내용을 소화할 시간도 없이 다른 학원 숙제하랴 지친 몸 이끌고 또 다른 학원 가랴 소화할 시간이 당최 없어. 정말 안타깝지. 돈은 그만큼 배로 내면서 막상 학원에서 주는 걸 받아 먹을 시간조차 없는 거야. 실제로 내 친구 중에서도 이번에 반수에 실패해 결국 원하던 대학에 진학하지 못하는 친구가 하나 있었어. 그 친구의 집은 상당히 부유했는데 앞에서 언급했듯, 수학 학원을 2개씩 다니고 거기에 영어, 국어 학원까지 다니느라 각각의 공부에 집중하지 못했던 거야. 그래서 그 친구와 함께 공부에 관한 이야기를 하다 보면 전형적인 문제들은 잘만 푸는데 그 이상의 것을 잘 모르더라고. 그럴거면 왜 학원을 그렇게 많이 다니는 건지 이해가 안 가더라고. 그리고 내가 예전에 수학 학원 알바를 했었는데, 거기에도 나의 수업에 따라가기 위해서 다른 학원에 또 다니는 학생이 하나 있었어. 그런데 웃기게도 그 친구가 숙제를 제일 안 해오고 가장 많이 졸고 있는 학생이었어. 숙제도 안 해오고 졸고나 있으니 나의 수업에 따라오지 못했던 거였는데, 원인을 다른 곳에서 해결하고자 했던 것이지.

반면, 공부를 잘 하는 친구들은 학원을 조금씩만 다니면서 각 학원에서 가르쳐주는 내용을 집에 와서 복습하고 여유롭게 숙제하고 하면서 그 학원에 더 집중하게 되는 거지. 사실 이게 학원을 활용하는 가장 좋은 시스템이야. 나 같은 경우에도 주말에 수학 과외 하나만 했고, 오로지 그 과외 선생님에게 집중하면서 수학 실력을 향상시킬 수 있었어.

보통 가장 많이들 하는 실수가 '아 성적 안 오르네, 선생님이 너무 못 가르치는 듯.' 이거 진짜 어이 없는 이야기야. 너희들이 학교든, 학원이든 선생님께 수업 받을 땐 별로 이상한 점이 없었는데 막상 점수는 안 올랐다면, 그건 99.9% 너희에게 원인이 있는거야. 선생님이 주신 먹이를 못 받아먹은 거지. 그러면서 계속 선생님 탓만 하면 변하는 건 아무것도 없어. 어차피 공부를 하는 건 너희의 몫이야. 대치동에서 한 달에 100만원씩 주고 과외해 봤자 너희가 얻어먹지 못한다면 성적은 절대 오르지 않아. 가르쳐주신 걸 너희의 언어로 풀어 생각해보고 직접 갖고 놀아보고 적용해보면서 치열히 고민해야, 그제서야 성적은 조금씩 오르기 시작할 것이란다.

13일차

관계대명사를 이용한 문장 2

난이도 🌶🌶🌶

MISSION ▶ 다음 우리말 의미에 맞게 알맞은 단어를 골라 보자.

What / That we would like to have is one or a few
measurable biological changes.

우리가 갖기를 원하는 것은 하나 또는 몇 개의 측정 가능한 생물학적 변화이다.

개념 요리하기

학습날짜 :   월   일

개념MASTER ❶
관계대명사 what

관계대명사는 독해를 위해서도 중요하지만, 무엇보다 문법 문제의 단골손님 이야. 관계대명사 what과 다른 관계대명사의 구별은 필수 문법!

관계대명사 what의 특징
· 선행사를 포함하고 있는 관계대명사 (선행사 없음)
· '~하는 것' 으로 해석
· the thing which, the thing that으로 바꿔 쓸 수 있음
· 주격과 목적격 관계대명사로 쓰임
· 명사절로서 주어, 목적어, 보어, 전치사의 목적어 역할
· 생략 불가

Carol didn't know what he bought. Carol은 그가 산 것을 몰랐다.

What is interesting about the project is its budget.
그 프로젝트에 대해 흥미로운 것은 그것의 예산이다.

모의고사 2016년 고3 6월
But that's not what happened. 그러나 일어난 일은 그렇지 않았다.

시험MASTER 관계대명사 what과 다른 관계대명사들을 구별하기

뒤 문장이 불완전하고, 선행사가 없으면 관계대명사 what을 사용해.

관계대명사 what	다른 관계대명사
선행사 없으며 what 다음에 불완전한 문장	선행사가 있으며 관계대명사 다음에 불완전한 문장
I need X what I can trust. 선행사 없음 불완전한 문장(목적어 없음)	I know the girl who has three brothers. 선행사 불완전한 문장(주어 없음)

Sophie is clueless about what Angela wants.
Sophie는 Angela가 원하는 것을 전혀 모르고 있다.

What you and your spouse need is quality time to talk.
당신과 당신의 배우자가 필요로 하는 것은 대화를 나눌 수 있는 양질의 시간이다.

He'll tell us what he experienced.
그는 우리에게 그가 경험했던 것을 말해 줄 것이다.

「전치사 + 관계대명사」는 독해보다는 문법 문제를 위해서 꼭 익혀야 하는 문법이야! 아래의 공식을 기억하자.

선행사 + 「전치사 + 관계대명사」+ 완전한 문장

Make a list of things for which you can be thankful.
네가 감사하는 것들의 목록을 만들어라.

That's a mistake for which I am responsible.
그것은 내가 책임이 있는 실수이다.

That was the movie during which I fell asleep.
그것은 (상영 중에) 내가 잠든 영화이다.

Don't talk about things of which you know nothing.
네가 모르는 것에 대해서는 이야기하지 마라.

There are three goals on which our group should be working.
우리 그룹이 노력해야 하는 세 개의 목표들이 있다.

2016년 수능

Interestingly, the garden in which he painted the *Satyr* was in the middle of the enemy's camp.
흥미롭게도 그가 'Satyr'를 그린 정원은 적의 막사 한 가운데에 있었다.

디저트 퀴즈

다음 우리말에 맞게 괄호 안의 단어를 배열해 보자.

1. But (most people, what, do) is very different.
   그러나 대부분 사람이 하는 것은 매우 다르다.

2. It took only a moment to realize (was, what, happening).
   순식간에 무슨 일이 일어나고 있는지 깨달았다.

3. But (what, that's, happened, not).
   그러나 일어난 일은 그렇지 않았다.

4. (is, what, new) is the rate of erosion.
   새로운 것은 침식의 속도이다.

5. That's (makes, what, us) a social species.
   그것이 우리를 사회적 종으로 만드는 것이다.

2 단계 문법 요리하기

다음 우리말 의미에 맞게 박스 안에서 알맞은 것을 골라 보자.

1 2016년 고1 06월

The emotion itself is tied to the situation in which / which it originates.

그 감정 자체는 그것이 일어나는 상황과 연결되어 있다.

2 2014년 고1 11월

Korowai families have their own gardens nearby, which / in which they cultivate sweet potatoes and vegetables.

Korowai 부족 가정은 가까이에 그들의 뜰을 가지고 그곳에 고구마와 채소를 재배한다.

3 2016년 고1 03월

After more thought, he made that / what many considered an unbelievable decision.

더 많이 생각한 후에 그는 많은 사람이 믿을 수 없다고 여기는 결정을 내렸다.

4 2015년 고1 11월

A home provides a canvas which / on which we can illustrate who we are.

집이 우리가 어떤 사람인지 그 위에 분명히 보여줄 수 있는 캔버스를 제공해 준다.

5 2016년 고1 06월

What / That most beginning investors don't understand is that investing in the stock market is a risk.

대부분의 초보 투자자들이 이해하지 못하는 것은 주식 시장에 투자하는 것에는 위험성이 있다는 것이다.

6 2013년 고2 06월

You can just imagine that / what he must have looked like in the street!

거리에서 그가 분명히 어떤 모습이었겠는지 당신은 상상할 수 있다!

7 2015년 고1 09월

What / That is different today, though, is the speed and scope of these interactions.

하지만 오늘날 다른 것은 이러한 상호작용의 속도와 범위이다.

8 2015년 고2 03월

A Greek historian Herodotus wrote of cinnamon which / on which he had learned about from the Phoenicians.

그리스의 역사가인 Herodotus는 페니키아인들로부터 알게 된 계피에 관해 기술했다.

3단계 해석 요리하기

다음 문장들을 정확하게 해석해 보자.

1 <small>2016년 고3 06월</small>
The extent to which they are found varies from animal to animal.
해석

2 <small>2015년 고3 09월</small>
To fully understand science, it must be considered within the society in which it functions.
해석

3 <small>2016년 고3 03월</small>
In any situation in which help is required, we should use our intelligence to discover the most effective way to help those in need.
해석

4 <small>2016년 고3 04월</small>
The modern scientific method, in which experiments form part of a structured system of hypothesis and analysis is as recent as the seventeenth century.
해석

5 <small>2016년 고3 06월</small>
Almost all of us follow the guidelines for what is "appropriate" for our roles.
해석

6 <small>2015년 고3 09월</small>
Other researchers investigated the ways in which first and third grade teachers could integrate music into their regular math classrooms.
해석

7 <small>2015년 고3 09월</small>
Separating what's important from what's not important is prioritizing.
해석

8 <small>2015년 고3 09월</small>
The surprised and disappointed Canadian tried to understand what had gone wrong.
해석

1
+**extent** 정도
+**vary** 다르다, 다양하다

2
+**fully** 완전히
+**within** ~내에서
+**function** 기능하다

3
+**intelligence** 지성
+**effective** 효과적인
+**in need** 어려운 처지의

4
+**modern** 현대의
+**method** 방식
+**experiment** 실험
+**form** 형성하다
+**structured** 구조화 된
+**hypothesis** 가설
+**analysis** 분석
+**recent** 최근의

5
+**almost** 거의
+**guideline** 지침
+**appropriate** 적절한

6
+**investigate** 탐구하다
+**integrate** 통합하다

7
+**separate** 분리하다
+**prioritizing** 우선순위 정하기

8
+**go wrong** 잘못되다

다음 문장들을 정확하게 해석해 보자.

1   2013년 수능
They have terrific advice about what helped them succeed.
해석

2   2013년 수능
A bias occurs when what the scientist expects changes how the results are viewed.
해석

3   2011년 수능
At one such preview a bootmaker criticized the shoes in a painting on which Apelles had labored long and hard.
해석

4   2012년 수능
It also created an open-ended conversation among its engineers in which salespeople and designers were often included.
해석

5   2008년 수능
To some it is mainly an instinctive, exciting sound to which they dance or move their bodies.
해석

6   2012년 수능
It is simply a correspondence between a situation about which one has intense concern and the occurrence of the event that one fears.
해석

7   2013년 수능
What's dangerous about the Internet is, because it has the aura of technology around it, it has a totally undeserved instant credibility.
해석

8   2014년 수능
There is a difference between getting what you want and getting what you think you want.
해석

9   2017년 수능
The very trust that this apparent objectivity inspires is what makes maps such powerful carriers of ideology.
해석

단어 PLUS

1
+terrific 멋진

2
+bias 편견
+occur 생겨나다

3
+preview 시연
+bootmaker 구두장이
+criticize 비판하다
+labor 공을 들이다

4
+open-ended 제한 없는
+engineer 기술자
+salespeople 판매원

5
+mainly 주로
+instinctive 본능적인

6
+simply 단순히
+correspondence 유사함(관련성)
+intense 강렬한
+concern 걱정, 우려
+occurrence 발생
+fear 두려워하다

7
+aura 기운
+undeserved 자격이 없는
+credibility 신뢰성

9
+apparent 외관상의
+objectivity 객관성
+inspire 불러일으키다
+carrier 전달자
+ideology 이데올로기

앞서 배운 문장들을 바탕으로 빈칸을 채워 문장을 완성해 보자.

1 2016년 고3 06월

The extent / to _____ they are found / varies from animal to animal.

정도는 / 그것들이 발견되는 / 동물들마다 다르다

2 2016년 고3 03월

In any situation / _____ _____ help is required, / we should use our intelligence / to discover the most effective way / to help those in need.

어떤 상황에서든 / 도움이 필요한 / 우리의 지성을 이용해야한다 / 가장 효과적인 방법을 찾기 위해서 / 어려운 처지의 사람들을 돕기 위해서

3 2016년 고3 06월

Almost all of us / follow / the guidelines / for _____ is "appropriate" / for our roles.

거의 우리 모두는 / 따른다 / 지침을 / 적절한 것에 대한 / 우리의 역할에

4 2015년 고3 09월

Other researchers investigated the ways / in _____ first and third grade teachers could integrate music / into their regular math classrooms.

다른 연구원들은 그 방법들을 연구했다 / 1학년과 3학년 선생님들이 음악을 통합시킬 수 있는 / 자신들의 정규 수학수업들에

5 2015년 고3 09월

Separating what's important / from _____'s not important / is prioritizing.

중요한 것을 구분하는 것은 / 중요하지 않은 것으로부터 / 우선순위를 매기는 것이다

6 2013년 수능

They / have terrific advice / about _____ helped them succeed.

그들은 / 멋진 충고를 갖고 있다 / 자신이 성공하도록 도움을 주었던 것에 대한

7 2013년 수능

A bias / occurs / when _____ the scientist expects changes / how the results are viewed.

편견은 / 생겨난다 / 과학자들이 기대하는 것이 바꿀 때 / 결과가 보이는 방식을

8 2012년 수능

It also created / an open-ended conversation / among its engineers / _____ _____ salespeople and designers were often included.

그것은 또한 만들었다 / 제한 없는 대화를 / 기술자들 간에 / 판매원들과 디자이너들을 자주 포함한

9 2013년 수능

_____'s dangerous about the Internet / is, / _____ it has the aura of technology around it, / it has a totally undeserved instant credibility.

인터넷이 위험한 것은 / ~이다 / 그것이 기술이라는 기운을 두르고 있어서 / 그것이 전혀 자격이 없는, 즉각적인 신뢰성을 지닌다는 것이다

특목고 / 자사고와 일반고 중
어디에 가야 할지 너무 고민됩니다.

서울대 선배가 너에게

　나도 정말 많이 고민했던 물음이야. 나도 실은 외고 안 가고 집 근처 가까운 일반고 가서 죽어라 공부하면서 내신 열심히 따고 좋은 대학 가겠다는 포부가 있었거든. 특목고를 가면 정말 살아남을 자신이 없었어. 차라리 비교적 내신 따기 수월한 일반고를 가는 게 현명할 것이라고 생각했지. 뭐 이런저런 과정을 거쳐 결국 외고를 가긴 했지만 말이야. 나는 이 질문은 질문을 누가 하느냐에 따라 답이 조금 바뀔 것 같아.

　먼저, '중상위권' 친구들이 만약 이 질문을 했다면 난 절대적으로 특목고 편을 들 것 같아. 우리 학교 자랑은 아니지만 우리 학교에서 내신 6등급대 친구들도 중경외시 대학을 갔어. 물론 그 친구들이 못하는 건 아니야. 다만, 잘하는 친구들 사이에 있기 때문에 비교적 성적이 잘 나오지 못한 거지. 그럼에도 불구하고 특목고라는 메리트가 있었기 때문에 그래도 서울권 유명 대학에 진학할 수 있었어. 만약 이 친구들이 일반고에 간다면 반에서 2~3등 정도 할 것이고, 전교에서는 10위권 주변을 돌겠지? 그럼 솔직히 말해서 저 수준의 대학들은 절대 못 가. 차라리 특목고에서 살아남을 자신이 없더라도 일반고에서 최상위권이 될 자신이 없으면 난 특목고를 가는 걸 절대적으로 추천해. 이런 질문이 들어올 수 있어. '아니 그래도 그 중상위권 친구들이 열심히 공부해서 일반고 최상위권으로 올라갈 수도 있죠! 일반고에선 내신 따기 쉽잖아요!' 그런데 이게 말처럼 쉬운 말이 아니야. 일반고 최상위권은 특목고 최상위권과 맞먹을 정도로 정말 열심히 공부하는 친구들이고 잘 하는 친구들이야. 그 친구들은 충분히 특목고를 갈 수 있었음에도 일반고에 가서 굳건한 최상위권으로 활약하기 위해 일부러 일반고에 간 친구들이 많을 거야. 그러니까 쉽게 말해서 일반고 최상위권 싸움과 특목고 최상위권 싸움은 맞먹을 정도로 힘들다 이거지.

　그렇다면 이 질문을 최상위권 친구들이 한다면? 사실 난 절대적으로 특목고를 추천하지는 못하겠어. 특목고 최상위권은 정말 힘든 싸움이거든. 그럼에도 불구하고 정말 좋은, 열정있는 친구들을 만날 수 있고 삶에 대해 고민할 기회가 훨씬 더 많이 주어질 거야. 난 고등학교 3년 동안 공부하는 게 힘들긴 했지만, 그래도 좋은 친구들을 많이 만나서, 하고 싶은 활동들을 마음껏 해 볼 수 있었어 정말 내 학창시절을 아름답게 기억해. 물론 일반고에 간다고 해서 저런 경험들을 할 수 없는 건 아니야. 대학에 올라와서 일반고 출신인데 나보다 훨씬 더 넓은 견문을 가지고 있는 친구들을 많이 만나왔거든. 다만 내가 지금 이야기하고 싶은 건 확률이야. 특목고는 말 그대로 '특수목적고등학교'이기 때문에 어떤 특수한 목적을 가지고 운영되는 곳이야. 그만큼 일반고에선 경험해볼 수 없는 다양한 활동들을 해볼 확률이 더 크단 말이지. 이러한 활동 안에서 국영수사 공부로는 얻을 수 없는 가르침도 얻을 수 있고. 그리고 어차피 특목고에서는 거의 모든 아이들이 공부를 정말 열심히 하기 때문에 본인의 의지와는 상관 없이 뒤처지기 싫어서라도 너희가 공부를 하고 말거야. 더불어 특목고에 합격할 정도의 아이들이라면 그래도 공부하는 방법을 알고 야망이 있는 친구들이니까. 다시 한 번 말하지만 우리가 어딜 가든, 정말 좋은 대학에 가기 위해서 공부해야 할 양은 정해져 있어. 다만, 특목고에서 최상위권으로 살아가는 것이 정말 만만치 않기 때문에 최상위권 아이들에게 중상위권 아이들에게처럼 절대적으로 추천은 못하겠지만 그래도 이왕 고생할 거 조금 더 특별한 환경에서 고생해보는 게 하나의 '삶의 경험'으로서 어떨까 싶네?

혼공

14일차

관계부사를 이용한 문장

난이도 🌶🌶🌶

MISSION ▶ 다음 우리말 의미에 맞게 알맞은 단어를 골라 보자.

She recalled the first day of school which / when she had stood in that same place.

그녀는 그녀가 같은 장소에 서 있었던 학교에서의 첫 날을 떠올렸다.

MISSION 정답 : when

개념MASTER ❶ 관계부사

관계부사는 두 개의 절을 연결하는 접속사의 역할과 뒤의 절에서 부사 역할을 해. 그래서 관계부사라고 불러. 관계대명사와는 라이벌이라기 보다는 오히려 형제 같은 존재야. 차이가 있다면 관계대명사는 뒤 문장에서 대명사 역할을 하고, 관계부사는 뒤 문장에서 부사 역할을 해.

관계부사 = 접속사 + 부사
관계대명사 = 접속사 + 대명사

1. 때를 나타내는 when
· 선행사가 시간 (the time, the year, the month, the day ...)
· at/in/on which로 바꾸어 쓸 수 있음

Friday is the day when I am the busiest of the week.
금요일은 내가 일주일 중에서 가장 바쁜 때이다.

2. 장소를 나타내는 where
· 선행사가 장소 (the place, the country, the city, the house ...)
· at/in/to which로 바꾸어 쓸 수 있음

Sometimes I miss the town where I used to live.
때때로 나는 내가 살았던 마을을 그리워한다.

3. 이유를 나타내는 why
· 선행사가 이유 (the reason)
· for which로 바꾸어 쓸 수 있음

That's why I changed my mind. 그것이 내가 마음을 바꾼 이유이다.

4. 방법을 나타내는 how
· 선행사가 방법, 방식 (the way)
· the way in which로 바꾸어 쓸 수 있음

I don't know how it happened. 나는 그 일이 일어난 방식을 모르겠다.

＊선행사 the way와 how 중 하나는 반드시 생략을 해야 한다.

There are times when everyone wants to be alone.
모든 사람은 혼자 있고 싶은 순간들이 있다.
The only place where success comes before work is a dictionary. 성공이 일보다
먼저 오는 유일한 장소는 사전 뿐이다. (열심히 일을 해야 성공할 수 있다는 의미!)
That is why it is called one of the best restaurants in Tokyo.
그것이 그곳이 도쿄에서 최고의 음식점으로 불리는 이유이다.
This is the way we came to know each other. 이것이 우리가 서로 알게 된 방식이다.
I don't know how you came up with this wonderful idea.
나는 네가 어떻게 이런 멋진 생각을 떠올렸는지 모르겠다.

**관계부사의
계속적 용법**

· 관계부사의 계속적 용법은 when과 where만 사용 가능
· 「접속사 + 부사」로 바꾸어 쓸 수 있음
· when은 and then, where은 and there로 바꾸어 쓸 수 있음

I'll meet her on Tuesday, when I'm free.
나는 그녀를 화요일에 만날 것인데, 그 때 나는 한가하다.
I went into the restaurant, where I saw her.
나는 음식점에 갔는데, 거기서 나는 그녀를 보았다.

시험MASTER 관계대명사 vs. 관계부사

I visited the hotel which she stayed. (X)
I visited the hotel where she stayed. (O) 나는 그녀가 머무는 호텔을 방문했다.

1. 관계대명사
선행사 + 관계대명사 + 불완전한 문장

2. 관계부사
(선행사) + 관계부사 + 완전한 문장

완전한 문장	불완전한 문장
– 1형식 문장~5형식 문장 – 수동태 문장	– 주어가 없는 문장: 관계대명사 + 동사 + 목적어 – 목적어가 없는 문장: 관계대명사 + 주어 + 동사 + (전치사 + 명사 + 부사) – 전치사로 끝나는 문장: 관계대명사 + 완전한 문장 + 전치사

디저트 퀴즈 다음 빈칸에 알맞은 관계대명사 또는 관계부사를 써 보자.

1 I visited the bank _____ my father works at.

2 I like summer _____ many people go on a vacation.

3 I know the reason _____ she made a mistake.

4 This is the _____ she solved the problem.

5 I remember the time _____ there was no electric light.

6 He went to the bookstore, _____ he bought a book.

2 단계 문법 요리하기

다음 우리말 의미에 맞게 박스 안에서 알맞은 것을 골라 보자.

1 2016년 고3 03월
Concrete crosses marked the spots which / where the people had been swept into the sea.
콘크리트로 만든 십자가가 그 사람들이 바다에 휩쓸려 간 위치들을 표시했다.

2 2016년 고3 06월
But the wheat was given to them on the beach, which / where it quickly became mixed with sand.
하지만 해변에서 그들에게 밀이 주어졌는데, 그곳에서 그것은 빠르게 모래와 섞어 버렸다.

3 2016년 고1 06월
Vinci's attitude stands strongly against today's culture which / where we emphasize positivity too much.
Vinci의 태도는 긍정을 너무 강조하는 오늘날의 우리 문화와 크게 대조된다.

4 2016년 고1 03월
He became a member of the "Chamber Orchestra of Oldenburg," which / where he played until the orchestra was abolished.
그는 Chamber Orchestra of Oldenburg의 일원이 되었으며, 거기에서 그는 그 오케스트라가 없어질 때까지 연주했다.

5 2016년 고1 06월
The United Kingdom (UK) spent 58 billion dollars, which / where was more than half of the amount spent by the USA.
영국은 580억 달러를 소비했는데, 그것은 미국이 소비한 금액의 절반보다 더 많았다.

6 2016년 고1 03월
The reason why / how it looks that way is that the sun is on fire.
태양이 그렇게 보이는 이유는 그것이 불타고 있기 때문이다.

7 2013년 고2 06월
The worst part of the day was when / where the nurses brought my pills.
하루 중 최악의 시간은 간호사들이 알약을 가져온 때였다.

8 2014년 고1 09월
There are situations where / when that compassion-even for ourselves-might cause problems.
심지어 우리 자신에게조차도 그 동정이 문제를 야기할지도 모르는 상황들이 있다.

3 단계 해석 요리하기

다음 문장들을 정확하게 해석해 보자.

1 2015년 고3 06월
This is one of the main reasons why even the most accomplished singers have to listen to the opinion of coaches and voice teachers.
해석

2 2015년 고3 09월
It was held in a seminar room where Anderson met the principal for the first time three years ago.
해석

3 2013년 고2 06월
No one else can experience the way your heart feels about things.
해석

4 2016년 고3 04월
She wanted to work in a setting where she could interact with many different types of people in a fun, supportive way.
해석

5 2015년 고3 10월
Paramedics took care of her and Josh and took them to the hospital, where they quickly recovered.
해석

6 2016년 고3 06월
Most mammals are biologically programmed to put their digestive waste away from where they eat and sleep.
해석

7 2016년 고3 06월
One remarkable aspect of aboriginal culture is the concept of "totemism," where the tribal member at birth assumes the soul and identity of a part of nature.
해석

8 2014년 고3 10월
He once led a company where the customer support and sales engineering departments wouldn't work together and spoiled each other's work.
해석

단어 ➕ PLUS

1
+ **main reason** 주된 이유
+ **accomplished** 뛰어난

2
+ **hold** (행사)를 열다
+ **principal** 교장

3
+ **else** 다른
+ **experience** 경험하다

4
+ **setting** 환경
+ **interact with** ~와 상호작용하다
+ **supportive** 지지하는

5
+ **paramedic** 응급구조대원
+ **recover** 회복하다

6
+ **mammal** 포유류
+ **program** ~을 설정하다
+ **digestive waste** 소화배설물

7
+ **remarkable** 두드러진
+ **aboriginal** 원주민의
+ **tribal** 부족의
+ **at birth** 출생 때에
+ **assume** (특질)을 취하다
+ **identity** 정체성

8
+ **lead** 운영하다
+ **customer support** 고객지원
+ **sales engineering** 판매 담당
+ **spoil** 망치다

4 단계 수능 요리하기

다음 문장들을 정확하게 해석해 보자.

2011년 수능
1 Remember that life is a game where there are multiple winners.
해석

2015년 수능
2 Fish pens are placed in sites where there is good water flow to remove fish waste.
해석

2011년 수능
3 You see the world as one big contest, where everyone is competing against everybody else.
해석

2015년 수능
4 His reputation for scientific accuracy gained him many commissions from wealthy patrons, particularly in England, where he eventually settled.
해석

2009년 수능
5 The solution is drained off to a separate tank, where the caffeine is drawn out from it.
해석

2012년 수능
6 After seven months, the first toys made landfall on beaches near Sitka, Alaska, 3,540 kilometers from where they were lost.
해석

2016년 수능
7 Remember when you were little and you imagined that adults had infinite power?
해석

2011년 수능
8 You believe that there is no way that everyone can have everything.
해석

2015년 수능
9 One of the worst moments was when he distributed a math test.
해석

단어 PLUS

1
+multiple 복수의

2
+pen (가축) 우리
+water flow 물의 흐름
+remove 제거하다
+fish waste 어류 폐기물

3
+compete against
　～와 경쟁하다, 대항하다

4
+reputation 명성
+accuracy 정확성
+gain 얻다
+commission 위탁
+patron 후원자
+settle 정착하다

5
+solution 용액
+drain 빠져나가다
+separate 분리된
+draw from
　～에서 뽑아내다[추출하다]

6
+make landfall
　상륙하다, 발을 딛다

7
+imagine 상상하다
+infinite 무한한

9
+distribute 분배하다

5 단계

쓰기 요리하기

앞서 배운 문장들을 바탕으로 빈칸을 채워 문장을 완성해 보자.

1 2015년 고3 06월
This is one of the main reasons / _____ even the most accomplished singers / have to listen / to the opinion / of coaches and voice teachers.
이것은 주된 이유 중의 하나이다 / 가장 뛰어난 기량을 지닌 가수들조차도 / 들어야 하는 / 의견을 / 성악 지도자나 발성 지도 교사의

2 2015년 고3 09월
It was held in a seminar room / _____ Anderson met the principal for the first time / three years ago.
그것은 세미나실에서 열렸다 / Anderson이 교장선생님을 처음 만났던 / 3년 전에

3 2013년 고2 06월
No one else / can experience / _____ _____ your heart feels / about things.
어느 누구도 / 경험할 수 없다 / 당신의 마음이 느끼는 방식을 / 어떤 일에 대해

4 2015년 고3 10월
Paramedics / took care of her and Josh / and took them to the hospital, / _____ they quickly recovered.
응급 구조대원들이 / 그녀와 Josh를 보살폈다 / 그리고 그들을 병원으로 데려갔다 / 그리고 거기서 그들이 곧 회복했다

5 2016년 고3 06월
Most mammals / are biologically programmed / to put their digestive waste away / _____ _____ they eat and sleep.
대부분의 포유동물들은 / 생물학적으로 프로그램 되어있다 / 자신의 소화배설물을 멀리 두도록 / 자신이 먹고 자는 곳으로부터

6 2015년 수능
Fish pens / are placed in sites / _____ there is good water flow / to remove fish waste.
물고기 어장들은 / 어떤 장소에 설치된다 / 좋은 물의 흐름이 있는 / 어류폐기물을 제거하기에

7 2009년 수능
The solution / is drained off / to a separate tank, / _____ the caffeine is drawn out from it.
그 용액은 / 빠진다 / 분리된 수조로 / 그리고 그 곳에서 카페인이 그 용액에서 추출된다

8 2011년 수능
You believe / that there is no way / _____ everyone can have _____.
당신은 믿는다 / 방법이 없다고 / 모든 사람이 모든 것을 가지는

9 2015년 수능
One of the worst moments / _____ _____ / he distributed a math test.
최악의 순간 중 하나는 / 그 때였다 / 그가 수학 시험지를 나누어주는

대학에 가선 정말 마음껏 놀 수 있나요?

서울대 선배가 너에게

'대학 가기만 해봐라. 진짜 다 죽었어'라며 이를 부득부득 갈면서 오늘도 책상 앞에 앉아 있을 너희에게 조금 미안한 이야기겠지만 답은 '아니야'. 사실 나도 대학 가면 정말 죽어라 놀기만 할 줄 알았어! 실제로 1학기엔 죽어라 놀기만 했었고. (성적은 음....) 그런데 평생 해도 좋을 것만 같을 '놀기'라는 것도 계속하다보니 지겨워지더라고. 그래서 아마 너희 마음 속 안에서도 '더 놀고 싶은데 놀게 없네...'라는 지경에 도달하게 될 거야. 그리고 이것의 연장선으로 약간의 자괴감 – '진짜 내가 이렇게 놀기만 해도 되는건가? 등록금이 얼마야' –부터 시작해서 '아니 그래도 12년을 개고생했는데 1년 좀 놀면 어때!'라는 합리화가 마음 속에서 마구마구 솟구치게 될 거야.

그런데 한 가지 확실한 건, 중/고등학교 때처럼 죽어라 공부만 하지는 않아! 아르바이트부터 하고 싶던 일들, 동아리, 친구들 만나기...! 이 모든 것 때문에 정말 바빠질 거야. 그래서 난 오히려 고등학교 때보다 더 적게 자면서 살고 있는 것 같네 ㅋㅋㅋ. 사실 내가 아직 1학년 밖에 되지 않아서 이런 생각을 품고 살고 있는 것일수도 있는데 우리가 좋은 대학에 오는 이유는 바로 '사람들'이 아닌가 싶어. 아니, 이게 무슨 소리지. 당연히 좋은 대학에 우리가 갈려고 목을 매는 이유는 취직 잘 되려고 그러는 것 아닌가! 슬프게도 이제 학벌 중심의 산업 사회는 지난지 오래야. 예전 같았으면 능력이 조금 딸리더라도 조금이라도 더 좋은 대학 나온 사람들 뽑겠지만 이제는 다른 대학들에도 워낙 훌륭한 사람들이 많고 실제로 기업에서도 학적란은 블라인드 처리해놓고 뽑는 경우가 많기 때문에 명문대 = 취직 공식은 깨져버린지 오래야. (그럼에도 불구하고 좋은 대학 다닌다고 하면 어깨 좀 펴고 사람들한테 대접 받을 수 있을 순 있어. 아직 사람들 인식 안에서는 학벌중심적 사고관이 완전히 깨져버리진 못했나봐.) 이런 상황에서 우리가 좋은 대학에 가서 얻을 수 있는 가장 큰 것은 바로 인적 네트워크야. 후에 우리가 무슨 일을 하든, 친구들의 영향을 많이 받을 수 밖에 없고 내가 도움을 주거나 받는 상황이 일어날 수 있거든. 그래서 나는 대학 때 최대한 다양한 사람들을 만나보려 다양한 그룹에 들어가기도 하고 활동도 해보고 그러고 있었어. 그래서 공부량은 현저히 줄어드는데 훨씬 더 바빠지는 이유가 바로 이곳에 있는 거야.

조금 진지하게 논의를 다시 이끌어가보자. 학업에 관점에서 생각해보면, 우리가 하고 싶은 공부를 이렇게 마음껏 할 수 있는 곳은 대학 밖에 없어. 공부가 우리에게 정말 성가시고 힘든 일로 다가오긴 하지만, 우리 삶에 필수불가결한 요소임을 이제는 인정해야 해. 이렇게 급진적으로 발달한 사회에서 지식이라는 가치가 정말 큰 중요성을 갖고 있기에 우리가 공부를 하지 않고선 이제 할 수 있는 일이 거의 없어졌어. 이런 상황에서 비싼 학비 내가면서 단순히 사람들만 만나고 이러기엔 조금 아까운 면이 없지 않아 있어. 적어도 대학생이 되었다면, 본인의 관심 분야가 무엇인지는 알고 있어야 하고 그것과 관련한 목표를 잡아서 꾸준히 주체적으로 공부해나갈 줄도 알아야 해. 공부에 뜻이 없다면, 나는 아예 대학이라는 공간 안에 들어오는 것 자체가 나는 굉장히 큰 손해라고 생각하거든 (여기서 공부는 체육이 되었든 미술이 되었든 음악이 되었든 본인만의 관심분야를 정립하고 그것을 꾸준히 행해나가는 것을 의미해.). 시간도 버리고 그 엄청난 양의 학비도 버리고.

정리하자면, 중/고등학교 때보다 훨씬 더 많은 경험들이 너를 기다리고 있을 거야. 그렇다고 해서 공부를 완전히 놓는다는 이야기는 아니야. '마음껏' 놀 수는 있지만, 그만큼 '마음껏' 공부할 수도 있는 환경이기 때문에 그 둘 사이의 균형을 맞추어나가는 것이 중요하다고 볼 수 있어.

15일차

복합관계대명사, 복합관계부사를 이용한 문장

난이도 🌶️🌶️🌶️

MISSION ▶ 다음 우리말 의미에 맞게 알맞은 단어를 골라 보자.

However / Whatever good your product is, remember that perfection of an existing product is not necessarily the best investment.

당신의 제품이 아무리 좋은 것일지라도, 현존하는 제품을 완벽하게 만드는 것이
반드시 당신이 할 수 있는 최고의 투자는 아니라는 점을 기억하라.

MISSION 정답 : However

개념MASTER ❶
복합관계대명사

복합관계사는 복합관계대명사와 복합관계부사를 가리켜. 어렵게 생긴 외모 덕분에 만날 때마다 긴장이 되지. 복합관계사의 기본을 익혀야 독해를 정확하게 할 수 있어. 복합관계대명사는 명사절과 부사절의 두 가지 역할을 할 수 있고, 쓰임에 따라 해석이 다르기 때문에 주의해야 해.

복합관계대명사의 형태와 종류
관계대명사에 –ever을 붙인 것으로 who(m)ever, whichever, whatever, whosever가 있음

복합관계대명사의 역할

1. 명사절 역할
· 문장에서 주어, 목적어, 보어 역할
· 의미: ~라면 누구나, ~라면 무엇이나
· anything that / anyone who(m)와 의미 같음
· whatever, whichever은 복합관계형용사로도 사용
I will meet whoever you introduced.
나는 네가 소개했던 사람이라면 누구든지 만날 것이다.
You can get whichever you want to buy. 네가 사고 싶은 것은 뭐든지 가질 수 있다.
Whatever he says is a lie. 그가 말하는 것은 뭐든지 거짓말이다.

2. 부사절 역할
· 문장에서 부사절 역할
· 의미: 누구든지, 무엇이든지
· no matter what/who(m)와 의미 같음
Whoever he is, I don't want to meet him.
그가 누구든지, 나는 그를 만나지 않을 것이다.
Whichever you choose, I'll buy one. 네가 무엇을 고르든지, 나는 그것을 살 것이다.
Whatever he says, it is a lie. 그가 무엇을 말하든지, 그것은 거짓말이다.

개념MASTER ② 복합관계부사

복합관계대명사와 비슷하지만, 복합관계부사는 부사절의 역할만 수행할 수 있어.

복합관계부사의 형태와 종류
관계부사에 –ever를 붙인 형태로, whenever, wherever, however가 있음

복합관계부사의 역할
· 문장에서 부사절 역할
· 의미: 아무리 ~하더라도
· no matter when/where/how와 의미 같음

I will find you wherever you go. 나는 네가 어디를 가더라도 찾을 것이다.
Whenever she comes here, she buys me lunch.
그녀가 여기에 언제 오더라도, 그녀는 나에게 점심을 사 준다.
However you do it, you can't make it.
네가 그것을 어떻게 하더라도, 너는 그것을 해낼 수 없다.
However hard it may be, I'll keep trying.
그것이 아무리 힘들어도, 나는 계속 시도할 것이다.

시험MASTER 복합관계대명사 vs. 복합관계부사

Wherever wins the race, I don't care. (X)
Whoever wins the race, I don't care. (O)

1. 복합관계대명사의 특징
· 복합관계대명사 + 불완전한 문장
· who(m)ever/whichever/whatever + 불완전한 문장

2. 복합관계부사의 특징
· 복합관계부사 + 완전한 문장
· wherever/whenever/however + 완전한 문장

디저트 퀴즈

다음 우리말에 맞게 빈칸에 알맞은 복합관계사를 써 보자.

1 _____ is responsible should be punished.
책임이 있는 사람이라면 누구나 처벌을 받아야 한다.

2 _____ the person is, the responsible people should be punished.
그 사람이 누구든지간에, 책임이 있는 사람은 처벌을 받아야 한다.

3 Call me _____ you want.
네가 원할 때면 언제든지, 나에게 전화해라.

4 _____ stupid he is, he is my brother.
그가 아무리 어리석더라도, 그는 나의 남동생이다.

다음 우리말 의미에 맞게 박스 안에서 알맞은 것을 골라 보자.

1 2016년 고1 03월
Some designers love a blank slate and the freedom to do whatever / whenever they want.
어떤 디자이너들은 빈 석판[백지 상태]을 좋아하고 그들이 원하는 무엇이든지 할 수 있는 자유를 좋아한다.

2 2016년 고1 06월
If you want to train him to lie down whenever / wherever you say, "Lie down," you just have to wait.
당신이 "앉아"라고 말할 때마다 강아지가 앉도록 훈련시키고자 한다면, 기다려야 한다.

3 2014년 고1 11월
Whatever / Wherever purpose it may be, people are now slowly but surely getting acquainted with foraging.
그 목적이 무엇이든 간에, 사람들은 이제 식량을 찾아다니는 것에 느리지만 확실하게 친숙해지고 있다.

4 2014년 고2 11월
You skip the aisles that don't have whenever / whatever you need.
당신은 당신이 원하는 어떤 것도 가지고 있지 않은 통로들은 건너뛴다.

5 2015년 고1 09월
Today the Internet has given people immediate access to the cultural artifacts of other societies, no matter where / how they're located.
오늘날 인터넷은 사람들에게 그들이 어디에 있더라도 다른 사회의 문화적 유물에 즉각적인 접근을 제공해 주고 있다.

6 2015년 고1 06월
If you stay there, wherever / whenever that is, for a while, you'll get used to this.
만약 당신이 그곳에 잠시 동안 머무른다면, 거기가 어디든지 간에, 당신은 이것에 익숙하게 될 것이다.

7 2014년 고1 09월
Consumers are willing to pay a premium when the package provides "negative" information on whatever / whenever the product is "free of".
소비자들은 상품포장이 그 제품에 들어있지 않은 어떤 것에 대한 부정적인 정보를 제공할 때 더 높은 가격을 기꺼이 낸다.

8 2014년 고2 03월 응용
Whoever / Whatever has ever achieved any degree of success knows that nothing in life worth having comes easily.
어느 정도의 성공을 성취한 적이 있는 사람은 누구든지 인생에서 소유할 가치가 있는 것은 아무것도 쉽게 얻어지지 않는다는 것을 안다.

3 단계 해석 요리하기

다음 문장들을 정확하게 해석해 보자.

1
2015년 고1 11월
I would say whatever I could to hold their attention.
해석

2
2015년 고1 06월
We can contact people instantly, wherever they are.
해석

3
2014년 고1 09월
Whatever the answer is, this area of research demonstrates one thing clearly.
해석

4
2015년 고2 09월 응용
Whoever has spent time with a five-year old can test the limits of your patience.
해석

5
2015년 고2 06월
The monkey would exchange his coins for whichever food he preferred.
해석

6
2016년 고3 04월 응용
Whatever is learned, good or bad, is interpreted by the brain as a reward.
해석

7
2015년 고1 11월
Give your whole focus to what you're doing at the moment no matter what it is.
해석

8
2015년 고3 09월
No matter how long visitors spend in front of that cage, they will never truly understand the beast.
해석

단어 ⊕ PLUS

1
+hold attention
주의를 끌다

2
+contact 연락하다
+instantly 즉시

3
+demonstrate 증명하다
+clearly 분명하게

4
+spend time 시간을 보내다
+limit 한계
+patience 인내, 참을성

5
+exchange A for B
A를 B로 교환하다
+prefer 선호하다

6
+learn 배우다
+interpret 해석하다
+reward 보상

7
+whole 모든, 총체의
+focus 집중, 주의

8
+in front of ~의 앞에서
+beast 야수, 짐승

4단계 수능 요리하기

다음 문장들을 정확하게 해석해 보자.

1 2014년 수능
Whenever he feels threatened, he turns back toward the safety of his parents' love and authority.

해석

2 2011년 수능
Whenever a geneticist unlocks new secrets of the DNA molecule, it enables us to better the human condition.

해석

3 2014년 수능
We tend to perceive the door of a classroom as rectangular no matter from which angle it is viewed.

해석

4 2009년 수능
No matter how many times I have drawn it, the perspective does not look right.

해석

5 2011년 수능
No matter how good your product is, remember that perfection of an existing product is not necessarily the best investment.

해석

6 2011년 수능
Looking at sociable robots and digitized friends, one might assume that what we want is to be always in touch and never alone, no matter who or what we are in touch with.

해석

7 2017년 수능
However unnoticeably, maps do indeed reflect the world views of either their makers or, more probably, the supporters of their makers, in addition to the political and social conditions under which they were made.

해석

단어 PLUS

1
+ **threaten** 위협하다
+ **turn back** 돌아오다
+ **authority** 권위

2
+ **geneticist** 유전학자
+ **unlock** 밝혀내다
+ **molecule** 분자
+ **condition** 상황

3
+ **tend to** ~하는 경향이 있다
+ **perceive** 인식하다
+ **rectangular** 직사각형

4
+ **perspective** 원근법

5
+ **perfection** 완벽함
+ **existing** 현존하는
+ **necessarily** 반드시
+ **investment** 투자

6
+ **sociable** 사교적인
+ **digitized** 디지털화 된
+ **assume** 추정하다
+ **be in touch** 접촉[연락]하다

7
+ **unnoticeably** 눈에 띄지 않는
+ **indeed** 실제로
+ **reflect** 반영하다

앞서 배운 문장들을 바탕으로 빈칸을 채워 문장을 완성해 보자.

---

1 2015년 고1 11월

I would say / _____ I could / to hold their attention.

나는 말할 것이다 / 내가 할 수 있는 것은 뭐든지 / 그들의 관심을 붙잡기 위해서

2 2015년 고1 06월

We can contact people instantly, / _____ they are.

우리는 사람들과 즉각 연락할 수 있다 / 그들이 어디에 있든

3 2014년 고1 09월

_____ the answer is, / this area of research / demonstrates one thing clearly.

답이 무엇이든 간에 / 이 분야의 연구는 / 한 가지를 분명하게 증명한다

4 2015년 고2 06월

The monkey / would _____ his coins / for _____ food he preferred.

원숭이는 / 동전을 교환하려했다 / 그가 선호하는 음식이면 어떤 것이든지

5 2015년 고1 11월

Give your whole focus / to what you're doing at the moment / no matter _____ it is.

온전히 집중해라 / 그 순간에 네가 하고 있는 것에 / 그것이 무엇이든

6 2014년 수능

_____ he feels threatened, / he turns back / toward the safety of his parents' love and authority.

그는 위협을 느낄 때마다 / 그는 돌아간다 / 자신의 부모의 사랑과 권위의 보호로

7 2011년 수능

_____ a geneticist unlocks / new secrets of the DNA molecule, / it enables / us to better the human condition.

유전학자가 밝혀낼 때마다 / DNA 분자의 새로운 비밀을 / 그것은 할 수 있게 한다 / 우리가 인간 상황을 더 좋게 만들도록

8 2009년 수능

No matter _____ many times I have drawn it, / the perspective does not look right.

내가 아무리 많이 그것을 그렸지만 / 원근법이 올바르지 않아 보인다

9 2011년 수능

No matter _____ _____ your product is, / remember / that perfection of an existing product / is not necessarily the best investment / one can make.

당신의 제품이 얼마나 좋든 / 기억해라 / 현존하는 제품의 완벽이 / 반드시 최고의 투자는 아니다 / 어떤 이가 만들 수 있는

D course

마무리 문법

부사절을 이용한 문장

난이도 🌶️🌶️🌶️

MISSION ▶ 다음 문장의 빈칸에 들어갈 단어는?

The kids have been so demanding _____ you are completely worn out.

아이들이 너무나 힘들게 해서 당신은 완전히 지쳐 있다.

개념 요리하기

단계 **1**

학습날짜 :   월   일

개념MASTER **1**
부사절

접속사가 이끄는 절은 문장에서 부사절의 역할을 할 수 있어. 부사절은 문장의 주요 성분은 아니지만 문장에 다양한 의미를 더해주지. 다양한 접속사의 의미들을 익히는 것이 중요해.

1. 시간을 나타내는 접속사

· when (~할 때, ~하면)

I'll tell him when he comes home. 그가 집에 돌아올 때 나는 그에게 말할 것이다.

· since (~한 이후로, ~부터 계속해서)

It has been already four months since I came here.
내가 여기 온 이후로 벌써 네 달이 지났다.

· while (~하는 동안에, ~하는 사이에)

While he was working, he often listened to music.
그는 일하는 동안에, 자주 음악을 들었다.

· till/until (~할 때까지)

They run after their prey in packs until the victim gets tired.
그들은 먹잇감이 피곤해질 때까지 무리지어 그 먹잇감을 쫓는다.

· as soon as (~하자마자)

As soon as she saw me, she burst into cry.
그녀는 나를 보자, 울음을 터뜨렸다.

· before (~하기 전에, ~보다 앞서서)

You should think twice before you speak something.
무언가를 말하기 전에 두 번 생각해라.

· after (~한 후에)

They went out after the movie started. 그들은 영화가 시작한 뒤 나갔다.

2. 원인, 이유를 나타내는 접속사

because, as, since, now that (~ 때문에, ~한 이유로)

As you are leaving last, please turn out the lights.
네가 마지막으로 나갈 거니까, 불을 꺼줘.

Since he hadn't paid his electricity bill, his power supply was cut off.
그는 전기요금을 납부하지 않아서, 전력 공급이 차단되었다.

Now (that) I'm an adult, I can eat and drink whatever I want!
나는 어른이니까, 내가 원하는 것이라면 뭐든지 먹고 마실 수 있다.

3. 조건을 나타내는 접속사

· if (만약 ~라면)

We'll go swimming if it is fine tomorrow.

만약 내일 날씨가 좋으면, 우리는 수영하러 갈 것이다.

· unless (만약 ~아니라면)

I will leave this afternoon unless it rains.

비가 오지 않으면, 오늘 오후에 나는 떠날 것이다.

4. 양보를 나타내는 접속사

although, though, even though (~임에도 불구하고)

Although I was tired, I went to work. 나는 지쳤지만, 출근했다.

5. 목적/결과를 나타내는 접속사

· so that + 주어 + may/can ~ (~하기 위하여, ~하도록)

We studied hard so that we might not fail in the exam.

우리는 시험에서 실패하지 않기 위해서 열심히 공부했다.

· in order that + 주어 + may/can ~ (~하기 위하여, ~하도록)

I have come early in order that I can talk to you.

나는 너와 이야기하기 위해서 일찍 왔다.

· such + 형용사 + 명사 + that ~ (너무 ...해서 ~하다)

It was such a small room that the bed only just fit.

그 방은 너무 작아서 침대가 가까스로 딱 맞았다.

· so + 형용사/부사 + that ~ (너무 ...해서 ~하다)

He was so busy working that he couldn't spend time with his family.

그는 일하느라 너무 바빠서 가족과 함께 시간을 보낼 수 없었다.

디저트 퀴즈   다음 우리말 의미에 맞게 빈칸에 알맞은 접속사를 써 보자.

1 A_____ the bladder is filled, it expands.
   부레가 채워지면 그것은 팽창한다.

2 He will succeed b_____ he is very diligent.
   그는 매우 근면하기 때문에 성공할 것이다.

3 W_____ the bus arrived, I just hopped on.
   버스가 도착했을 때, 나는 그냥 올라탔다.

4 I_____ you leave the situation, the opposite is true.
   여러분이 그 상황을 떠나면, 정반대가 사실이 된다.

5 Families don't grow strong u_____ parents invest precious time in them.
   부모가 소중한 시간을 가정을 위해 투자하지 않으면 가정은 강해지지 않는다.

다음 우리말 의미에 맞게 박스 안에서 알맞은 것을 골라 보자.

1   2016년 고1 06월

Although / If an investment may be falling in price, it doesn't mean you have to abandon it in a rush.

비록 투자한 주식 가격이 떨어지고 있다고 해서 이것은 그 투자를 성급하게 포기해야 한다는 것을 의미하지는 않는다.

2   2016년 고1 06월

While / Because feet stop growing in length by age twenty, most feet gradually widen with age.

20세가 되면 발은 더 이상 길어지지 않지만, 대부분의 발은 나이가 들면서 점점 넓어진다.

3   2016년 고1 06월

Although / Since the royal architect kept the Royal Cubit, wooden copies were distributed throughout the land.

비록 왕실 건축가가 Royal Cubit을 가지고 있었지만 나무 복제품들이 그 나라 전역에 배부됐다.

4   2015년 고1 11월

Jeff smiled, thinking the judge was going to let him go since / although he hadn't stolen anything.

Jeff는 그가 아무 것도 훔친 게 없기 때문에 판사가 자신을 풀어줄 것이라고 생각하며 미소를 지었다.

5   2015년 고1 11월

A stronger color may cause perception of a stronger flavor in a product, even if / as the stronger color is simply due to the addition of more food coloring.

더 강한 색깔이 나는 것이 단순히 더 많은 식용 색소의 첨가 때문일지라도, 더 강한 색깔이 식품에서의 더 강한 맛의 지각을 유발할 수도 있다.

6   2015년 고1 11월

Before / After he found a job as a pianist at the Century Club in Santa Monica, he formed a trio with Oscar Moore and Wesley Prince in 1939.

Santa Monica의 Century Club에서 피아니스트로서의 일자리를 구한 후, 그는 1939년에 Oscar Moore와 Wesley Prince와 함께 트리오를 결성했다.

7   2015년 고1 11월

Everybody seemed content with this definition until / after a philosopher burst into the lecture hall.

모든 사람은 한 철학자가 강당으로 불쑥 들어올 때까지는 이 정의에 만족하는 것처럼 보였다.

8   2016년 고1 03월

Since / Although you can't use gestures, make faces, or present an object to readers in writing, you must rely on words to do both the telling and the showing.

글을 쓸 때에는 몸짓을 사용하거나, 표정을 짓거나, 독자들에게 물건을 제시할 수 없으므로 말하고 보여주는 일을 하는 것을 모두 어휘에 의존해야 한다.

3 단계 해석 요리하기

다음 문장들을 정확하게 해석해 보자.

1 2014년 고1 09월
She was nervous about meeting the CEO as his company had a poor reputation.

해석

2 2015년 고3 09월
While she was performing CPR, I immediately notified the nearby hospital.

해석

3 2015년 고3 09월
We are already seeing this as the world economies are increasingly looking at "green," renewable industries.

해석

4 2015년 고3 09월
This could be so since learning music emphasizes thinking in space and time, and when pupils learn rhythm, they are learning ratios, fractions and proportions.

해석

5 2016년 고3 06월
To a human observer, their legs seem a great hindrance as they spin and move about the web.

해석

6 2015년 고3 09월
That definition seems too narrow, however, since works of art and natural objects may interest us in other ways than by being beautiful.

해석

7 2016년 고3 06월
We are pleased about your comment as customers' satisfaction is the main motto of our service.

해석

8 2016년 고3 06월
The classic explanation proposes that trees have deep roots while grasses have shallow roots.

해석

단어 ➕ PLUS

1
+ **nervous** 긴장한
+ **reputation** 평판

2
+ **perform CPR** 심폐소생술을 하다
+ **notify** 알리다
+ **nearby** 근처의

3
+ **renewable** 재생 가능한

4
+ **emphasize** 강조하다
+ **pupil** 학생
+ **rhythm** 리듬
+ **ratio** 비율
+ **fraction** 분수
+ **proportion** 비례

5
+ **observer** 관찰자
+ **hindrance** 장애물

6
+ **definition** 정의
+ **narrow** 협소한
+ **work** 작품
+ **natural object** 자연물

7
+ **comment** 평가
+ **satisfaction** 만족
+ **motto** 좌우명

8
+ **explanation** 설명
+ **propose** 제시하다
+ **grass** 풀
+ **shallow** 얕은

다음 문장들을 정확하게 해석해 보자.

2013년 수능
1 Every time I came to feed him, he jumped into my lap as eagerly as ever.
해석

2017년 수능
2 Once you are registered, we will match you with a perfect tutor and contact you to arrange your schedule.
해석

2015년 수능
3 While the eye sees at the surface, the ear tends to penetrate below the surface.
해석

2015년 수능
4 As the students' attitudes became more optimistic, their confidence with math grew too.
해석

2013년 수능
5 Would you please establish a new fire station in our area, since you are mayor of our city?
해석

2015년 수능
6 They probably made a poor choice, for the expression "multitasking" is inherently deceptive.
해석

2012년 수능
7 Once you've started, it can take just six weeks to see an improvement of up to 20 percent in your muscle capabilities.
해석

2011년 수능
8 But when the theme showed much variation, the students' attention focused on the new detail to such an extent that they no longer 'heard' the basic theme.
해석

단어 PLUS

1
+**every time** ~할 때마다
+**feed** 먹이다
+**lap** 무릎
+**eagerly** 열심히

2
+**tutor** 교습자
+**contact** 연락하다
+**arrange** 마련하다

3
+**surface** 표면
+**tend to** ~하는 경향이 있다
+**penetrate** 침투하다

4
+**optimistic** 낙관적인
+**confidence** 자신감

5
+**establish** 설치하다
+**fire station** 소방서
+**mayor** 시장

6
+**make a choice** 선택을 하다
+**inherently** 본질적으로
+**deceptive** 기만적인

7
+**improvement** 향상
+**up to** 최대 ~까지
+**muscle capability** 근력

8
+**theme** 주제
+**variation** 변화, 변주곡
+**extent** 범위, 정도

쓰기 요리하기

앞서 배운 문장들을 바탕으로 빈칸을 채워 문장을 완성해 보자.

---

1 2014년 고1 09월

She was nervous / about meeting the CEO / _____ his company had a poor _____.

그녀는 긴장하고 있었다 / 그 CEO와의 만남에 대해 / 왜냐하면 그의 회사가 나쁜 평판을 가지고 있었기 때문이다

---

2 2015년 고3 09월

_____ she was performing CPR, / I immediately notified / the nearby hospital.

그녀가 CPR을 실시하는 동안 / 나는 즉시 알렸다 / 가까운 병원에

---

3 2016년 고3 06월

To a human observer, / their legs seem a great hindrance / _____ they spin and move / about the web.

인간 관찰자에게 / 그들의 다리는 엄청난 장애물처럼 보인다 / 그들이 빙빙 돌고 움직일 때 / 거미집 둘레를

---

4 2015년 고3 09월

That definition / seems too narrow, / however, / _____ works of art and natural objects / may interest us / in other ways / than by being beautiful.

그 정의는 / 너무 좁아 보인다 / 그러나 / 왜냐하면 예술작품들과 자연물들이 / 우리의 관심을 끌 수 있기 때문이다 / 다양한 방식으로 / 아름답다는 것에 의한 것 외에

---

5 2013년 수능

_____ _____ I came to feed him, / he jumped into my lap / as eagerly as ever.

내가 그것에게 먹이를 주러 갈 때마다 / 그것은 내 무릎으로 뛰어올랐다 / 여느 때 못지않게 열심히

---

6 2015년 수능

_____ the eye sees at the surface, / the ear tends to penetrate / below the surface.

눈은 표면에서 보지만 / 귀는 침투하는 성향이 있다 / 표면 아래로

---

7 2015년 수능

_____ the students' attitudes _____ more optimistic, / their confidence with math / grew too.

학생들의 태도가 낙관적이 되면서 / 수학에 대한 그들의 자신감이 / 또한 늘었다

---

8 2015년 수능

They probably made a poor choice, / _____ / the expression "multitasking" / is inherently deceptive.

그들은 아마 나쁜 선택을 했을 것이다 / 왜냐하면 / multitasking이라는 표현은 / 본질적으로 기만적이기 때문이다

놀기의 중요성

서울대 선배가 너에게

철학자와 역사학자들이 인간을 바라보는 시선은 굉장히 다양했어. 그 중에서도 '호모 루덴스'는 '놀이하는 동물'이란 뜻인데, 인류학적으로 이러한 입장이 굉장히 큰 영향력을 행사하고 있어. 인류의 문명이 시작할 때부터 노동이라는 행위는 사냥이나 농사 등 다양한 형태로 존재해왔고 그 노동에서 비롯된 고통을 경감시키기 위해서 놀이 문화가 동시적으로 발달해왔어. 즉, 놀이와 인류는 역사에 있어 어깨를 나란히 해 온 사람이야. 그만큼, 인간에게 있어 놀이 문화는 정말 중요하다고 볼 수 있어.

성적을 올리려면 무조건 공부만 해야 할 것 같다고 생각하는 친구들이 많을 거야. 근데 공부에 있어서 양과 질 중 압도적으로 중요한 건 '질'이야. 그런데 웃긴 건 양을 늘리면 늘릴수록 질은 떨어지기가 십상이야. (공부한지 20분 됐을 때 너희의 집중도와 4시간 됐을 때 너희의 집중도를 비교해보면 쉽게 알 수 있을 거야.) 난 과감히 너희에게 집중도 안 되는데 몇 시간씩 계속 앉아 있는 것보다 차라리 '놀기'를 권유할게. 다양한 서적이나 멘토들의 인터뷰를 보면 '죽이 되든 밥이 되든 닥치는 대로 앉아서 일단 뭐라도 해봐요.'라는 내용의 글들이 많은데 나는 솔직히 앉아 있어봤자 시간과 체력 모두를 낭비하는 짓이라고 생각해. 그래서 차라리 그 시간에 refresh도 할 겸 너희들이 하고 싶은대로 놀아보라는 거야!

그런데 이를 굉장히 신중하게 받아들여야 해. 수면시간에 대해서 다뤘던 글들에서도 언급했듯이, 내 학창시절 원칙이 '할 땐 하고, 놀 땐 놀자'였는데, 정말 공부를 하는 그 순간만큼은 너희의 모든 것을 쏟아부어야 해. 그래야 놀 자격이 주어지는 거야. 공부 할 땐 제대로 하지도 않으면서 놀기만을 원하고, 좋은 성적을 받는 것까지 원하는 건 산 정상에서 연어회 먹고 싶다라는 이상한 심보와 똑같은 거야. 그럼 어떻게 놀 것이냐도 문제가 돼. 중학교 땐 정말 너희가 원하는 아무 형태로도 괜찮아. PC방을 가서 친구들이랑 게임을 하든지, 밀린 드라마를 몰아서 본다든지, 웹툰을 본다든지, 나 같은 경우엔 위에서 열거한 '가장 보통의 취미'에는 별 흥미를 못 붙여서 친구들이랑 노래 만들고 cd 만들고 그러면서 굉장히 빡센 취미생활을 즐기면서 놀았어. 곡 녹음하고, cd 만들려면 정말 고된, 복잡한, 오래 걸리는 과정들이 필요한데 이걸 병행하면서 공부하려면 정말 시간이 빡빡했어. 하지만 저 일들도, 성적도 포기할 수 없었기 때문에 줄어든 시간엔 강제로라도 공부를 열심히 하는 수밖에 없었어. 그 시간 안에서 낼 수 있는 최대의 효율을 내보자라는 생각으로 정말 그 순간만큼은 치열하게 공부했어. 결과적으로는 공부를 짧은 시간에, 더 즐겁게 할 수 있어서 난 개인적으로 '고생했다'라는 느낌이 전혀 들지 않았어!

다만 고등학교 때는 조금 이야기가 달라져. 놀고 싶은 대로 놀아도 상관이 없긴 한데, 나중에 그래도 좀 영양가 있게 서술할 수 있는 분야로 놀면 좋겠어. 가령 중학교 때 놀았던 것처럼 PC방에서 게임을 하러 간다거나 하는 것들은 나중에 서류에서 당최 영양가 있게 서술할 수가 없어. 다시 한 번 나의 사례를 들어보자면 나는 그 땐 정말 아무 생각 없이 디자인이라는 행위가 너무 좋아서 무모하게 청소년문학예술지라는 회사에 들어가서 밤샘 작업도 하고 그랬어. 그 땐 정말 '이걸 스펙으로 써야지'라는 의도도 없었고 단순히 그 과정 자체를 즐기고 나와 비슷한 취향을 가진 사람들을 만나보고 싶었거든. 그런데 나중에 서류에 나의 꿈과 관련해서 이를 좋은 소재로 사용할 수 있었어. 즉, 놀이 자체도 하나의 중요한 활동으로 자리잡게 된 거야. 굳이 이런 거창한 것이 아니라 친구들과 함께 운동을 한다거나, 모여서 영화를 본다거나 등의 단순한 취미생활로도 얼마든 스트레스도 풀 수 있고 나중에 유용하게 사용할 수 있으니, 고등학교 때 취미생활은 조금 더 고차원적인 것들을 해나갔으면 좋겠다. +_+

가주어, 가목적어를 이용한 문장

난이도 🌶🌶🌶

MISSION ▶ 다음 문장의 빈칸에 들어갈 알맞은 단어는?

_____ is not their fault _____ your
apartment doesn't absorb sound as well as a rain forest.

여러분의 아파트가 열대우림만큼 소리를 잘 흡수하지 못하는 것은 그들의 잘못이 아니다.

MISSION 정답 : It, that

개념MASTER 1
가주어

주어가 길 때 명확한 의미 전달을 위해서 진짜 주어는 뒤로 보내고, 가짜 주어 it을 그 자리에 써. 이를 가주어, 진주어라고 해. 독해할 때는 빠르게 가주어임을 파악하고 진주어를 문장 후반부에서 찾는 것이 중요해.

가주어 해석 요령
· 문장의 처음에 있는 it이 비인칭주어나 대명사가 아니라면 가주어!
· 가주어라고 판단이 되면 뒤에 나오는 진주어를 찾아서 주어처럼 해석
· 「it is + 형용사 + to 동사원형」의 형태가 일반적

To live without air is impossible. 공기 없이 사는 것은 불가능하다.
→ It is impossible to live without air.

모의고사 2016년 고3 04월
Unfortunately, it can be hard to find markets for some types of recyclables.
불행히도 어떤 유형의 재활용품에 대해서는 시장을 찾는 것이 어려울 수도 있다.

개념MASTER 2
가목적어

5형식 문장에서 to 부정사가 목적어로 쓰이는 경우 가목적어 it을 쓰고 to 부정사는 목적격보어 뒤로 보내야 해.

가목적어 해석 요령
· 5형식 문장의 목적어 자리에 it이 있고 목적격보어 뒤에 명사 성분이 있다면 가목적어!
· 가목적어 자리에 진목적어를 의미적으로 넣어서 해석
· 5형식 문장의 목적어 자리에 to 부정사는 사용 불가능하므로 가목적어 사용

I found to study English interesting. (X) 나는 영어 공부하는 것이 흥미롭다고 느꼈다.
→ I found it interesting to study English.

모의고사 2016년 고3 04월
The added expense of cleaning the paper makes it too expensive to use for some purposes.
그 종이를 깨끗하게 하는 추가 비용이 어떤 목적을 위해 사용하기에는 그것[재활용 종이]을 지나치게 비싸게 만든다.

다음 중 밑줄 친 it의 쓰임이 <u>다른</u> 것은?
① <u>It</u> is good to exercise every day.
② <u>It</u> is easy for me to solve this problem.
③ Is <u>it</u> important to learn English grammar?
④ <u>It</u> gets colder as we climb up a mountain.
⑤ <u>It</u> is difficult for him to wake up early in the morning.

정답 : ④
4번은 온도를 나타내는 비인칭주어 it이야. 나머지는 모두 가주어 it!
① 매일 운동하는 것은 좋다.
② 내가 이 문제를 푸는 것은 쉽다.
③ 영문법을 공부하는 것은 중요하니?
④ 우리가 산을 올라갈수록 추워진다.
⑤ 그가 아침에 일찍 일어나는 것은 어렵다.

다음 중 어법상 올바른 것은?
You'll make it possible [focus / to focus] your considerable creative energy on achieving the highest and best of your dreams.

정답 : to focus
가목적어 it을 사용했기 때문에 진목적어 to 부정사를 사용해야 해. 전체 문장의 구조를 파악하는 것이 핵심인 문제야.

해석: 너는 가장 높고 최상의 너의 꿈들을 이루는 데 너의 상당한 창조적 에너지를 집중하는 것을 가능하게 만들 수 있다.

디저트 퀴즈　　다음 문장들의 진주어 또는 진목적어에 밑줄을 쳐 보자.

1　　It is clear that she loves him.

2　　It is essential to know the answer.

3　　It is your mistake to hit him.

4　　I don't consider it a mistake to give up the mission.

5　　My mother considered it wrong to skip breakfast.

다음 우리말 의미에 맞게 박스 안에서 알맞은 것을 골라 보자.

1   2016년 고1 06월
Over time it / that was easy to see that his heart was not in his work.
시간이 지날수록 자신의 일에 그의 진심을 다하고 있지 않다는 것을 쉽게 알 수 있었다.

2   2016년 고3 06월
Technology makes them / it much easier to worsen a situation with a quick response.
기술로 인하여 성급한 반응으로 상황을 악화시키는 것이 더 쉬워졌다.

3   2015년 고2 11월
It wasn't hard tell / to tell that he loved his work as well as his life.
그가 자신의 삶뿐만 아니라 자신의 일을 사랑했다고 말하는 것은 어렵지 않았다.

4   2014년 고1 09월
Lower air pressure may make it easier to produce / producing the burst of air.
더 낮은 기압은 공기의 방출을 만드는 것을 더 쉽게 할지도 모른다.

5   2016년 고1 03월
Over time, it became clear which / that he couldn't do a good job at both.
시간이 흐르면서 그가 두 가지 모두에서 잘할 수 없다는 것이 명확해졌다.

6   2016년 고1 03월
That / It is also a good idea to praise employees who bring food in without being asked.
요청받지 않고 음식을 가지고 오는 직원을 칭찬하는 것 또한 좋은 생각이다.

7   2015년 고1 06월
It's likely that / which you'd also go out of your way for your friends.
당신 또한 당신의 친구들을 위해서 특별한 노력을 할 가능성이 크다.

8   2015년 고1 03월
It can seem like that / whether you do not have time to prepare tasty nutritious meal.
맛있고 영양가 많은 식사를 준비할 시간이 없는 것처럼 보일 수도 있다.

3 단계 해석 요리하기

다음 문장들을 정확하게 해석해 보자.

1 2015년 고1 03월
Rosa made it clear that our happiness was important to her as well.
해석

2 2016년 고3 06월
It turned out they already knew a lot more about sales than they thought.
해석

3 2016년 고3 04월
It is shortsighted to rely solely on protected areas to preserve biodiversity.
해석

4 2016년 고3 06월
It is no accident that fish have bodies which are streamlined and smooth.
해석

5 2015년 고3 09월
It is critical to recognize the bidirectional relationship between science and society.
해석

6 2015년 고3 09월
It would seem logical to provide online counselling for young people.
해석

7 2015년 고3 09월
It must be emphasized that tradition was not static, but constantly subject to minute variations appropriate to culture and people.
해석

8 2016년 고3 03월
It was the local practice for lawyers to negotiate only with other lawyers, not with the business people.
해석

단어 PLUS

1
+ as well 또한

2
+ turn out 밝혀지다

3
+ shortsighted 근시안적인
+ rely on 의지하다
+ solely 오직
+ protected area 보호구역
+ preserve 보존하다
+ biodiversity 생물 다양성

4
+ accident 사고, 우연
+ streamlined 유선형의
+ smooth 매끄러운

5
+ critical 대단히 중요한
+ recognize 인식하다
+ bidirectional 양방향의

6
+ logical 논리적인
+ provide 제공하다
+ counselling 상담

7
+ static 정적인
+ constantly 끊임없이
+ be subject to ~의 영향을 받다
+ minute 아주 작은
+ variation 변화
+ appropriate 적합한

8
+ local practice 현지의 관행
+ negotiate 협상하다
+ business people 사업가

다음 문장들을 정확하게 해석해 보자.

1 2012년 수능
The good news is that it's never too late to start building up muscle strength, regardless of your age.

해석

2 2013년 수능
It was difficult for anyone to decline that invitation.

해석

3 2017년 수능
In such institutions it is difficult for the staff to retain optimism when all the patients are declining in health.

해석

4 2011년 수능
It is likely that the donor bat will itself eventually need help from some nest-mate.

해석

5 2013년 수능
It became clear that I was imprinting the woodchuck and vice versa.

해석

6 2013년 수능
It appears that measures that protect drivers from the consequences of bad driving encourage bad driving.

해석

7 2011년 수능
It might be appropriate to describe animal signals as transferring information.

해석

8 2013년 수능
It gave me great pleasure to think about how my dream would become a reality.

해석

단어 PLUS

1
+ muscle strength 근육의 힘
+ regardless of ~에 상관없이

2
+ decline 거절하다
+ invitation 초대

3
+ institution 시설
+ retain 유지하다
+ optimism 낙관주의
+ decline 감소하다

4
+ donor 기부자
+ eventually 결국에는
+ nest-mate
  둥지를 같이 쓰는 상대

5
+ imprint 각인하다
+ woodchuck 마멋
+ vice versa
  반대도 그러하다

6
+ measure 수단
+ consequence 결과
+ encourage 장려하다

7
+ appropriate 적합한
+ signal 신호
+ transfer 전달하다

8
+ pleasure 기쁨
+ reality 현실

쓰기 요리하기

앞서 배운 문장들을 바탕으로 빈칸을 채워 문장을 완성해 보자.

---

1 2015년 고1 03월

Rosa made _____ clear / _____ our happiness was important to her as well.

Rosa는 분명히 하였다 / 우리의 행복이 그녀에게도 중요하다는 것을

---

2 2016년 고3 06월

_____ _____ _____ / they already knew / a lot more about sales / than they thought.

밝혀졌다 / 그들이 이미 알고 있다는 것이 / 판매에 대해 더 많은 것을 / 그들이 생각했던 것보다

---

3 2016년 고3 04월

_____ is shortsighted / _____ _____ solely on protected areas / to preserve biodiversity.

근시안적이다 / 보호구역에만 의존하는 것은 / 생물 다양성을 보존하기 위해

---

4 2016년 고3 06월

It is no _____ / _____ fish have bodies / which are streamlined and smooth.

우연이 아니다 / 물고기가 몸을 가지고 있는 것은 / 유선형이고 매끄러운

---

5 2015년 고3 09월

_____ would seem logical / _____ _____ online counselling / for young people.

논리적으로 보인다 / 온라인 상담을 제공해주는 것은 / 젊은이들에게

---

6 2013년 수능

It was _____ / _____ anyone / _____ _____ that invitation.

어려웠다 / 누구이더라도 / 그런 초대를 거절하는 것은

---

7 2011년 수능

_____ _____ _____ / that the donor bat will itself eventually need / help from some nest-mate.

~할 가능성이 크다 / 그 기부자 박쥐도 결국에는 필요할 것이라는 것이 / 둥지에서 함께 사는 어떤 박쥐에게서의 도움을

---

8 2013년 수능

_____ _____ / that measures / that protect drivers from the consequences of bad driving / encourage bad driving.

~처럼 보인다 / 수단들이 / 잘못된 운전의 결과로부터 운전자를 보호하는 / 잘못된 운전을 조장하는 것

음악을 들으면서
공부를 해도 괜찮나요?

서울대 선배가 너에게

정말 의견이 분분한 질문이야. 답은 뭘 공부하느냐에 따라 다른데, 개념 위주의 학습을 할 땐 절대 금물이고, 훈련 위주의 학습을 할 땐 들어도 괜찮은 것 같아. 국어, 영어, 사회, 과학 등 개념 위주의 학습과 문제를 풀 때도 개념에 대해 꼼꼼히 살펴봐야 하는 특성의 과목들을 공부할 땐 노래를 듣는 것이 독으로 작용할 수 있어. 왜냐하면 우리는 그냥 노래를 흘려듣는 것 같아도, 머릿속에 어느 정도 입력이 되기 때문에 학습된 정보가 들어갈 일정량의 뇌용량을 차지해버리기 때문이야. 안 그래도 개념 위주의 학습은 유입되는 정보량이 많을 텐데, 여기에 노래까지 들어버리면 충분히 독으로 작용할 수 있게 되는 거지.

반면, 수학의 경우엔 조금 달라져. 수학도 개념과 원리를 공부할 땐 노래를 듣지 않는 걸 추천하지만 개념과 이해에 대한 숙지가 잘 돼서 문제풀이로 훈련을 해야할 땐 나에겐 노래 듣는 것이 굉장히 긍정적으로 작용했어. (되도록이면 가사가 없는 연주곡들로! 가사가 들어가면 저절로 가사를 해석하게 되느라 주의가 분산되는 느낌이 강하게 들었어.) 효율도 더 좋아지고, 옛 선조들이 노동을 할 때 함께 노동요를 불렀던 이유가 피로 경감이었던 것처럼 더 천천히 피곤해지는 느낌이었어. 실제로 '음악 청취를 하면서 수학 문제를 풀 때 창의력이 증가하는 경향이 있다.'라는 연구 결과도 있었어. 하지만 모두에게 적용되는 결과는 아닐 거야. 사람들마다 공부하는 스타일이 천차만별이니까. 너희도 한 번 음악을 들어보면서 공부를 해보고, 더 효율이 좋아지면 수학 문제 풀이에는 적용을 해보고, 수학 문제 풀이에도 좀 방해가 되는 것 같으면 안 들으면 돼. 자체적인 실험이 한 번 필요한 지점이야. 나 같은 경우에도 음악을 들으면서 공부하는 것에 대해 회의를 품고 있다가 자체적으로 실험을 진행해서 음악을 들었을 때 훨씬 더 고난도 문제들이 잘 풀리는 것 같아서 음악을 들어도 괜찮겠다 - 싶어서 노래를 들으면서 문제를 풀기 시작한 케이스야.

여기 내가 너희에게 추천할 만한 수험기간 동안 가장 많이 들었던 음반 10개를 추천할게. 단순히 음악이 좋아서 그런 것도 있지만 대체로 신나는 분위기의 음악들이라 수학 문제를 풀 때 들으면서 풀면 정말 효율이 좋았던 걸로 기억해. '두번째 달'과 'Idiotape', 'M83'은 연주곡 위주니까 가사 있는 노래가 부담스러운 사람들은 이 음반들을 들어보면 참 좋을 거야!

1. 두 번째 달 - 두 번째 달 1집 (2005)
2. Idiotape - 11111101 (2011)
3. M83 - Hurry Up! We're Dreaming!(2009)
4. Glen Check - Haute Couture (2008)
5. 브로콜리 너마저 - 졸업 (2010)
6. Honne - Warm On a Cold Night (Deluxe) (2016)
7. 술탄 오브 더 디스코 - The Golden Age (2013)
8. 페퍼톤스 - Sounds Good! (2008)
9. Disclosure - Caracal (2015)
10. 라이너스의 담요 - Show Me Love (2011)

18일차

비교급의 모든 것

난이도 🌶🌶🌶

MISSION 다음 문장의 빈칸에 알맞은 단어는?

Dissent was f_____ more frequent in the high-performing clubs.

불일치는 높은 성과를 보여주는 클럽에서 훨씬 더 빈번했다.

MISSION 정답 : (f)ar

개념MASTER ❶

원급을 이용한 비교 표현

형용사와 부사의 비교급을 이용한 표현들은 독해와 각종 문법 시험에서 아주 중요해. 먼저 원급을 이용한 표현을 알아보자.

1. 원급을 이용한 비교의 기본

as 형용사/부사 as

I'm as tall as him. 나는 그와 키가 같다.

2. 원급을 이용한 비교 응용

배수사 + as(so) 형용사/부사 as

* 배수사는 두 배, 세 배 등을 나타내는 표현이야.
   × 2 = twice
   × 3 = three times

My house is twice as big as his house. 나의 집은 그의 집보다 두 배 크다.

모의고사 2016년 고3 06월
He tried to be as precise as he could.
그는 가능한 한 정확하게 하려고 노력했다.

개념MASTER ❷

비교급을 이용한 비교 표현

가장 기본이 되는 비교급을 이용한 표현을 알아보자.

1. 비교급을 이용한 비교의 기본

형용사/부사의 비교급 + than

I am heavier than him. 나는 그보다 무겁다.

2. 비교급을 이용한 비교 응용 1

heavier → (부정) not heavier
more beautiful → (부정) less beautiful

I am not heavier than him. 나는 그보다 무겁지 않다.
She is less careful than her sister. 그녀는 그녀의 여동생보다 덜 신중하다.

3. 비교급을 이용한 비교 응용 2

배수사 + 비교급 than

I eat twice more than my sister. 나는 나의 여동생보다 두 배를 먹는다.

개념MASTER ③
최상급을 이용한 표현

최상급까지 익히면, 원급, 비교급에서 배웠던 표현을 이용해서 같은 표현을 다양하게 할 수 있어.

the + 형용사/부사의 최상급

Summer is the hottest season of the four. 여름은 사계절 중에서 가장 더운 계절이다.

모의고사 2015년 고2 06월

The percentage gap between 2012 and 2013 was the smallest for the eldest group.

2012년과 2013년 사이의 퍼센트 차이는 가장 나이 많은 그룹에서 가장 적었다.

개념MASTER ④
비교급 기타

비교급은 '훨씬'이라는 의미의 강조를 할 수 있고, 비교급을 이용해서 독특한 표현을 만들 수 있어.

1. 비교급 강조 ('훨씬'의 의미)

even / much / far / a lot / still (* very는 비교급을 수식할 수 없음)

She is a lot faster than me. 그녀는 나보다 훨씬 빠르다.

2. the 비교급, the 비교급

· 해석: ~할수록, ~하다
· the + 비교급 (주어 + 동사), the + 비교급 (주어 + 동사)

The sooner, the better. 더 빠를수록, 더 좋다.
The higher you fly, the more you can see. 더 높이 날수록, 더 많이 볼 수 있다.

디저트 퀴즈

다음 우리말 의미에 맞게 빈칸에 알맞은 단어를 써 보자.

1　He makes f_____ mistakes than you do.
그는 너보다 실수를 더 적게 한다.

2　Males are slightly t_____ than females.
수컷은 암컷보다 약간 더 크다.

3　The judge replied, "His crime was g_____!
판사가 대답했다. "그의 범죄가 더 컸다!

4　No other country exported m_____ rice than India in 2012.
2012년에는 그 어느 나라도 인도보다 더 많은 쌀을 수출하지 않았다.

5　This led to one of the m_____ difficult decisions of Tim's life.
이것은 Tim의 인생에서 가장 힘든 결정 중에 하나로 이끌었다.

다음 우리말 의미에 맞게 박스 안에서 알맞은 것을 골라 보자.

1 2015년 고2 11월

Today we consume 26 times less / more stuff than we did 60 years ago.

오늘날 우리는 60년 전보다 26배 더 많은 물건을 소비한다.

2 2016년 고1 06월

Water might suddenly become one of the best / most valuable things.

물이 그때 그곳에서는 갑자기 가장 귀중한 것이 될 수도 있다.

3 2014년 고1 11월

The early / earlier kids start to use computers, the more familiarity they will have when using other digital devices.

아이들이 컴퓨터를 더 일찍 사용하면 할수록 다른 디지털 기기 사용에 더 많은 친숙함을 가질 수 있다.

4 2016년 고1 03월

That's 250,000 times hot / hotter than the hottest summer day.

그것은 가장 더운 여름날보다 25만 배가 더 뜨겁다.

5 2016년 고3 04월

The rectangular grid system caused as much / more harm as it did good.

그 직사각형 격자무늬 체계는 이로움만큼이나 해로움도 초래했다.

6 2016년 고1 06월

The more something causes your heart to race, the most / more important it is to step back before speaking or typing a single word.

어떤 일이 당신의 심장을 빨리 뛰게 하면 할수록, 말을 한마디 하거나 타자로 치기 전에 한 걸음 뒤로 물러서는 것이 더욱 더 중요하다.

7 2014년 고1 09월

The hurt followed her as surely / sure as the oxygen tube trailing her wheelchair.

아픔은 그녀의 휠체어에 끌려오는 산소 튜브처럼 확실히 그녀를 따라다녔다.

8 2016년 고1 03월

Of the five spenders, Russia spent the smallest / smaller amount of money on international tourism.

다섯 개의 소비 국가 중에서, 러시아는 국제 관광에 가장 적은 금액의 돈을 소비했다.

해석 요리하기

다음 문장들을 정확하게 해석해 보자.

1 2015년 고3 07월

Furthermore, tap water is actually healthier in some respects.

해석

2 2015년 고3 09월

Less than 50 percent of males consumed fruit and vegetables 5 or more times per day.

해석

3 2015년 고3 09월

The ambulance's getting there as quickly as it can.

해석

4 2015년 고3 09월

The more you know about your reader, the greater the chances you will meet his or her needs and expectations.

해석

5 2016년 고3 03월

The percentage gap between men and women was the smallest in getting enough sleep and in doing exercise.

해석

6 2016년 고3 04월

The smaller the protected area, the more it depends on unprotected neighboring lands for the long-term maintenance of biodiversity.

해석

7 2016년 고3 03월

Soccer teams with the greatest proportion of elite athletes performed worse than those with more moderate proportions of top level players.

해석

8 2015년 고3 06월

Baseball, in particular, is one of the most popular sports frequently broadcast on TV.

해석

단어 PLUS

1
+tap water 수돗물
+respect 측면

2
+consume 섭취하다
+5 times 5번
+per ~마다

3
+ambulance 응급차

4
+meet 충족시키다
+expectation 기대

5
+percentage gap 비율차이

6
+neighboring 인근의
+long-term 장기적인
+maintenance 유지
+biodiversity 생물 다양성

7
+proportion 비율
+athlete 운동선수
+moderate 평범한, 무난한

8
+in particular 특히
+frequently 자주
+broadcast 방송하다

다음 문장들을 정확하게 해석해 보자.

1 2011년 수능
One of the little understood paradoxes in communication is that the more difficult the word, the shorter the explanation.
해석

2 2014년 수능
Despite their lowest rate of volunteering, seniors aged 75 and older gave more hours on average than any other age group.
해석

3 2017년 수능
However, language offers something more valuable than mere information exchange.
해석

4 2013년 수능
One reason most dogs are much happier than most people is that dogs aren't affected by external circumstances the way we are.
해석

5 2015년 수능
The percentage of 2012 was three times higher than that of 2006.
해석

6 2014년 수능
The more effectively they communicate that authority, the more secure the child feels, and the better able he is to move away from them toward a life of his own.
해석

7 2013년 수능
The number of researchers per 1,000 people in 2007 was twice as large as that in 1999.
해석

8 2011년 수능
The more meaning you can pack into a single word, the fewer words are needed to get the idea across.
해석

1
+little understood
  잘 이해되지 않는
+paradox 역설

2
+rate 비율
+volunteering 자원봉사
+aged 나이든
+on average 평균적으로

3
+valuable 가치있는
+mere 단순한
+exchange 교환

4
+affect 영향을 주다
+external 외부의
+circumstance 환경

6
+effectively 효과적으로
+secure 안심한

7
+researcher 연구원
+per ~마다
+twice 두 배

8
+pack into ~에 집어넣다
+get across 전달되다

다음 우리말 의미에 맞게 문장의 빈칸을 알맞은 단어로 채우세요.

1 2015년 고3 07월

Furthermore, / tap water is actually _____ / in some respects.

게다가 / 수돗물이 사실상 건강에 더 좋다 / 어떤 측면에서는

2 2015년 고3 09월

_____ _____ 50 percent of males / consumed fruit and vegetables / 5 or more times per day.

남성의 50% 미만이 / 과일과 채소를 섭취한다 / 하루에 5회 이상

3 2015년 고3 09월

The more / you know about your reader, / the _____ the chances / you will meet his or her needs and expectations.

더 많이 / 당신이 당신의 독자에 대해 알수록 / 더 기회가 커진다 / 당신이 독자의 필요와 기대를 충족시킬

4 2016년 고3 03월

The percentage gap between men and women / was the _____ / in getting enough sleep / and in doing exercise.

남성과 여성 사이의 비율 차이는 / 가작 작았다 / 충분히 잠을 자는 것에서 / 그리고 운동을 하는 것에서

5 2011년 수능

One of the little understood paradoxes / in communication / is that the more _____ the word, / the _____ the explanation.

잘 이해가 되지 않는 역설 중의 하나는 / 의사소통에 있어서 / 단어가 더 어려울수록 / 설명이 더 짧아진다는 것이다

6 2014년 수능

Despite their _____ rate of volunteering, / seniors aged 75 and older / gave more hours on average / than any other age group.

그들의 가장 낮은 자원봉사 비율에도 불구하고 / 75세 이상의 노인들은 / 평균적으로 더 많은 시간을 할애했다 / 다른 어떤 연령집단보다

7 2013년 수능

One reason / most dogs / are _____ _____ than most people / is that dogs aren't affected / by external circumstances / the way we are.

한 가지 이유는 / 대부분의 개들이 / 대부분의 사람들보다 훨씬 더 행복한 / 개들은 영향을 받지 않는다 / 외부 환경에 / 우리가 그런 것처럼

8 2015년 수능

The percentage of 2012 / was three _____ _____ / than that of 2006.

2012년의 비율이 / 세배가 더 높았다 / 2006년의 것보다

너희에게 들려주고픈,
대학에 와서 가장 크게 느낀 것

서울대 선배가 너에게

그토록 원하던 대학에 온지 1년이 살짝 안 되는 시간이 흘렀어. 짧은 시간이지만, 너희에게 정말 들려주고 싶은 게 있어서 이렇게 지면을 빌리게 되었어. 당장 수시 접수 혹은 수능이 끝나면 정말 좋을 것 같지? 응, 맞아 좋아! ㅋㅋㅋ. 그런데 예상치 못했던 변수가 하나 등장해. 바로 '목표의 상실'이야. '대학'이라는 목표 하나로 너희는 길게는 6년, 짧게는 1년 정도를 열심히 공부해왔을 거야. 그런데 그 몇 년간 너희를 지배해온 목표가 갑자기 없어지니까, 놀다 지친 아이들은 더 이상 뭘 해야 할지 모르고 곧 무기력함에 빠져. 정말 놀라운 이야기지만, 노는 건 1달이면 정말 다 질려. 공부할 때 틈틈이 노는 게 재밌는 거지, 아무것도 안 하니까 놀기만 하니까 금세 질리더라구. (내 개인적 견해가 아니라, 친구들도 비슷한 이야기를 하고 다녔어!) 이렇게 노는 것마저 지친 아이들은 곧 무엇을 해야 할지 몰라 방황하게 되고, 무기력함에 빠져. 왜냐면 그토록 기다리던 수능 후의 모습이 너무나 지루하고 권태롭기 때문이야. 그 무기력함에 한 번 빠지게 되면, 삶에 대한 의욕을 완전히 다 잃어버리게 되고 이게 시너지 효과를 일으키면서 그 무기력함에서 벗어나지 못하게 되기가 쉬워. 내가 가장 좋아하는 노래 중 하나인 '브로콜리 너마저'란 밴드의 '잔인한 사월'이란 곡이야. 수능 이후에 내가 느꼈던 허탈감을 굉장히 잘 나타내주고 있는 것 같아서 여기에 실어보았어.

"왠지 나만 여기 혼자 남아 가야 할 곳을 모르고 있네.
떠들썩하던 새로운 계절 그 기분이 가실 때쯤 깨달을 수 있었지.
약속된 시간이 끝난 뒤엔 누구도 갈 곳을 알려주지 않는 걸
나 뭔가 있을 거라 생각했지만 아무 것도 없는 나의 지금은 깊어만 가는 잔인한 계절."

그래서 슬슬 너희는 '목표를 자체적으로 세우는' 연습을 해야 해. 정말 그 자유로운 시간들을 무기력함에 젖어 아무 것도 안하고 보내기엔 너무 아깝잖니. 그래서 나 같은 경우에도 모든 입시가 끝나고 '8kg 체중 감량'이랑 '그동안 친구들과 주고 받은 음악, 그림 등의 예술 작품들을 한 권의 책으로 엮는 일'을 마지막 겨울방학의 목표로 스스로 잡고 그걸 향해 끊임없이 무언가 하고 하곤 했었어. 뭐, 비록 둘 다 모두 실패해버렸지만 그 목표를 향해 끊임없이 전진하는 과정 자체가 굉장히 내게는 재미있고 뜻깊은 시간이었어.

대학에 와서도 여전히 이러한 연습은 유효해. 이 나라에서 가장 똑똑한 애들이 모인다는 서울대학교에 와서도 목적을 잃은 채 여전히 방황하고 있는 친구들을 정말 많이 봐 왔어. 그래서 항상 피곤에 절어 있는 표정으로 수업을 듣고 그 무엇에도 흥미를 느끼지 못해하는 것 같고. 이게 너희가 원하는 캠퍼스 라이프는 아닐 것 아니야. 하지만 유감스럽게도 자체적으로 목적을 세우지 못하는 친구들이 정말 많고, 그 많은 아이들이 저런 생활을 이어나가.

학문적 목표 따위의 큰 그림이 있으면 대학에서 공부를 할 때도, 어떤 활동을 할 때도 목적의식이 뚜렷하다면 한층 더 대학생활을 해나갈 수 있겠지. 그렇다고 해서 이렇게 거창한 목표들만 세워보라는 말은 아니야. 연애, 최대한 많은 사람들 만나보기, 다이어트, 면허 따기, 대학로 일대 맛집 정복하기 등 소소한 목표도 괜찮아. 인간의 삶에 주어진 의미가 없다면 그것은 더 이상 '삶'이 아니라 '시간의 흐름'이라는 유명한 말이 있어. 이제 그 누구도 너희에게 무엇을 하라고 간섭하지 않기 때문에 어떤 대학 생활을 이어나갈 것인가는 너희에게 달려 있단다.

19일차

가정법을 이용한 문장

난이도 🌶️🌶️🌶️

MISSION 다음 문장의 빈칸에 알맞은 단어는?

If I had not come along, he w_____ h_____ eventually died of starvation.

내가 함께 가지 않았다면, 그는 결국 굶주려 죽었을 것이다.

MISSION 정답 : (w)ould (h)ave

개념MASTER ❶
가정법 과거

가정법 과거는 현재 사실에 대한 반대를 가정할 때 사용해. 동사의 과거 형태를 사용해서 '가정법 과거'라는 이름을 갖고 있지만, 현재 사실과 반대되는 내용을 말할 때 사용해.

· 형태: If + 주어 + 동사의 과거형, 주어 + would/should/could/might + 동사원형
· 해석: ~하다면 ...할 텐데

If I had enough time, I would not eat fast food.
만약 내가 시간이 많다면, 나는 패스트푸드를 먹지 않을 텐데.

개념MASTER ❷
가정법 과거완료

가정법 과거 완료는 과거 사실에 대한 반대를 상상하고 가정해 볼 때 사용하는 문법이야. 역시 형태를 익히는 것이 제일 중요해.

· 형태: If + 주어 + had p.p., 주어 + would/should/could/might + have p.p.
· 해석: ~했다면 ...했을 텐데

If she had had enough money, she could have bought that book.
그녀가 충분한 돈이 있었다면, 그녀는 그 책을 살 수 있었을 텐데.

개념MASTER ❸
혼합 가정법

과거에 발생한 일이 현재까지 영향을 미칠 때는 혼합 가정법을 사용해. if절은 가정법 과거 완료, 주절은 가정법 과거의 형태를 사용해.

· 형태: 가정법 과거완료 + 가정법 과거
· 해석: ~했다면 ...할 텐데

If he had taken the doctor's advice, he might still be alive.
(과거)만약 그가 의사의 충고를 들었더라면, (현재) 그는 여전히 살아 있을 텐데.

개념MASTER 4
as if 가정법

as if의 경우도 가정법 과거와 가정법 과거완료를 활용해서 다양한 가정법 표현을 할 수 있어.

· as if + 가정법 과거 (가정하는 내용이 주절과 시제 일치)
· as if + 가정법 과거완료 (가정하는 내용의 시제가 주절보다 하나 더 과거)

1. as if + 가정법 과거

He talks as if he were rich. 그는 자신이 부자인 것처럼(현재) 말한다.(현재)
He talked as if he were rich. 그는 자신이 부자인 것처럼(과거) 말했다.(과거)

2. as if + 가정법 과거완료

He talks as if he had been rich. 그는 자신이 부자였던 것처럼(과거) 말한다.(현재)
He talked as if he had been rich. 그는 자신이 부자였던 것처럼(과거의 과거) 말했다.(과거)

개념MASTER 5
I wish 가정법

I wish를 이용해서 가정법을 만들 수 있어. 가정법 과거와 가정법 과거완료가 함께 활용이 되는데, 시제 관련해서 주목해야 해.

· I wish + 가정법 과거 (가정하는 내용이 주절과 시제 일치)
· I wish + 가정법 과거완료 (가정하는 내용의 시제가 주절보다 하나 더 과거)

1. I wish + 가정법 과거

I wish I were rich. 내가 부자라면(현재) 좋을 텐데.(현재)
I wished I were rich. 내가 부자라면(과거) 좋았겠다고 바랐다.(과거)

2. I wish + 가정법 과거완료

I wish I had been rich. 내가 부자였다면(과거) 좋을 텐데.(현재)
I wished I had been rich. 나는 부자였더라면(과거의 과거) 좋았겠다고 바랐다.(과거)

디저트 퀴즈
가정법의 공식을 참고해서 다음 문장들의 빈칸을 채워 보자.

1 If he had studied hard, he would _____ better job.
만약 그가 공부를 열심히 했더라면, 그는 더 좋은 직업을 얻었을 텐데.

2 You drive as if you _____ the only driver on the road.
너는 마치 네가 도로 위의 유일한 운전자처럼 운전한다.

3 If I could speak English, I would _____ to the foreigner.
만약 내가 영어를 말할 수 있다면, 나는 외국인과 이야기할 텐데.

4 If I _____ a little taller, I could touch the ceiling.
만약 내가 조금 더 크다면, 나는 천장을 만질 수 있을 텐데.

5 Alice wished she _____ the secret to someone else.
Alice는 그녀가 다른 누군가에게 비밀을 말하지 않았기를 바랐다.

2단계 문법 요리하기

다음 우리말 의미에 맞게 박스 안에서 알맞은 것을 골라 보자.

1 2016년 고1 03월

If your cat is / were shy, he or she won't want to be displayed in cat shows.

여러분의 고양이가 수줍음을 탄다면, 고양이 품평회 쇼에서 자신의 모습을 보이는 것을 원치 않을 것이다.

2 2015년 고1 06월

If you stay / will stay there even longer, you may begin to sound like the locals.

만약 당신이 그곳에 훨씬 오랫동안 머무른다면, 당신은 그 지역 사람들처럼 들리기 시작할지도 모른다.

3 2014년 고1 06월

But even more people will buy that product if that same label includes / included information about the risks of ingesting such dyes.

그러나 그것과 동일한 라벨이 그러한 염료를 섭취하는 위험에 대한 정보를 포함한다면 훨씬 더 많은 사람들이 그 식품을 구매할 것이다.

4 2015년 고1 09월

He might feel better if he had / had had something to eat.

그가 뭔가를 먹으면 그는 기분이 나아질 것이다.

5 2014년 고1 11월

If you believe that loyalty goes hand in hand with friendship, you are / might have been probably a loyal friend yourself.

충성심이 우정과 함께한다고 믿는다면, 너는 충실한 친구이다.

6 2015년 고2 03월

Perhaps many dental problems would be prevented if more biting is / were encouraged for children.

아이들을 위해 더 많은 씹기가 권장된다면, 아마 많은 치아 문제들이 예방될 것이다.

7 2016년 고2 03월

Walk, talk, and act as if you will be / were already that person.

이미 그 사람인 것처럼 걷고, 이야기하고 행동하라.

8 2014년 고2 03월

If the miser were / was to realize how he is limiting his true wealth, he would hasten to find some worthy person.

만일 그 구두쇠가 자신이 자기의 진정한 부를 어떻게 제한하고 있는지를 깨닫는다면, 그는 서둘러 어떤 가치 있는 사람을 찾으려 할 것이다.

다음 문장들을 정확하게 해석해 보자.

1 2015년 고1 06월
If you stay there, you'll get used to this.
해석

2 2016년 고3 06월
If it were recorded in Soupy's voice, the local radio station would play it.
해석

3 2014년 고2 06월
If everyone were motivated by fear, nothing creative would ever be achieved.
해석

4 2016년 고3 06월
Imo, though, realized that if you threw a handful of wheat and sand into the ocean, the sand would sink and the wheat would float.
해석

5 2016년 고3 03월
If you follow your affections, you will write well and will engage your readers.
해석

6 2016년 고1 06월
If you have been working on a project for eight hours, but it only feels like six, you will have more energy to keep going.
해석

7 2016년 고1 03월
If Ernest Hamwi had taken that attitude at the 1904 World's Fair, he might have ended his days as a street vendor.
해석

8 2016년 고1 06월
If they only read a book once, they tend to only focus on the events and stories in it.
해석

1
+**get used to** ~에 익숙해지다

2
+**record** 녹음하다

3
+**motivate** 유도하다
+**achieve** 성취하다

4
+**realize** 깨닫다
+**a handful of** 한 줌의
+**wheat** 밀
+**sink** 가라앉다
+**float** 떠오르다

5
+**follow** 따르다
+**affection** 애착
+**engage** (주의 · 관심을) 사로잡다

6
+**keep going** 계속 해나가다

7
+**attitude** 마음가짐, 태도
+**street vendor** 거리상인

8
+**once** 한 번
+**tent to** ~하는 경향이 있다

다음 문장들을 정확하게 해석해 보자.

1 2009년 수능
If you are worrying about money when you are away, your enjoyment will suffer.

해석

2 2012년 수능
If you walk after a meal, you may burn 15 percent more calories.

해석

3 2007년 수능
If I'd told you that, you might have panicked and none of us would have made it.

해석

4 2008년 수능
If someone was tickling you and you managed to remain relaxed, it would not affect you at all.

해석

5 2011년 수능
We anticipate the future as if we found it too slow in coming and we were trying to hurry it up.

해석

6 2012년 수능
If the coin is tossed and the outcome is concealed, people will offer lower amounts when asked for bets.

해석

7 2009년 수능
If I were to make an accurate drawing of this barn and put it in a show, I'm sure I would get all kinds of criticism for my poor perspective.

해석

8 2011년 수능
If they worked in a well-organized environment, they would be surprised at how much more productive they were.

해석

단어+PLUS

1
+enjoyment 즐거움
+suffer 타격을 입다

2
+burn 태우다

3
+panick 기겁하다

4
+tickle 간질이다
+manage to (간신히) ~해내다
+remain 유지하다
+affect 영향을 미치다

5
+anticipate 고대하다

6
+toss 던지다
+outcome 결과
+conceal 감추다
+bet 내기

7
+accurate 정확한
+barn 헛간
+criticism 비난
+perspective 원근법

8
+well-organized 잘 정돈된
+productive 생산적인

164 혼공 구문독해

5단계 쓰기 요리하기

앞서 배운 문장들을 바탕으로 빈칸을 채워 문장을 완성해 보자.

---

1 2015년 고1 06월

If you _____ there, / you'll get used to this.

만약 당신이 그곳에서 머무른다면 / 당신은 이것에 익숙해질 것이다

2 2016년 고3 06월

If it _____ _____ in Soupy's voice, / the local radio station would play it.

만약 그것이 Soupy의 목소리로 녹음된다면 / 지역 라디오 방송국이 그것을 틀어줄 것이다

3 2014년 고2 06월

If everyone were motivated / by fear, / nothing creative _____ ever be achieved.

만약 모든 사람들이 유도된다면 / 공포에 의해 / 창조적인 것은 아무것도 이루어 질 수 없을 것이다

4 2016년 고3 03월

If you _____ your affections, / you will write well / and will engage your readers.

만약 여러분이 여러분의 애착을 따른다면 / 여러분은 잘 쓸 것이고 / 독자들을 사로잡을 것이다

5 2016년 고1 06월

If you _____ _____ working on a project / for eight hours, / but it only feels like six, / you will have more energy / to keep going.

만약 네가 프로젝트를 했는데 / 8시간 동안 / 그것이 6시간으로 밖에 느껴지지 않는다면 / 너는 에너지가 더 있을 것이다 / 계속 해나갈

6 2009년 수능

If you are worrying about money / when you are away, / your enjoyment _____ suffer.

만약 네가 돈에 대해 걱정한다면 / 네가 떠나있을 때 / 너의 즐거움은 타격을 받을 것이다

7 2012년 수능

If you _____ after a meal, / you may burn 15 percent more calories.

만약 네가 식사 후에 걷는다면 / 너는 15% 더 많은 칼로리를 소모할 것이다

8 2007년 수능

If I'd told you that, / you might _____ _____ / and none of us would have made it.

만약 내가 너에게 그것을 말했다면 / 너는 기겁했을 것이다 / 그리고 우리들 중 아무도 해내지 못했을 거야

9 2008년 수능

If someone was tickling you / and you managed to remain relaxed, / it would not _____ you at all.

만약 어떤 사람이 당신을 간질이고 / 당신은 차분하게 있을 수 있다면 / 그것은 당신에게 아무런 영향도 주지 않을 것이다

선행학습을 하자니 주변에서는 하지 말라 하고, 하지 않자니 너무 불안해요!

서울대 선배가 너에게

역시 이 질문이 나올 줄 알았어. 선행학습은 정말 공교육과 사교육의 간극이 빚어낸 우리나라 교육 현실에서 가장 큰 비극 중 하나라고 할 수 있어. 일단 나는 모든 전문가들이 이야기하듯이, '무리한 선행학습은 필요하지 않다.' 라고 강력히 주장하고 싶어. 왜 그런지에 대해서 몇 가지 이유를 들어볼게.

첫째, 교육과정은 생각보다 너희의 특성을 많이 고려한단다. 심리학의 많고 많은 분야 중 '발달심리학'이라는 분야가 있어. 발달심리학은 아동이 어떻게 발달하는지, 시간이 흘러 몇 살 쯤 어떤 능력을 갖게 되는지 실험을 통해 체계적으로 연구하는 분야야. 발달심리학은 인간의 전 생애를 다루기 때문에 청소년기의 정신적 발달에 대해서도 아주 관심 깊게 다뤄. 교육 전문가들이 교육과정을 짤 때 발달심리학의 주요 연구 결과들을 반영해서 아이들이 몇 살 때는 어떤 내용을 공부해야 가장 효과적으로 체득할 수 있겠다라는 내용을 토의해. 즉, 현행 교육과정은 완전하지는 않지만 차를 거듭할수록 학생들의 시기적 특성에 맞게 내용을 조직하도록 노력해. 쉽게 말해서 하필 중2가 아닌 중3 때 이차함수를 배우는 이유가 여기에 있는 거야. 열 다섯 살 보다는 열 여섯 살이 이차함수라는 내용을 받아들이기에 인지적 구조가 잘 짜여져 있다는 이유에서야. 그런데 이렇게 세심하게 공들여 짜 놓은 교육과정 안에서 몇 년을 건너뛰면서 선행학습을 하면 자기에게 맞지 않는 옷을 입으려고 애쓰는 것과 비슷한 거야. 정말 무의미한 일이지. 이게 영재교육으로 얘기가 넘어가면 좀 논의가 달라지는데, 우리는 특수한 아이들 말고 전반적인 대한민국 학생들에 대해서 이야기하고 있는 것이니 영재에 대한 논의는 하지 않는 것으로 하자.

둘째, 급하게 먹은 밥은 체하기 마련이야. 나 같은 경우에도 중3 때 외고에 가겠다고 잠깐 수학 학원에 다닌 적이 있었어. 그 때 고2 2학기에 해당하는 내용들을 배웠는데 정말 이해가 하나도 가지 않았고, 막상 실제로 고2 2학기가 되어보니 그 때 대체 내가 무엇을 배운 건지 이해가 되지 않았어. 나는 그 시간 동안 돈과 나의 체력, 그리고 귀중한 시간 모두를 낭비하고 있었던 거야. 그래서 그 학원을 나는 바로 끊었고, 외고에 들어가 적응을 잘 하기 위해서 한 학기 정도의 선행에 해당하는 고1 1학기 내용을 스스로 책 보고 인터넷 강의 들으면서 공부했던 것 같아. 다행히 한 학기 정도의 선행학습은 조금만 노력하면 별 무리없이 소화할 수 있었기 때문에 고등학교에 들어가 공부한 것에 대해 가감없이 발휘할 수 있었어.

셋째, 학교 수업에 집중하지 않게 돼. '내가 다 아는 내용이야!' 라고 거만을 떨며 정작 학교에서 진행되는 수업에는 오히려 학원 숙제를 한다거나 부족한 잠을 보충하는 경우를 허다하게 많이 보았어. 하지만 시험 문제를 내는 것은 학원 선생님이 아니라 학교 선생님이라는 것을 우리는 기억해야만 해. 더 어려운 내용 배운다고 해서 시험 문제를 더 많이 맞추고 그러는 건 아니야. 학교 시험은 '누가 더 수업에 집중해서 선생님이 어떤 식으로 내용의 구조를 짜서 강의 했는지 캐치하고 그것을 바탕으로 본인만의 정보 체계를 더 선생님과 유사하게 만들었느냐' 에 성적이 좌우되기 때문에 학교 수업이 오히려 학원 수업보다 시험에 있어 압도적으로 유리할 수밖에 없어.

그래서 나의 결론은 한 학기 정도에 해당하는 선행학습은 괜찮다고 생각해. 우리의 인지적 구조에도 별 부담이 가지 않거든. 그리고 이 정도의 선행은 학교 수업과 연계되는 지점이 많기 때문에 오히려 학교 수업에 더 능동적으로 임하게 될 수 있어!

20일차

도치, 강조를 이용한 문장

난이도 🌶🌶🌶

MISSION 다음 우리말 의미에 맞게 알맞은 단어를 골라 보자.

With the coming of records not only [was / were] the "classics" preserved, but formerly ephemeral "hits" could now survive as "oldies."

음반의 등장과 함께 '고전작품'이 보존되었을 뿐만 아니라 이전에는 수명이 짧았던 '유행곡'이 이제는 '옛 노래'로 살아남을 수 있었다.

MISSION 정답 : were

개념MASTER ❶

도치

도치는 주어와 동사가 바뀐 것을 말해. 문장의 특정 성분이 앞으로 나오면서 강조가 되면 주어와 동사의 순서가 바뀌게 돼.

도치된 성분 + be동사 + 주어
　　　　　　 + 조동사 + 주어 + 동사원형
　　　　　　 + do/does/did + 주어 + 동사원형

1. 부정어구 문두 + V + S

부정어구 no, not, never, only, little, hardly, seldom, scarcely, not only, not until, no sooner 등이 앞으로 나오는 경우

Not a single word did he say. 그는 한 마디도 하지 않았다.

2. Only 부사(구/절) + V + S

Only with great difficulty can she carry these books.
많은 어려움과 함께 그녀는 이 책들을 운반할 수 있다.

3. 장소, 방향의 부사구 + V + S

At our feet lies the valley. 우리의 발아래 계곡이 놓여 있다.

4. 주격보어, 목적어 + V + S

So great was her sorrow that she could hardly speak.
그녀의 슬픔은 너무 커서 그녀는 말을 할 수 없었다.

What he said I cannot believe. 그가 말한 것을 나는 믿을 수 없다.
　* 목적어 도치는 주어, 동사 순서 바뀌지 않음

5. as, than + V + S

Sam is very quiet, as is his mother. Sam은 매우 조용하다, 그의 어머니도 그러하다.

I spent more time working on my report than did my friend.
나는 나의 리포트를 작업하는 데에 내 친구가 그런 것보다 더 많은 시간을 보냈다.

6. so, neither, nor + V + S

"I will go to bed." - "So will I." "나는 자러 갈 것이다." – "나도 그럴 것이다."

"I don't like him." - "Neither do I." "나는 그를 안 좋아해." – "나도 안 좋아해."

7. No sooner A than B: A 하자마자 B했다

I had no sooner arrived than trouble started.

내가 도착하자마자 문제가 시작되었다.

= No sooner had I arrived than trouble started.
　　　　　　 V　S

모의고사 2016년 고3 06월
No sooner **had he completed his masterpiece,** Julie stepped into the cafe. 그가 명작을 완성하자마자 Julie가 카페로 걸어 들어왔다.

개념MASTER ❷
강조

강조는 문장에서 강조하고 싶은 부분이 있을 때 사용하는 문법이야. it-that 사이에 강조하고 싶은 부분을 쓰고 나머지는 that 이하에 써주면 돼.

1. it-that 강조구문
· 문장의 특정 부분을 강조하고자 할 때 쓰는 구문
· 강조하려는 부분을 it-that 사이에 쓰고 나머지 부분은 that 이하에 씀
· 강조되는 대상에 따라 that 대신 who(m)(사람), which(사물), where(장소), when(시간) 등 사용 가능

모의고사 2015년 고3 09월
It is in this sense that we should draw attention to fig trees.
바로 이런 관점에서 우리는 무화과 나무에 주의를 기울여야 한다.

2. 조동사 do를 이용한 강조
· 동사를 강조하기 위해서 조동사 do, does, did를 사용
· 「do, does, did + 동사원형」의 형태로 사용
· 주어의 인칭과 시제에 맞추어 강조의 조동사를 선택
· '정말로'라고 해석

I went swimming last weekend. 나는 지난 주말에 수영하러 갔다.
[강조] I did go swimming last weekend.

He studies English very hard. 그는 영어를 매우 열심히 공부한다.
[강조] He does study English very hard.

디저트 퀴즈 다음 문장에서 도치되어서 문장 앞으로 나간 부분을 찾아 밑줄을 쳐 보자.

1 Little did she dream that she would marry Bob.
그녀는 그녀가 Bob과 결혼하게 될 것을 전혀 꿈꾸지 않았다.

2 Between tomorrow's dream and yesterday's regret is today's opportunity.
내일의 꿈과 어제의 후회의 사이에 오늘의 기회가 있다.

3 Never did I know that he had such a positive attitude.
나는 그가 그렇게 긍정적인 태도를 가졌다는 것을 전혀 몰랐다.

4 She couldn't understand what the speaker was saying, and neither could I.
그녀는 그 발언자가 말하는 것을 이해하지 못했고, 나도 이해하지 못했다.

5 Next to the bookshelf were two old tables.
책장 옆에는 두 개의 낡은 테이블이 있었다.

문법 요리하기

다음 우리말 의미에 맞게 박스 안에서 알맞은 것을 골라 보자.

1 2015년 고1 09월
You sure do / does look depressed.
당신 정말 우울해 보이는군.

2 2014년 고1 11월
Deep within the jungle of the southeast Indonesian province of Papua lives / live the Korowai tribe.
인도네시아 남동쪽의 Papua주의 정글 속 깊은 곳에 Korowai 부족이 살고 있다.

3 2016년 고3 04월
Not until the rise of ecology at the beginning of the twentieth century did people begin / began to think seriously of land as a natural system with interconnecting parts.
20세기 초에 생태학이 부상한 이후에야 사람들은 땅을 서로 연결된 부분을 가진 하나의 자연 체계로 진지하게 생각하기 시작했다.

4 2015년 고1 11월
Some easily spoiled drugs do / done require refrigeration.
몇몇의 쉽게 손상되는 약들은 냉장을 분명 필요로 한다.

5 2016년 고3 03월
It is these differences from place to place that / what generate the demand for transportation.
수송에 대한 필요성을 발생시키는 것은 지역마다의 바로 이런 차이이다.

6 2015년 고2 09월
Nor did / does it much matter how a lonely American frontiersman disposed of his waste.
외로운 변경 개척자가 어떻게 자신의 쓰레기를 처리하는가도 그다지 중요하지 않았다.

7 2014년 고2 06월
Not only did / does my explanation not soothe her, it seemed to make things worse.
나의 이런 설명도 그녀의 화를 누그러뜨릴 수 없었고 오히려 이 상황을 더 악화시키는 것 같았다.

8 2007년 수능
It is those explorers, through their unceasing trial and error, who / which have paved the way for us to follow.
우리가 가야할 길을 닦은 사람들은 끊임없는 시행착오를 거쳤던 바로 그러한 탐험가들이다.

3 단계 해석 요리하기

다음 문장들을 정확하게 해석해 보자.

1 2016년 고3 06월
Trees do indeed have a few small roots.
해석

2 2010년 고3 03월
He handed her an envelope in which was tucked a fifty-dollar bill.
해석

3 2016년 고3 03월
Salad vegetables like lettuce have a very high water content, as do broth based soups.
해석

4 2015년 고1 06월
It does mirror at least to some degree the German attitude towards getting up early.
해석

5 2016년 고3 06월
No sooner had he completed his masterpiece, Julie stepped into the cafe.
해석

6 2015년 고1 09월
Not only does science fiction help students see scientific principles in action, but it also builds their critical thinking and creative skills.
해석

7 2015년 고1 06월
The Germans really do use the proverb, "The morning hour has gold in its mouth" with high frequency.
해석

8 2016년 고3 03월
With the coming of records not only were the "classics" preserved, but formerly ephemeral "hits" could now survive as "oldies."
해석

단어 PLUS

1
+indeed 사실

2
+hand 건네다
+envelop 봉투
+tuck 밀어 넣다
+bill 지폐

3
+lettuce 양상추
+water content 수분함량

4
+mirror 반영하다
+at least 적어도
+to some degree 어느 정도까지는
+attitude 태도

5
+masterpiece 명작
+step into 들어오다

6
+principle 원리
+in action 작동하는
+critical 비판적인

7
+proverb 속담
+with high frequency 빈번하게

8
+record 음반
+preserve 보존하다
+formerly 이전에는
+ephemeral 수명이 짧은
+oldie 추억의 것

4 단계 수능 요리하기

다음 문장들을 정확하게 해석해 보자.

1 2015년 수능
Only after some time and struggle does the student begin to develop the insights.
해석

2 2013년 수능
Only in terms of the physics of image formation do the eye and camera have anything in common.
해석

3 2011년 수능
So imprudent are we that we wander about in times that are not ours and do not think of the one that belongs to us.
해석

4 2009년 수능
Next to the doll was a small box, also made of ivory, containing tiny combs and a silver mirror.
해석

5 2007년 수능
Not only does the 'leaf fish' look like a leaf, but it also imitates the movement of a drifting leaf underwater.
해석

6 2013년 수능
Movies were first seen as an exceptionally potent kind of illusionist theatre, on which appear actors.
해석

7 2007년 수능
Little did he know that he was fueling his son with a passion that would last for a lifetime.
해석

8 2017년 수능
Right in front of his eyes were rows of delicious-looking chocolate bars waiting to be touched.
해석

9 2017년 수능
It wasn't the music that he ever imagined playing.
해석

단어 PLUS

1
+insight 통찰력

2
+in terms of ~의 관점에서
+physics 물리학
+image formation 상의 형성
+in common 공통된

3
+imprudent 경솔한
+wander 방황하다
+belong to ~에 속하다

4
+ivory 상아
+contain 담다
+tiny 작은
+comb 빗

5
+imitate 흉내 내다
+drifting 떠다니는
+underwater 물속에서

6
+exceptionally 특히
+potent 강력한
+illusionist 마술가, 환상가

7
+fuel 주입하다
+passion 열정
+last 지속되다

8
+row 줄
+delicious-looking
맛있어 보이는

9
+imagine 상상하다

5 단계 쓰기 요리하기

앞서 배운 문장들을 바탕으로 빈칸을 채워 문장을 완성해 보자.

1 2016년 고3 06월
Trees _____ indeed have / a few small roots.
나무는 사실 정말 가지고 있다 / 몇몇 개의 작은 뿌리들을

2 2016년 고3 03월
Salad vegetables like lettuce / have a very high water content, / as _____ / broth based soups.
양상추 같은 샐러드 채소들은 / 매우 높은 수분 함량을 가지고 있다 / 그러하듯이 / 묽은 수프들이

3 2016년 고3 06월
No _____ had he completed / his masterpiece, / Julie stepped into the cafe.
그가 완성하자마자 / 자신의 명작을 / Julie가 카페로 걸어 들어왔다

4 2015년 고1 09월
Not only does science fiction _____ / students see scientific principles in action, / but it also builds / their critical thinking and creative skills.
공상 과학소설은 도움이 될 뿐만 아니라 / 학생들이 과학적 원리들을 실례로 보게 / 또한 길러준다 / 그들의 비판적 사고와 창의적 기술을

5 2011년 수능
So imprudent _____ we / that we wander about in times / that are not ours / and do not think of the one / that belongs to us.
우리는 너무 경솔하다 / 시간 속에서 방황할 정도로 / 우리의 것이 아닌 / 그리고 그것에 대해 생각하지 않을 정도로 / 우리에게 속한

6 2013년 수능
Movies were first seen / as an exceptionally potent kind of illusionist theatre, / on which _____ actors.
영화들은 처음에 여겨졌다 / 특히 강력한 마술가의 연극의 일종으로 / 배우들이 등장하는

7 2007년 수능
Little _____ he _____ / that he was fueling his son / with a passion / that would last for a lifetime.
그는 전혀 몰랐다 / 그가 그의 아들을 채우고 있다는 것을 / 열정으로 / 평생도록 계속 될

8 2017년 수능
_____ wasn't the music / _____ he ever imagined playing.
음악이 아니었다 / 그가 연주하리라고 상상한 것은

수능 날, 그 하루에 대한 단상

서울대 선배가 너에게

날이 밝아옵니다. 긴장되는 탓인지 평소와는 달리 별 어려움 없이 일어납니다. 하지만 여전히 졸린 눈으로 어머니가 해주시는 아침밥을 겨우겨우 먹습니다. 1년 내내 입어 너덜너덜해진 학교 체육복. 가장 부드러우면서도 가장 편한, 이제는 나와 한 몸이 된 듯한 그 옷을 과감히 골라 입습니다. 이제 이 옷도 마지막이라는 생각에 가슴 한 켠이 벅차오릅니다. 시험을 볼 때 필요한 지우개와 컴퓨터 사인펜, 수험표 등을 잘 챙겼나 다시 한 번 확인해봅니다. 어머니가 챙겨주신 도시락을 가방에 넣고 지퍼를 닫습니다. 부모님의 손을 한 번 잡고 잘 보고 오겠다는 인사를 하고 집을 나섭니다. 부모님께선 별 걱정 하지 말라며, 다 잘 될 것이라며 손을 흔들어 주십니다.

MP3를 켜고 평소에 가장 즐겨 듣던 곡을 재생합니다. 그동안 열심히 정리했던 ebs 국어 문학 노트를 펼쳐 버스 안에서 읽습니다. 라디오에서는 오늘이 수능날이라고 유난입니다. 이에 의식한 사람들은 학교 체육복을 입고 노트를 꺼내 읽는 나를 자꾸 흘깃흘깃 쳐다봅니다. 기분이 조금 묘해지면서 그래도 계속 노트를 응시합니다. 버스에서 내려 수능 응시장으로 향합니다. 친구 녀석들 몇의 얼굴이 보이기 시작합니다. 평소보다 더 환하게 웃으며 응시장 입구로 향합니다. 귀여운 후배들이 추웠을 텐데 아침부터 따뜻한 코코아와 간식, 그리고 정갈한 서체로 출력된 '수능 대박나세요!' 쪽지를 나눠줍니다. 고맙다고, 잘 보고 오겠다고 웃어줍니다. 들어가는 나를 위해 후배들은 학교 응원가를 부르며 열심히 힘을 얹어줍니다. 함께 고사실 건물에 들어간 친구들에게 '지옥에서 보자!'라며 농담을 주고 받은 뒤 나의 고사실은 몇 층인지 확인합니다. 계단을 올라 고사실에 들어갑니다. 문을 열자마자 따뜻한 기운이 몸을 감쌉니다. 오래 켜 놓은 히터 덕분인지 훈훈합니다. 학생은 두어명 앉아 있고 그들 역시 본인들만의 노트와 책들을 응시합니다. 집중은 잘 되지 않지만 최대한 노트와 문제집을 읽어 나갑니다. 한 두 명 문을 열고 들어오더니 서서히 고사실에 자리가 채워집니다. 엄숙한 표정의 감독관이 두 명 들어옵니다. 한 명은 교실 앞에, 한 명은 교실 맨 뒤에 서서 헛기침을 몇 번 합니다. 수험 시 응시사항을 형식적으로 알려줍니다. '이럴 거면 그냥 빨리 시작하지' 볼멘소리가 목까지 차오릅니다.

곧 시험이 시작됩니다. 문제지를 선생님께서 나눠주십니다. 미리 펼쳐보고 싶은 마음이 굴뚝 같지만, 그저 초조하게 기다릴 뿐입니다. 땡 – 종이 울리고 시험이 시작됩니다. 그렇게 국어 시간이 끝나고 화장실에 가 볼 일을 보면서 유난히 헷갈렸던 국어 문법 문제를 친구들과 함께 신랄하게 까내려 갑니다. 그리고 수학, 그리고 맛있는 점심시간. 친구들과는 오로지 시험 문제에 관한 이야기 뿐입니다. 밥을 헛헛이 비우고, 다시 고사실에 들어가 졸린 눈을 겨우 떠내며 영어 시험이 시작되기를 기다립니다. 스피커에서 나오는 회화를 한 톨도 놓치지 않으려 안간힘을 씁니다. 안간힘을 쓰느라 잠도 달아나버리고 맙니다. 그리고 탐구 시간. 쏜살 같이 지나갑니다. 그리고 마지막 끝을 알리는 종소리와 함께 모든 시험이 종료됩니다. 고사실을 나오면서 친구들을 다시 만납니다. 문제가 어려웠는데 표정이 밝습니다. 그래도 끝났다는 해방감 때문일까요? '야 망했어, 망했어' 호들갑을 떨면서 서로 웃어보이며 응시장을 빠져 나갑니다. 친구들 몇몇은 응시장 밖에서 기다리고 계시던 부모님과 한 번 포옹한 뒤 함께 빠져 나갑니다. 아쉽게도 우리 부모님은 보이지 않습니다. 나의 점수가 도통 예측되지 않아 불안하면서도 한 편으로는 후련한 마음에 발걸음이 가볍습니다. 푸른 빛과 불그스름한 빛이 맴도는 하늘이 유난히 아름답습니다. 날이 매섭습니다. 패딩을 여미고 얼른 집을 향해 갑니다. 일부러 두 정거장 정도 일찍 내려 걸어갑니다. 나의 지난 날들을 회상합니다. 나의 최선을 다한 3년이었기에 후회는 되지 않습니다. 그렇게 집에 도착합니다. 부모님께서 안아주십니다. 고생하셨다고, 후회 없이 치르고 왔다고, 우리 이제 맛있는 거 먹으러 가자고 부모님께 환하게 웃어 보입니다.

랭기지플러스

혼공
구문독해
실력(매운맛)

저자 허준석 정승익

정답과 해설

랭기지플러스

구문독해

실력(매운맛)

혼공

정답과 해설

랭기지플러스

 01일차 – 문장의 1형식, 2형식

 1 개념 요리하기 단계   p.15

🍰 **디저트 퀴즈**

1. **1형식** 선거에서 모든 표는 중요하다.
2. **2형식** 이 차와 저 차의 유일한 차이는 가격이다.
3. **2형식** 버뮤다 삼각지대의 미스터리는 풀리지 않은 채 남아있다.
4. **1형식** 그것에 대해 몇몇 문제가 있다.
5. **1형식** 몇 달 후, 그녀의 새 집에 벨이 울렸다.

 2 문법 요리하기 단계   p.16

1.   This time / I / was certain.
　　　　이번에　　나는　　확신했다

　　　혼공TIP 우리 쉬운 문장부터 시작하자. 기본기가 중요하니까. 항상 문장을 해석할 때는 동사부터 찾는 습관을 가지도록
　　　해. 이 문장의 동사는 was야. be동사는 2형식 동사로 쓰일 때 명사 또는 형용사 보어가 필요하기 때문에 정답은
　　　형용사인 certain이지.
　　　Word certain 확실한, 확신하는

2.   Action / in this case / is absolutely necessary / : stop and walk away.
　　　　행동은　　이런 경우에　　　절대적으로 필요하다　　　　멈추고 떠나라

　　　혼공TIP 정답은 is야. 이런 문법 문제를 '수일치'라고 불러. 주어와 동사의 단수, 복수를 일치시켜 주는 거야. 주어는
　　　Action으로 단수니까 정답은 is야. 전형적인 2형식 문장으로 보어로는 necessary라는 형용사가 쓰였네.
　　　Word case 경우　absolutely 절대적으로

3.   However, / Dodo birds / became extinct / during the late 19th century.
　　　　그러나　　도도새들은　　　멸종되었다　　　　　19세기 후반부에

　　　혼공TIP become은 대표적인 2형식 동사야. 2형식 동사의 보어 자리에는 명사나 형용사가 들어갈 수 있지. 그래서
　　　extinct라는 형용사가 위치한 것이고. made는 의미상 '만들었다'이기 때문에 '되었다'라는 동사 자리에
　　　어울리지 않아. 그래서 사용할 수가 없어. 동사에 민감해 지면 문법 문제도 해결할 수 있고, 해석도 빨라져.
　　　Word extinct 멸종한　during ~동안

4. I / started / to grow anxious / as it got dark.
나는 시작했다   불안해지기   어두워지자

> **혼공TIP** grow는 상태의 변화를 나타내고, seem은 현재 상태를 나타내는 거야. 의미를 가지고 푸는 문제였어. grow가 '성장하다, 자라다'라는 의미를 기본적으로 가지고 있지? 그 때는 1형식 동사야. 하지만 이 문장에서는 상태의 변화를 나타내는 2형식 동사로 쓰였어. anxious(불안한)한 상태로 변하기 시작했다는 거지.

> Word anxious 걱정스러운

5. Time / seemed to pass faster / for the older group.
시간은   더 빠르게 지나가는 것 같았다   나이가 더 많은 사람들에게

> **혼공TIP** 한국말 해석만 가지고 문제를 풀면 seem이나 look이나 비슷해 보이지. 하지만 그것은 어디까지나 한국적인 생각이고, 영어는 영어답게 접근해야 해. look이라는 동사는 to 부정사를 주격 보어로 쓸 수 없기 때문에 seem을 써야 해. 「seem to + 동사원형」의 형태로 자주 활용되니까 눈에 익혀 두자.

6. I got home / and reached for / the house key.
나는 집에 도착했다   그리고 찾으려 했다   집 열쇠를

> **혼공TIP** 해석상 remained는 맞지 않고, get에 대해 좀 더 알아 볼 필요가 있어. 「get to + 장소」는 보통 '(장소)~로 가다'라는 뜻이야. 하지만 home 자체가 '집에, 집으로'라는 부사로도 쓰일 수 있기 때문에 전치사 to를 굳이 쓸 필요 없어. 그래서 I got to the building.(나는 그 건물로 갔다.)은 to를 쓰지만 I got home late.(나는 집에 늦게 도착했다.)라고 할 때에는 home만 쓰는 거야.

> Word reach for 구하려고 노력하다

7. She / looked wonderful, beautiful, and rich, / all at the same time.
그녀는   멋지고, 아름답고, 부유해 보였다   한순간에

> **혼공TIP** look은 대표적인 2형식 동사로 형용사와 함께 사용이 돼. 그래서 wonderful이라는 형용사를 보어로 사용해야 해. 부사는 2형식 문장의 보어 자리에 절대로 올 수가 없어. 이건 영어에서 문법으로 정해 놓은 거지. 학교 시험에서 자주 활용되는 포인트니까 문제를 통해서 꼭 익히자.

> Word all at the same time 한순간에

8. The gain / didn't matter.
이익은   중요하지 않았다

> **혼공TIP** matter은 자동사로 쓰일 때 '중요하다'라는 의미야. care은 '관심을 가지다'라는 의미고. 의미로 가볍게 matter을 정답으로 찾았을 거야. 특히 matter은 명사로서 '일, 문제'라는 의미를 가지고 있지만 동사로 '중요하다'라는 의미를 가지고 있다는 것을 꼭 기억하자. 은근히 matter이 동사로 쓰이는 문장을 자주 만나게 될 거야.

> Word care 관심을 쓰다   matter 중요하다

9. Your heart rate / increases.
당신의 심장 박동수가   증가한다

> **혼공TIP** increase와 decrease는 서로 반대말이야. 의미로 푸는 문제였어. increase는 목적어를 쓸 때도 있고 안 쓸 때도 있어. 좀 어렵게 말하면 자동사로도, 타동사로도 사용할 수 있어. 이런 동사들이 정말 많으니까 유의하자.

> Word heart rate 심장 박동수

10. Hydroelectric power / is a clean and renewable power source.
수력발전은   깨끗하고 재생 가능한 에너지원이다

> **혼공TIP** 셀 수 없는 명사는 단수 취급해야 해. 그래서 정답은 단수 주어와 어울리는 is야. is나 are은 동사 자체는 공부할 것도 없을 정도로 간단하지만 주어와의 수일치를 이용한 문제가 다수 출제되니까 유념하자.

Word hydroelectric 수력전기의   renewable 재생 가능한

3 단계 해석 요리하기

p.17

1. Biological clues / are not essential.
생물학적인 증거들은   필수적이지 않다

⇒ 생물학적인 증거들은 필수적이지 않다.

혼공TIP 문장의 형식은 동사를 봐야 해. be동사이고 뒤에 보어가 있으니 2형식! 이제 동사만 봐도 해석이 딱 되지?

2. Reciprocity with a rival / works / in much the same way.
라이벌과의 상호작용도   작용한다   그와 거의 같은 방법으로

⇒ 라이벌과의 상호작용도 그와 거의 같은 방법으로 작용한다.

혼공TIP work가 1형식 동사로 쓰여서 '작용한다'라는 의미로 쓰이고 있어. work가 '일하다'라는 의미 외에도 1형식으로 쓰여서 '작용하다, 효과가 있다'라는 의미를 전달할 수 있는 것을 꼭 기억하자.

3. How much further / could he fly / before shutting it down?
얼마나 훨씬 더 멀리   그가 날수 있을까   그것이 폐쇄되기 전에

⇒ 폐쇄되기 전에 그가 얼마나 훨씬 더 멀리 날수 있을까?

혼공TIP fly는 대표적인 1형식 동사야. could라는 조동사와 함께 쓰였는데, 조동사는 동사를 도와주는 역할을 해. 형식을 따질 때는 진짜 동사인 fly로 판단하면 돼.

4. The core struggle / is / between initiative and guilt.
주요한 투쟁은   존재한다   주도성과 책임 사이에

⇒ 주요한 투쟁은 주도성과 책임 사이에 존재한다.

혼공TIP be동사가 '존재한다'라는 의미를 가질 때에는 1형식 동사로 쓰여! 위 문장처럼 be동사가 무언가가 '존재한다'라는 의미를 전달할 수 있지.

5. Sometimes / this kind of choosing / can be visibly painful.
이따금씩   이러한 선택은   눈에 띄게 괴로울 수 있다

⇒ 이따금씩 이러한 선택은 눈에 띄게 괴로울 수 있다.

혼공TIP can이라는 조동사가 붙어 있긴 하지만 결국 동사는 be거든. be동사는 2형식!

6. The surface of the earth / is different / from place to place.
지구의 표면은   다르다   여기저기

⇒ 지구의 표면은 여기저기가 다르다.

혼공TIP be동사 다음에 보어가 나오는 전형적인 2형식 문장이야. from 이하는 전치사구야. 의미를 보충해 주고 있지. 다르긴 다른데 여기저기가 다르다는 거야. 전치사구는 문장의 핵심 성분이 아니지만 문장의 의미를 풍부하게 해주는 중요한 요소이지.

7. It / is a summer vacation swimming program / for children aged 8-10.

그것은 　　　여름방학 수영 프로그램이다 　　　　　　　8~10세의 아이들을 위한

⇒ 그것은 8~10세 아이들을 위한 여름방학 수영 프로그램이다.

> 혼공TIP be동사가 쓰인 전형적인 2형식 문장이네. 동사만 보면 문장의 형식을 파악할 수 있고, 문장의 형식을 파악하면 그 문장을 100% 정확하게 해석할 수 있어.

8. However, / a scientific argument / is different from a legal argument.

그러나 　　　　과학적 논쟁은 　　　　　　　법적 논쟁과 다르다

⇒ 그러나, 과학적 논쟁은 법적 논쟁과 다르다.

> 혼공TIP 역시 be동사가 쓰이고 뒤에 different가 보어로 쓰인 2형식 문장! from 이하는 전치사구의 역할을 하고 있어. 무엇과 다른지를 의미상 설명해 주고 있지. 이 전치사구는 의미상 꽤 중요한 역할을 하고 있어.

9. Our bodies / developed / with nature, / within it, / as part of it, / over time.

우리의 몸은 　　　발전했다 　　　자연과 함께 　　　그것의 안에서 　　　그것의 일부로서 　　시간이 지나면서

⇒ 우리의 몸은 시간이 지나면서 자연과 함께, 그것의 안에서, 그것의 일부로서 발전했다.

> 혼공TIP develop이 '발전한다'라는 자동사로 쓰이고 있는 1형식 문장이야. develop이라는 동사는 목적어 없이 자동사로 쓰이기도 하고, 목적어와 함께 타동사로도 쓰일 수 있어. 어떤 것을 '개발한다'라고 할 때는 타동사로 쓰이는 거지.

10. Our understanding of the new story / becomes, at that point, a function of the old story.

새로운 이야기에 대한 우리의 이해는 　　　　　　　그 시점에 오래된 이야기들의 기능이 된다

⇒ 그 시점에 새로운 이야기에 대한 우리의 이해는 오래된 이야기들의 기능이 된다.

> 혼공TIP becomes만 딱 보면 돼. 그럼 2형식 문장인 것이 보이지? become 다음에 at that point라는 전치사구가 나와서 보어 성분이 살짝 가려져 있지만 이 문장의 보어는 a function of the old story야. 주어, 동사, 보어로 이루어진 전형적인 2형식 문장이지.

4단계 수능 요리하기

p.18

1. Journeys / are the midwives of thought.

여행은 　　　　　생각의 산파이다

⇒ 여행은 생각의 산파(産婆)이다.

> 혼공TIP are가 동사, the midwives of thought가 보어로 쓰인 2형식 문장이네. midwives는 midwife(산파, 조산사)의 복수형이야. 이 문장은 구조는 간단한데 단어가 어렵지. '산파'라는 단어도 생소하고 말이야. 여행을 하면 생각을 낳을 수 있다는 의미야. 실제로 우리가 여행을 하다 보면 신선한 생각들이 많이 떠오르지.

2. He / was just an observer, / not an experiencer.

그는 　　　단지 관찰자였다 　　　　　체험자가 아닌

⇒ 그는 체험자가 아니라 단지 관찰자였다.

> 혼공TIP was만 보면 2형식인 것이 느껴지지?

3. This perception / occurs / in investing, as well.
이런 인식은   발생한다   투자에서도 또한

⇒ 이런 인식은 투자에서도 또한 나타난다.

혼공TIP occur가 1형식 동사로 쓰였네. '일어나다, 발생하다'라는 의미야. 뒤에 나오는 성분들은 모두 문장의 양념에
불과해.

4. It was an easy task / and the correct answer / was obvious.
그것은 쉬운 일이었고   정답은   명백했다

⇒ 그것은 쉬운 일이었고 정답은 명백했다.

혼공TIP and를 기준으로 두 문장이 합쳐졌네. 재밌는 건 두 문장이 모두 2형식이야. 동사를 보면 알 수 있지.
앞 문장과 뒤 문장 모두 was가 동사로 쓰였네. 대표적인 2형식 동사이고, 앞 문장은 명사를, 뒤
문장은 형용사를 보어로 취했네. 단순한 구조이지만 2형식 문장을 연습하기에 정말 좋은 문장이야!

5. Sometimes / emotional eating / is a reaction to a specific situation.
이따금씩   감정적인 식사는   어떤 특별한 상황에 대한 반응이다

⇒ 종종 감정적인 식사는 특정한 상황에 대한 반응이다.

혼공TIP is가 동사, a reaction to a specific situation이 보어로 쓰인 2형식 문장이야.

6. There are / hundreds of great people / to imitate and copy.
있다   수백 명의 위대한 사람들이   흉내 내고 모방할

⇒ 흉내 내고 모방할 수백 명의 위대한 사람들이 있다.

혼공TIP There is/are로 시작하는 문장은 1형식 문장이야. there은 주어가 아닌 것을 한 번 더 기억해줘. 주어는 are
다음에 나오는 '수백 명의 위대한 사람들'이야.

7. In this case, / control of the outcome / is clearly an illusion.
이런 경우에   결과에 대한 통제력은   명백히 착각이다

⇒ 이 경우 결과에 대한 통제력은 명백히 착각이다.

혼공TIP 동사는 is, 보어는 an illusion이야. clearly는 의미를 보충해 주는 부사야. 약간 단어가 어려워 보이지만 동사인
is만 잡으면 쉽게 2형식 문장으로 해석할 수 있어.

8. Every victory / one person makes / is a breakthrough / for all.
모든 승리는   한 사람이 만드는   획기적인 약진이다   모두에게

⇒ 한 사람이 만드는 모든 승리는 모두에게 획기적인 약진이다.

혼공TIP one person makes는 앞에 있는 명사를 꾸며줘. 이건 관계대명사 파트를 공부하면 확실하게 익힐 수 있을
거야. 일단 전체 문장의 구조에 주목하자. is가 동사야. 그래서 2형식 문장으로 해석을 하면 되고, breakthrough
라는 명사가 보어로 사용되고 있어.

9. While this may seem preferable, / it is far from mandatory.
이것이 바람직할지는 모르지만   그것은 강제적인 것은 아니다

⇒ 이것이 바람직할지는 모르지만, 그것은 강제적인 것은 아니다.

혼공TIP while은 접속사로서 앞 뒤 내용이 상반될 때 '~지만'으로 해석을 하면 돼. while에 이어지는 문장의 동사는
seem이야. '~처럼 보인다'라는 의미를 가진 대표적인 2형식 문장이야. 뒤 문장을 보면 is가 보이지? 동사를
보면서 문장을 파악하는 연습을 꾸준히 하자. 마지막으로 far from ~은 '~과 거리가 먼' 즉, '결코 ~가 아닌'
이라는 의미야.

10. The impacts of tourism / on the environment / are evident / to scientists,
관광산업의 영향은 　　　　　　환경에 미치는 　　　명백하다 　　　과학자들에게

/ but not all residents / attribute / environmental damage / to tourism.
그러나 모든 주민들이 　~탓으로 돌리지 않는다 　　환경 훼손을 　　　관광산업의 탓으로

⇒ 관광산업이 환경에 미치는 영향은 과학자들에게는 명확하지만, 모든 주민들이 환경 훼손을 관광산업의 탓으로 돌리지는 않는다.

혼공TIP 이렇게 어려운 문장을 만나면 피하지 말고 진짜 동사를 찾자. 진짜 동사만 찾으면 문장의 형식을 알 수 있고 정확하게 문장을 해석할 수 있어. 이 문장의 동사는 are이야. 그리고 오른쪽에 evident라는 형용사가 보이네. 그러니 2형식 문장인 것이지. 그 다음은 자신감을 가지고 쭉쭉 해석하면 돼. 단어는 외우면 되는 것이고. 이 문장을 정확하게 해석하려면 attribute A to B라는 숙어를 알아야 하는데 'A를 B의 탓으로 여기다' 정도로 해석하면 돼. 이제 시작이야. 힘내자!

5 단계　쓰기 요리하기　　　　　　　　　　　　p.19

1. are　**2.** works　**3.** is different　**4.** developed　**5.** becomes　**6.** are
7. was, obvious　**8.** There are　**9.** are evident

1 단계 개념 요리하기

p.23

 디저트 퀴즈

1. We <u>review</u> hundreds of top-rated professors. 우리는 가장 우수한 수백 명의 교수들을 검토한다.

2. Children <u>give</u> their parents both headaches and pleasures.
   아이들은 그들의 부모에게 두통과 기쁨을 모두 준다.

3. He <u>taught</u> me that memory is a muscle.
   그는 나에게 기억은 근육이라고 가르쳤다.

4. The expedition <u>cost</u> him his life. 그 원정은 그로 하여금 그의 생명을 앗아갔다.

5. Most dictionaries <u>list</u> names of famous people.
   대부분의 사전들은 유명한 사람들의 이름을 나열한다.

2 단계 문법 요리하기

p.24

1.   This / enraged / the soldiers.   3형식
   이것이 격분하게 만들었다   군인들을

   혼공TIP 형식을 따질 때는 동사를 봐야 해. enrage는 '~을 격분하게 만든다'라는 3형식 동사야. 뒤에 나오는 the soldiers는 목적어지. 주어, 동사, 목적어만으로 구성된 담백한 3형식 문장이네.

   Word enrage 격분하게 만들다

2.   True understanding / inevitably requires / a knowledge of context. 3형식
          진정한 이해는   불가피하게 필요로 한다   전후사정에 대한 지식을

   혼공TIP require은 '~을 필요로 한다'라는 뜻의 3형식 동사야. require의 의미를 생각하자마자 이 문장은 3형식이 아닐지 의심을 해 봐야 해. 이런 식의 생각이 문장을 정확하고 빠르게 해석하는 것을 도와줄 거야. 항상 동사를 먼저 찾고 동사의 의미를 생각하면서 문장의 뒤에 나올 성분을 예측하고 해석하는 연습을 해야 해.

   Word inevitably 불가피하게   context 전후사정

3. This / generated / a great deal of resistance.　　　　　　　3형식
　　　이것은　　일으켰다　　　　　　많은 저항을

　혼공TIP 주어, 동사, 목적어로 이루어진 군더더기 없는 3형식 문장이야.
　Word a great deal of 많은 양의　resistance 저항

4. Savannas / pose / a bit of a problem / for ecologists.　　　3형식
　　　사바나[열대초원]는 제기한다　　약간의 문제를　　　생태학자에게

　혼공TIP pose는 다소 어렵지만 독해에 자주 등장하는 3형식 동사야. '문제를 제기'하는 것이 대표적인 쓰임이야.
　Word pose 제기하다　a bit of 약간의　ecologist 생태학자

5. Miss Smith / noticed / her new shoes.　　　　　　　　　3형식
　　　Smith 선생님은　알아차렸다　그녀의 새 신발을

　혼공TIP notice는 '~을 알아차리다'라는 의미의 3형식 동사!
　Word notice 알아차리다

6. However, / each sale / requires / a different approach.　　3형식
　　　하지만　　각각의 판매는　필요로 한다　　다른 접근 방식을

　혼공TIP 문장이 다소 길어도 동사에만 집중하면 돼. require는 3형식 동사!
　Word require 필요로 하다　approach 접근 방식

7. Four years later, / he / entered / Cambridge University.　　3형식
　　　4년 후　　　　그는　들어갔다　　Cambridge 대학교에

　혼공TIP enter into(~를 시작하다)처럼 의미에 따라 enter가 into랑 결합되는 경우도 있어. 하지만 대부분 '~에 들어가다'라는 3형식 동사로 쓰일 때는 enter 다음에 바로 목적어가 온다는 것 명심해. 수능에서는 전치사랑 웬만하면 결합하지 않을 거야.
　Word enter 들어가다

8. My dream school / had offered / me / a full scholarship.　　4형식
　　　내가 꿈꾸던 학교가　　　주었다　　내게　전액 장학금을

　혼공TIP offer 다음의 구조를 잘 봐야 해. 간접목적어와 직접목적어가 보이지? 그래서 4형식 문장!
　Word full scholarship 전액 장학금

9. Animals / organize / their environments / instinctively.　　3형식
　　　동물은　　조직한다　　그들의 환경을　　　본능적으로

　혼공TIP organize는 3형식 동사야. 뒤에 instinctively는 부사라서 문장의 성분이 아니야.
　Word organize 조직하다　instinctively 본능적으로

1. A few years later, / Imo / introduced / another innovation.
몇 년 후   Imo는   도입했다   또 다른 혁신을

⇒ 몇 년 후, Imo는 또 다른 혁신을 도입했다.

혼공TIP introduce를 보면 3형식인 것을 알 수 있지. 목적어가 another innovation이야. 문장의 처음에 나오는 a few years later은 시간을 나타내는 부사 성분이기 때문에 문장의 형식을 이야기할 때는 생각하지 않아도 괜찮아.

2. You / can send / it / to me / at the address in my application.
너는   보낼 수 있다 그것을   나에게   내 지원서에 있는 주소로

⇒ 너는 내 지원서에 있는 주소로 그것을 나에게 보낼 수 있다.

혼공TIP send는 3, 4형식 모두에 쓸 수 있는 동사야. 뒤의 문장 성분까지 봐야 3형식인 것을 알 수 있어. it이 목적어이고, to me 이하는 전치사로 시작하기 때문에 문장 성분이 아니야. 그래서 이 문장은 3형식이지.

3. He / recalled / his strong conviction / during the interview.
그는   떠올렸다   그의 강한 신념을   인터뷰 동안

⇒ 그는 인터뷰 동안 그의 강한 신념을 떠올렸다.

혼공TIP 주어, 동사, 목적어로 이루어진 군더더기 없는 3형식 문장이야. during 이하는 문장의 성분이 아니야. during이 전치사이기 때문이야. 전치사를 많이 익혀 두면 문장의 구조를 쉽게 파악할 수 있어. 전치사구는 문장의 주요 성분이 아니니까.

4. The Roman Empire / had / an incredible variety of trademarks.
로마제국은   가졌다   믿을 수 없을 정도로 다양한 상표들을

⇒ 로마 제국은 믿을 수 없을 만큼 다양한 상표들을 가졌다.

혼공TIP have를 이용한 완벽한 3형식 문장이야. 단어가 약간 복잡해 보이기는 하지만, 주어, 동사, 목적어로 이루어진 그야말로 전형적인 3형식 문장이야.

5. Roman potters alone / used / approximately 6,000 trademarks.
로마의 도공만 하더라도   사용했다   거의 6,000개의 상표를

⇒ 로마의 도공만 하더라도 거의 6,000개의 상표를 사용했다.

혼공TIP use라는 3형식 동사를 이용한 문장이야. 주어, 동사, 목적어가 보이지? 단어가 어렵다고 현혹되면 안돼. 우리는 언제나 동사를 보고 그 문장을 판단해야 해.

6. Unfortunately, / none of the main London bookstores had / a copy.
안타깝게도   런던의 주요 서점들 어느 곳도 가지고 있지 않았다   (그) 책 한 부를

⇒ 안타깝게도, 런던의 주요 서점들 어느 곳도 그 책 한 부를 가지고 있지 않았다.

혼공TIP 주어가 엄청 길지? 하지만 none of ~를 집중해서 해석해야 해. '~중 아무도 ~하지 않다'라는 뜻이거든. 여기서는 had라는 동사까지 부정으로 해석해서 '가지고 있지 않았다'라고 해석하면 편해.

7. He / also taught / his customer / how to make shapes with the cream.
그는   또한 가르쳐 주었다   자신의 고객에게   크림으로 모양을 만드는 법을

⇒ 그는 또한 자신의 고객에게 크림으로 모양을 만드는 법을 가르쳐 주었다.

혼공TIP teach라는 4형식 동사를 썼고, 뒤에 간접목적어, 직접목적어를 사용했어.

8. He / developed / a healthy, positive outlook / towards the future.
그는   발달시켰다   건강하고, 긍정적인 전망을   미래에 대해서

⇒ 그는 미래에 대해서 건강하고, 긍정적인 전망을 발달시켰다.

혼공TIP develop은 3형식 동사로 '~을 발달시키다'라는 의미를 가지고 있어. develop은 목적어가 필요 없기도 하고 목적어가 필요하기도 해. 이 문장에서는 목적어가 필요한 3형식 동사로 쓰이고 있네. towards는 '~를 향해서'라는 의미를 가진 전치사야.

9. Young people / also increasingly access / social networking websites.
젊은이들은   또한 점점 더 접속한다   소셜 네트워킹 웹 사이트들에

⇒ 젊은이들은 소셜 네트워킹 웹 사이트에도 점점 더 접속한다.

혼공TIP access가 3형식 동사로 쓰여서 '~에 접속하다'라는 의미로 쓰이고 있어. 조금 어려운 동사이지? 앞으로 자주 보게 될 거야. 다음에 바로 목적어를 써서 '~에 접속하다'라는 의미를 전달해.

10. With your donation, / we / can preserve / fragile coral reefs around the world.
당신의 기부로   우리는   보존할 수 있다   전 세계의 손상되기 쉬운 산호초들을

⇒ 당신의 기부로 우리는 전 세계의 손상되기 쉬운 산호초들을 보존할 수 있습니다.

혼공TIP preserve는 '보존, 보호하다'라는 의미를 가진 3형식 동사야. 영어 공부를 하다 보면 환경 관련 지문에 자주 등장해. 환경 문제가 심각하고 교훈적인 내용이 많기 때문이야. preserve는 정말정말 앞으로 자주 만나게 될 동사야. 지금 바로 익혀 두자.

4 단계 수능 요리하기
p.26

1. Different departments / protected / their territory.
서로 다른 부서들은   보호했다   각자의 영역을

⇒ 서로 다른 부서들은 각자의 영역을 보호했다.

혼공TIP 주어, 동사, 목적어로 이루어진 군더더기 없는 3형식 문장이야.

2. We / may want / some stillness and solitude.
우리는 원할지도 모른다   어느 정도의 고요함과 고독을

⇒ 우리는 어느 정도의 고요함과 고독을 원할지도 모른다.

혼공TIP want는 대표적인 3형식 동사지?

3. On the one hand, / they / help guarantee / our survival.
한편으로   그들은   보장하도록 돕는다   우리의 생존을

⇒ 한편으로, 그것들은 우리의 생존 보장을 돕는다.

혼공TIP help 다음에 to guarantee도 가능하고, to를 생략하는 경우도 있어. help guarantee라는 형태를 어색하게

받아들이지 말자. help 다음에 to guarantee라는 to 부정사가 목적어로 쓰인 문장이야. to 부정사는 나중에 배우니까 넘 겁먹지 말고!

4. Increased size / affects / group life / in a number of ways.
증가한 크기는　　영향을 미친다　집단의 생명에　　여러 가지 방법으로

⇒ 증가한 크기는 집단의 생명에 여러모로 영향을 미친다.

혼공TIP affect 다음의 목적어는 '~을/를'로 해석이 안 되지만, 3형식 동사야. 때로는 목적어가 '~을/를'로 해석되지 않는 경우도 있어.

5. Animals like monkeys / have evolved / the same bias.
원숭이와 같은 동물들은　　　　발달시켜왔다　　똑같은 편향을

⇒ 원숭이와 같은 동물들은 똑같은 편향을 발달시켜왔다.

혼공TIP 현재완료 시제가 쓰여서 형태가 바뀌었지만, evolve라는 동사를 사용한 3형식 문장이야. 문장에서 동사는 원형 그대로 쓰이는 경우도 있지만 그렇지 않은 경우가 더 많아. have evolved 전체를 동사 부분이라고 생각하고 해석하면 돼. bias라는 단어는 정말 중요하니까 지금 바로 익히자. 사람들이 가지고 있는 편견이나 편향을 의미해.

6. Technology / gives / us / more and more / of what we think we want.
기술은　　준다　우리에게　점점 더 많은 것을　　우리가 원한다고 생각하는 것의

⇒ 기술은 우리에게 우리가 원한다고 생각하는 것의 점점 더 많은 것을 제공해 준다.

혼공TIP give는 익숙하지? 동사 뒤의 구조를 보면 4형식 문장인 것을 바로 알 수 있어.

7. A few hundred people / cannot sustain / a sophisticated technology.
몇백 명의 사람들이　　　　유지할 수 없다　　　　　정교한 기술을

⇒ 몇백 명의 사람들이 정교한 기술을 유지할 수 없다.

혼공TIP sustain은 '지속/계속시키다'라는 의미를 가진 3형식 동사야.

8. A glance at the shelves / can inspire / a whole range of questions.
선반을 슬쩍 보는 것이　　　불러일으킬 수 있다　　온갖 다양한 질문들을

⇒ 선반을 슬쩍 보는 것이 온갖 다양한 질문들을 불러일으킬 수 있다.

혼공TIP inspire에 주목해야 해. '영감을 주다, 불러일으키다'라는 의미를 가진 3형식 동사야.

9. Emotional eaters / manifest their problem / in lots of different ways.
감정적으로 식사를 하는 사람들은　그들의 문제를 드러낸다　　많은 다양한 방식으로

⇒ 감정적으로 식사를 하는 사람들은 그들의 문제를 많은 다양한 방식으로 드러낸다.

혼공TIP manifest는 '나타내다, 드러내 보이다'라는 뜻을 가진 3형식 동사야.

10. His mathematical theory of heat conduction / earned / him / lasting fame.
열전도에 대한 그의 수학적 이론은　　　　　　얻게 해 주었다　그에게　지속되는 명성을

⇒ 열전도에 대한 그의 수학적 이론은 그에게 지속적인 명성을 얻게 해 주었다.

혼공TIP 형태를 보면 형식을 알 수 있지? earn이 4형식 동사로 쓰인 문장이야. 간접목적어에게 직접목적어를 얻게 해 준다는 4형식 동사야. 간접목적어 him과 직접목적어 lasting fame을 찾으면 완벽하게 해석할 수 있는 문장이지?

5 단계 **쓰기** 요리하기

1. introduced   **2.** send   **3.** taught   **4.** access   **5.** preserve   **6.** want   **7.** affects
8. gives   **9.** sustain   **10.** earned

 혼공 03일차 – **문장의 5형식**

1 단계   개념 요리하기   p.31

 디저트 퀴즈

1. called 나는 너의 이름이 불리는 것을 들었다.

2. happy 그녀는 항상 나를 행복하게 만든다.

3. enter[entering] 나는 그녀가 빌딩에 들어가는 것을 보았다.

4. broken 나는 어제 팔이 부러졌다.

5. scream[screaming] 우주에서, 아무도 네가 소리치는 것을 들을 수 없다.

2 단계   문법 요리하기   p.32

1.   I / heard / something moving / slowly along the walls.
나는   들었다   무언가가 움직이는 것을   천천히 벽을 따라

> **혼공TIP** 목적어인 something과 동사 move의 관계가 능동적이기 때문에 moving을 사용! 무언가가 생생하게 움직이고 있음을 강조하기 위해서 move가 아닌 moving을 사용했어. move를 써도 틀리지 않아.
>
> **Word** along ~을 따라

2.   When he wore it, / he asked / his servant / to paint it with a brush.
그가 그것을 입었을 때   그는 요청했다   그의 하인에게   그것에 솔로 페인트를 칠하도록

> **혼공TIP** 5형식 문장은 특히 동사에 주목해야 해. 이 문장의 동사는 ask야. 5형식으로 쓰이면 '요청하다'라는 의미를 가지고 목적격보어로는 to 부정사를 사용해. 그래서 정답은 to paint야. 전체적인 문장의 구조를 다시 한번 보면서 ask가 어떻게 쓰이는지 확인해 봐.
>
> **Word** servant 하인

3.   My father trusted him more and more / and allowed / me / to spend a lot of time /
내 아버지는 더 많이 그를 신뢰하셨다   그리고 허락하셨다   내가   많은 시간을 보내도록

with Jimmy.
지미와

> **혼공TIP** 자, to spend가 보이지? 목적격보어 자리에 to 부정사가 쓰여 있어. 그렇다면 정답은 5형식 동사 중에서도 목적격보어에 to 부정사를 사용하는 동사를 써야겠지. 그러므로 정답은 allow야. made는 5형식 동사이지만

목적격보어에 to 부정사를 쓸 수 없는 것으로 유명하지.

Word | trust 신뢰하다

4. Counselors / often advise / clients / to get some emotional distance /
상담원은　　　　자주 충고한다　상담의뢰인에게　　　약간의 감정적 거리를 두라고

from whatever is bothering them.
그들을 괴롭히고 있는 그 어떤 것과도

혼공TIP | advise는 대표적인 5형식 동사야. advise A to B 형태로 목적어가 목적격보어하도록 조언을 하는 것이지.

Word | distance 거리

5. Students / expect / them / to give an overview of the course.
학생들은　　기대한다　그들이　　　　　강의의 개요를 줄 것을

혼공TIP | 동사 expect는 expect A to B의 형태로 사용해.

Word | expect 기대하다　overview 개요　course 수업, 강의

6. Tolerance / allows / the world to flourish.
관용은　　가능하게 하다　　세상이 번창하는 것을

혼공TIP | allow A to B는 'A가 B하도록 허락하다[~하게 하다]'라는 뜻이야. A, B를 찾아서 대입해 보자.

Word | tolerance 관용　flourish 번영하다

7. Don't let calendars / regulate your life.
달력이 ~하게 놓아두지 말아라　당신의 삶을 통제하도록

혼공TIP | 사역동사 let의 목적격보어로는 동사원형을 사용해. 목적어는 calendars이고 목적격보어는 regulate 이하야.
여기서 to regulate가 아닌 regulate의 형태로 써야 한다는 것이 중요한 문법 포인트야.

Word | calendar 달력　regulate 통제하다

8. He / piled / sketchpads and model kits / next to the boy's bed / and encouraged
그는 쌓아두었다　　　스케치북과 모형 재료들을　　　　　아들의 침대 옆에　　　　그리고 권유하였다

/ him / to build miniature airplanes and boats.
그가　　　　　모형 비행기와 보트를 만들도록

혼공TIP | and를 기준으로 두 문장이 합쳐진 문장이야. 뒤 문장을 보면 동사가 encourage야. 아주 대표적인 5형식
문장이지. 목적격보어로는 to 부정사를 사용해. 그래서 우리는 encourage A to B라는 숙어도 심심치 않게
만날 수 있어. encourage를 보는 순간 목적격보어에 to build를 떠올려야 하는 문제였어.

Word | sketchpad 스케치북　encourage 권유하다

3단계 해석 요리하기　　　　　　　　　　　　　　　　　　p.33

1. Alkaloids / make / coral bean seeds / highly toxic.
알칼로이드는　　만든다　　코랄빈의 씨앗을　　매우 독성을 띠게

⇒ 알칼로이드(독성 물질)는 coral bean의 씨앗을 매우 독성을 띠게 만든다.

혼공TIP make는 대표적인 5형식 동사야. 이 문장은 목적격보어로 형용사를 사용했어.

2. George / saw / Josh / floundering in the icy water.
George는　　보았다　　Josh가　　얼음 물속에서 허우적거리는 것을

⇒ George는 Josh가 얼음 물속에서 허우적거리는 것을 보았다.

혼공TIP saw는 5형식 지각동사야. 위 문장은 목적격보어로 동사의 ing 형태를 사용했네. 생생한 느낌을 전달하고 있어.

3. Science / calls / this / the social loafing effect.
과학은　　부른다　이것을　　사회적 태만 효과라고

⇒ 과학은 이것을 '사회적 태만' 효과라고 부른다.

혼공TIP call은 대표적인 5형식 동사야. '목적어를 목적격보어로 부른다'라는 의미야. call이 5형식으로 쓰일 때는 문장이 다소 복잡하니 평소에 연습을 열심히 하자.

4. Analysis of the errors / leads / the teacher / to modify /
실수에 대한 분석은　　이끈다　　교사가　　수정하게끔

the teaching of these procedures.
이러한 절차를 가르치는 것을

⇒ 실수에 대한 분석은 교사가 이러한 절차를 가르치는 것을 수정하게끔 이끈다.

혼공TIP lead A to B의 형태를 기억해. 'A가 B하도록 이끌다'라는 뜻이야.

5. Emily / wanted / him / to open her milk carton.
Emily는　원했다　　그가　　그녀의 우유팩을 열어주기를

⇒ Emily는 그가 그녀의 우유팩을 열어주기를 원했다.

혼공TIP want A to B의 형태를 기억해. 'A가 B하는 것을 원하다'라는 뜻이야.

6. You / can have / your computer / copy automatically all images.
당신은　(~하게)할 수 있다　당신의 컴퓨터가　　모든 이미지를 자동으로 복사하도록

⇒ 당신은 당신의 컴퓨터가 모든 이미지를 자동으로 복사하게 할 수 있다.

혼공TIP have는 대표적인 사역동사야. 목적격보어로 copy라는 동사원형을 사용했네.

7. Transportation / enables / us / to carry out all these activities.
수송은　　~할 수 있게 한다 우리가　　이 모든 활동을 수행하는 것을

⇒ 수송은 우리가 이 모든 활동을 수행하는 것을 가능하게 한다.

혼공TIP enable A to B의 형태를 기억해. 'A가 B하는 것을 가능하게 하다'라는 뜻이야.

8. We / asked / our body clocks / to adapt / to a vastly different schedule
우리는 요청했다　　우리의 생체시계가　　적응하기를　　엄청나게 다른 일정에

/ of day and night cycles / on the other side of the Earth.
낮과 밤 주기의　　지구의 반대쪽에서

⇒ 우리는 우리의 생체시계가 지구의 반대쪽에서 엄청나게 다른 낮과 밤 주기의 일정에 적응하기를 요구했다.

혼공TIP ask A to B의 형태를 기억해. 'A가 B하기를 요청하다'라는 뜻이야.

9. As he struggled to get up, / he / saw / something / fall from his bag.
그는 힘들게 일어서려고 하다가   그는   보았다   무엇인가가   그의 가방에서 떨어지는 것을

⇒ 힘들게 일어서려고 하다가, 그는 무엇인가가 자신의 가방에서 떨어지는 것을 보았다.

> **혼공TIP** saw는 지각동사로서 목적격보어로는 동사원형인 fall을 사용했네. to fall은 절대 사용할 수 없고, fall 또는
> falling의 형태로 쓸 수 있어. falling을 쓴다면 보다 더 생생한 진행의 느낌을 더할 수 있지.

10. At the age of 58, / poor health / forced / him / to sell his business.
58세의 나이에   나쁜 건강이   (~하게) 강제했다   그가   자신의 가게를 팔게

⇒ 58세의 나이에, 나쁜 건강이 그가 자신의 가게를 팔게 강제했다.

> **혼공TIP** force A to B의 형태를 기억해. 'A가 B하도록 강요하다'라는 뜻이야. 대표적인 5형식 동사니까 force를 보면
> 뒤에서 목적어와 목적격보어를 찾도록 해.

4 단계   수능 요리하기
p.34

1. This / has allowed / researchers / to describe sperm whale social groups / in detail.
이것은   허락해 주었다   연구자들이   향유고래의 사회 집단에 대해 설명할 수 있도록   상세하게

⇒ 이것은 연구자들이 향유고래의 사회 집단에 대해 자세하게 설명할 수 있도록 해 주었다.

> **혼공TIP** allow라는 동사가 보이지? 동사를 중심으로 해석하는 거야. allow는 목적격보어로 to 부정사를 사용하지? to
> describe라는 형태는 allow 때문에 만들어진 거야.

2. The "mere act" of writing / helps / writers / make their ideas /
글 쓰는 일[집필]이라는 "단순한 행동"은   도와준다   작가가   자신의 생각을 만들도록

not only clearer but more logical.
더 명확하게 뿐만 아니라 더 논리적으로

⇒ 집필이라는 단순한 행동은 작가가 자신의 생각들을 더 명확하게 할 뿐만 아니라 더 논리적으로 만들게
도와준다.

> **혼공TIP** help는 5형식 동사로 쓰이고, 이 문장의 목적어는 writers, 목적격보어는 make 이하야. 또한 not only A but
> (also) B가 맨 뒤에 붙었지? 'A뿐 아니라 B 또한'이라는 뜻이니 그것도 놓치지 말자.

3. We / believe / this view / to be thoroughly misguided.
우리는   믿는다   이러한 관점이   철저하게 오도되었다는 것을

⇒ 우리는 이러한 관점이 철저하게 오도되었다는 것을 믿는다.

> **혼공TIP** 동사 believe가 5형식으로 쓰이면 '목적어가 목적격보어인 것을 믿다'라는 뜻!

4. This inferred sincere interest / in the product / may enable / him /
이렇게 표현된 제품에 대한 진정한 관심은   그 제품에 대한   아마 가능하게 할 것이다   그가

to endure the increased cost.
증가된 비용을 수용하는 것을

⇒ 이렇게 표현된 제품에 대한 진정한 관심은 그가 증가한 비용을 수용하게 할 수 있을 것이다.

혼공TIP enable A to B는 이제 익숙하지? A가 B하는 것을 가능하게 하다!

5. Something / told / me / to write / my deepest feelings and thoughts.
　　　　무언가가　말해 주었다　내게　써보라고　　　나의 가장 깊은 곳에 있는 감정과 생각을

⇒ 무언가가 나의 가장 깊은 곳에 있는 감정과 생각을 써보라고 내게 말해 주었다.

혼공TIP　tell A to B는 'A가 B하도록 말한다'라는 의미야. 약간의 명령의 느낌도 들어가 있는 표현이야.

6. A charitable lady / helped / him / attend a local military school.
　　　한 자비로운 여인이　　도왔다　　그가　　　지역의 군사학교를 다니는 것을

⇒ 한 자비로운 여인이 그가 지역의 군사학교에 다니는 것을 도와주었다.

혼공TIP　help는 이제 익숙하지? 이 문장의 목적어는 him, 목적격보어는 attend 이하야.

7. This / allows others to compare / the results / to data / they obtain
　　이는　　다른 사람들이 비교할 수 있게 한다　　그 결과들을　　자료와　　그들이 얻는

/ from a similar experiment.
　　유사한 실험으로부터

⇒ 이는 다른 사람들이 그 결과들을 유사한 실험에서 그들이 얻은 자료와 비교할 수 있게 해준다.

혼공TIP　allow는 허용의 의미가 강해. '목적어가 목적격보어 하는 것을 허용하다'라고 해석하면 돼.

8. Praise / encourages / children / to find / ways / to get future verbal "goodies".
　　칭찬은　　　장려한다　　아이들이　찾도록　방법들을　　앞으로 있을 말로 된 '맛난 것'을 얻을

⇒ 칭찬은 아이들이 앞으로 있을 말로 된 '맛난 것'을 얻을 방법들을 찾도록 장려한다.

혼공TIP　encourage는 대표적인 5형식 동사야. '목적어가 목적격보어 하도록 장려한다'라는 의미야.

9. This expectation / might cause / a scientist / to select a result / from one trial
　　이런 기대는　　　야기할지도 모른다　한 과학자가　　결과를 선택하도록　　한 실험으로부터의

/ over those / from other trials.
　그것들[결과들]보다　다른 실험들로부터의

⇒ 이런 기대는 한 과학자가 다른 실험들로부터의 결과들보다 한 실험으로부터의 결과를 선택하도록 야기할지도 모른다.

혼공TIP　cause A to B는 정말 많이 쓰이는 구문이야. 'A가 B하도록 야기하다'라는 의미야.

5단계 쓰기 요리하기　　　　　　　p.35

1. make　**2.** calls　**3.** leads　**4.** have　**5.** enables　**6.** helps　**7.** told, to write
8. allows　**9.** encourages

 **04일차 - 동사의 12시제**

1단계 개념 요리하기
p.39

 디저트 퀴즈

1. 현재완료
2. 미래
3. 현재완료
4. 과거완료
5. 미래완료

2단계 문법 요리하기
p.40

1. He / died / suddenly / last year.
   그는   죽었다   갑자기   작년에

   혼공TIP last year라는 명백한 과거와 현재완료는 함께 사용할 수 없어. 완료 시제는 기간을 나타내기 때문이지. 단순한 과거인 died를 사용해야 해.
   Word last year 작년

2. Now, / foraging has become / a rising trend.
   이제는   식량을 찾아다니는 것이 ~가 되었다   증가하는 추세가

   혼공TIP 의미상 현재진행이 아닌 현재완료를 써야 하지. 과거부터 현재에 이르기까지 식량을 찾아다니는 것이 증가 추세가 되었다는 거야.
   Word foraging 채집   rising 증가하는   trend 추세

3. Companies today / aren't managing / their knowledge workers' careers.
   요즘 회사들은   관리하고 있지 않다   그들의 지식 노동자들의 경력을

   혼공TIP 해석을 보면 현재진행 시제의 느낌이야. 관리를 지금 하고 있지 않다는 의미를 나타내지. 그래서 정답은 현재진행형을 써 줘야 해. 동사가 12시제를 만나서 형태가 변해도 당황하지 말고 느낌을 살려서 적절하게 해석을 해 주자. 치킨에 양념을 입혔다고 해서 치킨이 아닌 건 아니잖아? 동사에 양념을 쳐도 동사를 중심으로 양념의 맛을 살려서 적절하게 해석해 주면 돼.
   Word manage 관리하다   career 경력

4. They / have produced / more than 2,000 hours of learning material /
그분들은　　만들어 왔다　　2,000시간 이상의 학습 자료를

in a variety of fields / for intelligent, engaged, adult lifelong learners.
다양한 분야에서　　지적이고 열성적인 성인 평생교육 학습자를 위해

혼공TIP 현재완료 시제를 너무나 잘 나타내 주는 문장이네. 그분들은 학습 자료를 과거부터 지금까지 꾸준히 만들어 오신 거야. 이 때 우리는 현재완료를 딱! 사용해야 해. 현재완료를 비롯한 시제는 느낌을 잘 이해하는 것이 중요해. 문장을 다시 한번 보면서 현재완료의 느낌을 확실하게 익히자!

Word learning material 학습자료　engaged 열성적인

5. A college student / was struggling / to pay his school fees.
한 대학생이　　고군분투하고 있었다　　그의 학비를 내려고

혼공TIP 의미상 과거진행형을 써야 해. 과거에 진행되고 있는 상황을 나타내는 거지. struggle이라는 동사는 to부정사랑 같이 써서 '~하려고 고군분투하다'라는 의미를 전달해.

Word struggle 고군분투하다　school fee 학비

6. He / had dressed / him / and now he put him / in his chair.
그는　　옷을 입혔다　　그에게　　그리고 이제 그는 그를 앉혔다　　그의 의자에

혼공TIP put이라는 과거동사보다 더 이전에 일어난 일을 나타내기 때문에 과거완료 시제를 써야 해.

Word dress 입히다

7. As Louis was playing, / a fly / landed / on his nose.
Louis가 연주하고 있을 때　　파리 한 마리가　　앉았다　　그의 코에

혼공TIP 의미상 과거 시제를 써야 하는 문장이야. 과거완료는 과거의 과거를 뜻하기에 맞지 않아. 과거완료는 주변에 과거 시제가 있어야 사용할 수 있는 시제야.

Word land 내려앉다

8. Have you ever watched / children / in a toy store / with a gift certificate in hand?
당신은 본 적이 있는가　　아이들을　　장난감 가게에서　　상품권을 손에 쥔

혼공TIP 현재완료로 과거의 '경험'을 의미하고 있어.

Word toy store 장난감 가게　gift certificate 상품권

9. Somehow, / your pleasure system / will be saturated / rather quickly.
어떻든지　　당신의 기쁨 체계는　　포화상태가 될 것이다　　꽤 빨리

혼공TIP 포화상태가 될 것이라는 것은 '미래시제'를 써 줘야 하지. are being saturated는 현재진행과 수동태가 합쳐져서 만들어진 동사의 형태로 '포화상태가 되고 있는 중이다'라는 뜻이야. 주어진 의미와 다르지. 미래 시제를 나타낼 때는 동사 앞에 will을 사용하거나, be going to를 쓰면 돼. 동사의 양념인 시제들의 의미에 익숙해지자.

Word somehow 어떻든지　saturate 포화시키다

10. Learning to sell / was a very different game / from what they had been playing.
판매하는 것을 배우는 것은　　많이 다른 일이었다　　그들이 해왔던 것과는

혼공TIP 과거완료진행은 어떤 동작을 과거보다 더 과거부터 과거의 어느 시점까지 해왔고 계속하고 있다는 의미야.

1. Heat / is coming downwards / from the sun / but / it is also going outwards /
　　열은　　　아래쪽으로 내려오고 있다　　　태양에서　　　그러나　그것은 또한 바깥쪽으로 나가고도 있다

from the body.
　　몸으로부터

⇒ 열은 태양에서 아래쪽으로 내려오고 있지만, 그것은 또한 몸에서 바깥쪽으로 나가고도 있다.

> **혼공TIP** 의미상 현재진행 시제를 써 줘야 하는 문장이야. but을 기준으로 두 문장이 합쳐진 문장인데, 현재진행 시제가 각각 쓰이고 있네. 생생한 진행의 느낌을 전달하고 있어.

2. Over the past century, / society / has witnessed / extraordinary advances /
　　지난 세기 동안　　　사회는　　　목격했다　　　대단한 발전을

in technology.
　　기술에 있어

⇒ 지난 세기 동안 사회는 기술에 있어 대단한 발전을 목격했다.

> **혼공TIP** 과거부터 지금까지 witness라는 동작을 해왔다는 의미로 현재완료 시제를 사용했어. 과거에 보고 끝난 것이 아니고, 현재 보고 있는 것도 아니고 과거부터 지금까지의 시간 동안에 쭉 목격을 해 왔다는 거지.

3. We / have nearly exhausted / the Earth's finite carrying capacity.
　　우리는　　　거의 다 써버렸다　　　지구의 유한한 환경 수용력을

⇒ 우리는 지구의 유한한 환경 수용력을 거의 다 써버렸다.

> **혼공TIP** 현재완료를 사용해서 과거부터 지금까지 다 써버리는 동작이 이어져 왔음을 나타내.

4. This / has also greatly influenced / immigrant practices / of socialization with children.
　　이것은　　　또한 크게 영향을 미쳤다　　　이민자 관행에　　　어린이들에게 있어 사회화에 대한

⇒ 이것은 또한 어린이들에게 있어 사회화에 대한 이민자 관행에도 크게 영향을 미쳤다.

> **혼공TIP** 현재완료를 사용해서 영향을 과거부터 현재까지 쭉 미쳐왔음을 나타내.

5. Music / based on oral tradition / had previously seldom been performed /
　　음악은　　　구전에 근거한　　　이전까지 거의 연주되지 않았다

for more than one or two generations.
　　한 두 세대가 넘는 기간 동안

⇒ 구전에 근거한 음악은 이전에 한 두 세대가 넘는 기간 동안 거의 연주되지 않았다.

> **혼공TIP** 과거완료를 써서 과거의 과거를 나타내고 있어. 이 문장에는 과거가 드러나지 않지만 근처에 과거 시제가 있었을 거야.

6. For a long time / she / had wanted / to get back / into acting.
　　오랫동안　　　그녀는　　　원해왔다　　　다시 돌아가길　　　연기로

⇒ 오랫동안 그녀는 연기로 다시 돌아가기를 원해왔다.

> **혼공TIP** 과거완료 시제를 썼으니까 이 문장 전후에 과거 시제가 있을 것을 짐작할 수 있어. 꼭 문장 내에 과거 시제가 없더라도 앞뒤 맥락에 과거 시제가 있다면 과거완료 시제를 사용할 수 있어.

7. Previously, / these subjects / had been handled / at most /
예전에는   이런 주제들은   다루어졌다   기껏해야

in small, anecdotal genre paintings.
        소규모의 일화적인 풍속도에서만

⇒ 예전에는 이런 주제들은 기껏해야 소규모의 일화적인 풍속도에서만 다루어졌다.

> **혼공TIP** 과거완료 시제를 썼어. 이 문장 역시 주변에 과거 시제가 있을 거야. 특히 이 문장의 동사 부분은 과거완료 시제와
> 수동태가 동시에 사용되었어. 그래서 원래 be handled라는 동사가 had been handled의 형태로 바뀌었어.

8. He / sat in his chair / eating a biscuit / that Dad had spread with butter and homemade strawberry jam.
그는   그의 의자에 앉았다   비스킷을 먹으면서   아빠가 버터와 집에서 만든 딸기잼을 발라놓은

⇒ 그는 아빠가 버터와 집에서 만든 딸기잼을 발라놓은 비스킷을 먹으면서 그의 의자에 앉아 있었다.

> **혼공TIP** 과거 시제인 sat 보다 spread가 더 먼저 일어난 동작이기 때문에 과거완료 시제를 사용했어.

4 수능 요리하기   p.42
단계

1. We / are not talking / about rule-following.
우리는 이야기하고 있는 게 아니다   규율 준수에 대해서

⇒ 우리는 규율 준수에 대해서 이야기하고 있는 것이 아니다.

> **혼공TIP** 현재진행 시제는 우리에게 익숙하지?

2. A friend of mine / was sitting / in the Miami airport / reading a magazine
내 친구 중 한명은   앉아 있었다   마이애미 공항에   잡지를 읽으며

/ while she waited / to catch a plane to New York.
그녀가 기다리는 동안   뉴욕으로 가는 비행기를 타기 위해

⇒ 내 친구 중 한 명은 그녀가 뉴욕으로 가는 비행기를 타기 위해 기다리는 동안 잡지책을 읽으면서 마이애
미 공항에 앉아 있었다.

> **혼공TIP** 과거진행 시제는 과거에 진행되고 있는 동작을 나타내. reading a magazine은 분사구문이라는 문법이고,
> while 이하도 해석을 잘 해야 해. 이 문장에는 우리가 아직 본격적으로 다루지 않은 문법들이 다수 쓰였어. 차차
> 배우게 될 것이니까 일단은 동사 부분인 was sitting이 정확하게 해석이 되는지를 확인하자.

3. The line of distant mountains and / shapes of houses / were gradually emerging /
멀리 일렬로 솟아 있는 산과   집처럼 보이는 것이   점차 모습을 드러내고 있었다

through the mist.
안개를 뚫고

⇒ 멀리 일렬로 솟아 있는 산과 집처럼 보이는 것이 안개를 뚫고 점차 모습을 드러내고 있었다.

> **혼공TIP** emerge는 '나타나다'인데, 과거에 서서히 나타나고 있음을 과거진행 시제를 이용해서 나타냈어.

4. The impact of color / has been studied / for decades.
색깔의 영향은   연구되어 왔다   수십 년 동안

⇒ 색깔의 영향은 수십 년 동안 연구되어 왔다.

> **혼공TIP** 현재완료 시제를 써서 연구가 과거부터 현재까지 이어져왔음을 나타내.

5. My friend / had been watching and listening / to the woman's woeful story.
　　　내 친구는　　　　　　　　보고 듣고 있었다　　　　　　　그녀의 가련한 이야기를

⇒ 내 친구는 그녀의 가련한 이야기를 보고 듣고 있었다.

> **혼공TIP** 과거완료진행 시제를 사용했어. 이 문장 전후에 과거 시제가 사용되었을 거야. 그 과거 시제보다 더 이전부터 내 친구가 그녀의 이야기를 보고 듣기를 시작했고, 그 과거 시점까지 계속 그 동작을 하고 있었다는 것을 과거 완료진행 시제를 이용해서 표현했어.

6. Some of this decline / in newspaper reading / has been due to the fact /
　　　감소의 일부분은　　　　　신문 읽기의　　　　　　　사실 때문이다

that we are doing more of our newspaper reading / online.
　　　　우리들이 신문을 더 많이 읽고 있다고　　　　　온라인으로

⇒ 신문 읽기가 이처럼 감소하는 까닭의 일부는 우리들이 신문 읽기를 온라인으로 더 많이 하고 있다는 사실 때문이다.

> **혼공TIP** 현재완료 시제를 사용해서 신문 읽기의 감소 원인이 과거부터 지금까지 쭉 이어져왔음을 나타내. 과거부터 현재까지 이어지는 기간 동안에 신문 읽기가 감소하는 까닭의 일부가 그러한 사실 때문이었다는 것을 전달하고 있어. 과거도 현재도 아닌 현재완료를 사용했다는 것의 느낌을 잘 익히자.

7. The program / has always been very popular / among international students.
　　　그 프로그램은　　　　　늘 매우 인기있어 왔다　　　　　국제 학생들 사이에서

⇒ 그 프로그램은 국제 학생들 사이에서 늘 인기있어 왔다.

> **혼공TIP** 현재완료 시제가 쓰였으니 과거부터 현재까지를 연결시켜서 해석하면 되겠지?

8. Individuals / from extremely diverse backgrounds / have learned /
　　　개인들은　　　　　완전히 다른 배경을 가진　　　　　배웠다

to overlook their differences / and live harmonious, loving lives.
　　　그들의 차이를 너그럽게 보는 것을　　　그리고 조화롭고 사랑하는 삶을 사는 것을

⇒ 완전히 다른 배경을 가진 개인들은 그들의 차이를 너그럽게 보고 조화롭고 사랑하는 삶을 함께 사는 것을 배웠다.

> **혼공TIP** 현재완료 시제를 사용해서 learn이라는 동작이 과거부터 현재까지 이어졌음을 나타내.

5단계　쓰기 요리하기
p.43

1. coming　2. has witnessed　3. have, exhausted　4. has wanted　5. had been handled
6. are not talking　7. has been studied　8. has been　9. has, been

 **05일차 – 조동사의 모든 것**

1 단계 **개념** 요리하기 p.47

 디저트 퀴즈

1. can[may]
2. may well
3. must[should, has to]
4. used to
5. cannot

2 단계 **문법** 요리하기 p.48

1. He / couldn't even believe / his eyes.
　그는　　　　　　믿을 수 없었다　　　　자신의 눈을

　혼공TIP 조동사 can의 과거형인 could를 적어 줘야 하는 문장이네.

2. The salesperson / must learn / about the customer's needs.
　판매원은　　　　　　알아야 한다　　　　고객이 필요로 하는 것에 대해

　혼공TIP had to는 과거의 일에 대해서 말하기 때문에 정답은 must! have to와 must의 차이에 대해서는 개념에서
　배웠지? 같은 듯 다른 둘의 차이를 정확하게 익히자.
　Word salesperson 판매원　needs 필요, 요구

3. Xerxes / would have to cross this pass / to reach the rest of Greece.
　Xerxes는　　　이 길목을 반드시 통과해야 했다　　　　그리스의 나머지 지역으로 가려면

　혼공TIP 조동사를 공부할 때는 각 조동사들의 정확한 의미를 아는 것이 가장 중요해. '~해야 했다'라는 의미를
　나타내기에는 would have to가 가장 적절하지. 과거의 느낌인 would와 의무를 나타내는 have to가
　만났어. 과거에 어떤 것을 해야만 했다는 '과거의 의무'를 나타내지. had better은 '~하는 편이 더 낫다'라는
　현재에 대한 이야기야. 그래서 정답이 될 수 없지.
　Word cross 통과하다　rest 나머지

24　혼공 구문독해

4. To build a hydroelectric dam, / a large area / have to be flooded / behind the dam.
수력발전 댐을 건설하기 위해서　　　　　넓은 지역이　　반드시 물에 잠기게 된다　　댐 뒤의

> 혼공TIP　have to는 현재로 쓰일 때는 must와 같은 뜻인 것도 알아 둬.
> Word　hydroelectric 수력발전의　flood 범람시키다, 침수시키다

5. First, / a detective / must find / the clues.
우선　　탐정은　　찾아야만 한다　단서들을

> 혼공TIP　must는 이 문장에서 has to로 바꾸어 쓸 수 있어.
> Word　detective 탐정　clue 단서

6. That was the take / he should have put on TV.
그것이 촬영 분이었다　　　그가 TV에 내보냈어야 했던

> 혼공TIP　should have p.p.는 조동사 중에서도 해석이 다소 까다로운 편이야. 그만큼 문법에서 강조도 많이 돼. 과거에 무언가를 했어야 했는데 하지 못했을 때, 그 후회를 should have p.p.의 형태로 표현하지. 이 문장에서는 TV에 촬영분을 내보냈어야 했는데 그러지를 못한 안타까운 마음을 표현했어.
> Word　take 촬영 분　put on TV 상영하다

7. A common challenge for prehistoric man / may have been to find himself
선사시대 사람에게 흔한 도전은　　　　　　　　그 자신을 발견하는 것이었을 수 있다
/ face-to-face with a huge, hungry lion.
거대한 굶주린 사자와 마주하는 것을

> 혼공TIP　may have p.p.는 과거 사실에 대한 추측을 나타내. may have been은 '아마도 ~였을 것이다' 이렇게 해석을 해야하고, to find 이하가 문장의 보어 역할을 해주고 있어. 보어 역할을 하는 to 부정사는 나중에 배우게 되니까 잠시만 기다려 줘.
> Word　prehistoric 선사시대의　face-to-face 대면한

8. Most people / would sniff / "Not my problem."
대부분의 사람은　콧방귀를 뀌었을 것이다　　"내 문제가 아니야"

> 혼공TIP　would는 조동사 will의 과거이기도 하고, '~일[할] 것이다'라는 의미를 나타내기도 해.
> Word　sniff 콧방귀를 뀌다

9. Evan, a young medical student, / had to be away / from his fiancée
젊은 의대생 Evan은　　　　　　　　떨어져 있어야 했다　　그의 약혼녀로부터
/ for three years.
3년간

> 혼공TIP　had to는 have to의 과거 형태이지. '~해야 했다'라는 의미인 거 알지?
> Word　medical student 의대생　fiancée 약혼녀

10. You / might have heard / of such stories.
당신은　들어본 적이 있을 것이다　　이런 이야기를

> 혼공TIP　might have p.p.는 과거 사실에 대한 추측을 나타내. may have p.p.보다 조금 더 확신이 없는 추측이야.

1. We / must not be over-optimistic.
우리는　　　　과도하게 긍정적이면 안 된다

⇒ 우리는 과도하게 긍정적이면 안 된다.

혼공TIP must not은 금지의 의미를 나타내지. don't have to는 '~할 필요가 없다'라는 의미인 것도 함께 기억해야 해.

2. Many / had to reenter the workforce / just to make ends meet.
대다수의 사람들은　작업 전선에 다시 뛰어들어야만 했다　　　　　단지 먹고 살기 위해서

⇒ 대다수의 사람들은 단지 먹고살기 위해서 작업 전선에 다시 뛰어들어야만 했다.

혼공TIP had to는 have to의 과거형이야. to make ends meet는 to 부정사의 부사적 용법으로 쓰여서 목적을
나타내고 있어. 중학교 때 배운 기억이 나지? 나중에 확실하게 다시 한 번 배우니까 일단 의미만 확인하고 패스!

3. We / must choose / some goods and services / and not others.
우리는　　선택해야 한다　　　　몇 개의 재화와 용역　　　　그리고 다른 것들이 아닌

⇒ 우리는 다른 것들이 아닌 몇 개의 재화와 용역을 선택해야 한다.

혼공TIP must는 이 문장에서 have to와 같은 의무를 나타내지.

4. Anderson / could not help but / smile.
Anderson은　　~하지 않을 수 없었다　　미소를 짓다

⇒ Anderson은 미소를 짓지 않을 수 없었다.

혼공TIP 조동사 숙어야. could not help but은 '~하지 않을 수 없었다'라는 의미!

5. What aspect of the product / should he emphasize?
제품의 어떤 면을　　　　　그가 강조해야 하는가

⇒ 그가 제품의 어떤 면을 강조해야 하는가?

혼공TIP should는 must에 비해 비교적 가벼운 의무를 나타내. 가볍게 충고를 할 때, 도덕적 의무를 나타낼 때 should
를 사용할 수 있어.

6. You / had to repeatedly work a lever / to eliminate a vacuum in the line
당신은　　반복적으로 레버를 움직여야 했다　　　　　관속의 빈 공간을 제거하기 위해

/ before water could flow.
물이 흐를 수 있기 전에

⇒ 당신은 물이 흐를 수 있기 전에 관 속의 빈 공간을 제거하기 위해 반복적으로 레버를 움직여야 했다.

혼공TIP had to는 '~해야 했다'라는 의미! must는 과거 시제가 없어.

7. The grasp and support forces / must also match / overall object mass and fragility.
붙잡고 지지하는 힘은　　　　　또한 부합해야 한다　　　　전반적인 물체의 질량과 연약함에

⇒ 붙잡고 지지하는 힘은 또한 전반적인 물체 질량과 연약함에 부합해야 한다.

혼공TIP also가 사이에 끼었지만, must match가 핵심이지? 의무를 나타내.

8. They / must have reasoned / that it was important / to use the head
그들은   추론했음에 틀림없다   중요하다고   머리를 쓰는 것이

/ and not the hands.
손이 아니라

⇒ 그들은 손이 아니라 머리를 쓰는 것이 중요하다고 추론했음에 틀림없다.

혼공TIP must have p.p.는 정말 중요한 표현이야. '~였[했]음에 틀림없다'라는 과거에 대한 강한 확신을 나타내.

4 단계 수능 요리하기
p.50

1. Solar energy / can be / a practical alternative energy source
태양 에너지는   될 수 있다   실용적인 대체 에너지원이

/ in the foreseeable future.
예측 가능한 미래에

⇒ 태양에너지는 예측 가능한 미래에 실용적인 대체 에너지원이 될 수 있다.

혼공TIP can은 우리가 너무 잘 알고 있는 조동사이지. be동사에 can이 붙어서 '될 수 있다'라는 의미를 전달하고 있어.

2. The notion / that events always occur / in a field of forces /
개념은   사건은 언제나 발생한다는   여러 힘이 작용하는 장에서

would have been completely intuitive / to the Chinese.
전적으로 직관적이었을 것이다   중국인에게

⇒ 사건은 언제나 여러 힘이 작용하는 장에서 발생한다는 개념은 중국인에게 전적으로 직관적이었을 것이다.

혼공TIP would have p.p.는 '~였을 것이다'라는 과거에 대한 추측을 나타내.

3. The vanguard of such a migration / must have been small / in number.
이러한 이주의 선발대는   적었음에 틀림이 없다   수에 있어서

⇒ 이러한 이주의 선발대는 수에 있어서 적었음에 틀림없다.

혼공TIP must have p.p.는 '~였음에 틀림없다'라는 과거에 대한 강한 추측!

4. Still others / may be left unmoved, / neither attracted nor disgusted.
하지만 다른 이들이   움직이지 않고 남아 있을 수 있다   매력을 느끼지도, 혐오를 느끼지도 않으면서

⇒ 하지만 다른 이들은 매력을 느끼지도 않고 혐오감을 느끼지도 않으면서, 전혀 미동도 하지 않을 수 있다.

혼공TIP may라는 조동사가 무난하게 쓰였어. 추측의 의미를 나타내. leave라는 동사가 수동태와 조동사의 영향으로 may be left라고 변형된 것에 주목해 줘. neither A nor B는 'A도 B도 아닌'이라는 의미를 나타내.

5. They / may blame us / for our wasteful ways, / but they can never collect on
그들은   우리를 비난할 지도 모른다   우리의 낭비적인 방식을   하지만 그들에게 결코 상환 받을 수 없다

/ our debt to them.
그들에게 진 우리 빚을

⇒ 그들은 우리의 낭비적인 방식을 비난할 지 모르지만, 그들에게 진 우리 빚을 결코 상환 받을 수 없다.

혼공TIP 조동사 may, can이 쓰인 문장이야. 앞의 may는 추측의 의미로 쓰였어. 비난할 지도 모른다는 추측을 나타내. 뒤의 can은 가능 여부를 나타내. 절대로 상환받는 것이 가능하지 않다는 거지. 조동사가 동사에 양념을 치고 있는 것이 느껴지니?

6. But / while a large population / may have been necessary, / in itself /
그러나　　　　더 많은 인구가　　　　　　필요했을 수 있지만　　　　그것 자체만으로

it / was not sufficient / for science / to germinate.
그것은　충분하지 않았다　　　과학이　　　싹트는 데에

⇒ 그러나 많은 인구가 필요했을 수도 있었지만, 그것 자체만으로 과학이 싹트는 데는 충분하지 않았다.

혼공TIP may have p.p.는 과거에 대한 추측을 나타내지. while은 앞 뒤의 내용이 상반될 때 '~하는 반면에, ~지만'으로 해석하면 좋아.

7. War / should be a last resort, / obviously, / undertaken /
전쟁은　　최후의 수단이어야 한다　　　　분명히　　　착수되는

when all other options have failed.
다른 모든 선택권이 실패했을 때

⇒ 전쟁은 분명 다른 모든 선택권이 실패했을 때 착수되는 최후의 수단이어야 한다.

혼공TIP be동사에 조동사 should가 붙었어. '~이 되어야만 한다' 이런 식으로 해석을 해야 해. 조동사는 참 재미있어. 동사에 양념을 정말 적절하게 쳐 주거든. 영어 문장의 의미를 더 풍부하고, 의미 전달을 더 정확하게 하도록 도와주는 것이 조동사야. 이 문장에는 어려운 단어들도 많이 쓰였네. undertake는 '착수하다' undertaken은 '착수되어지는'이라는 의미를 지니고 있어.

8. For the calculations / for the satellite-based GPS, / Newton's theory
계산에 대해서는　　　　　인공위성 기반의 GPS에 필요한　　　　뉴턴의 이론이

/ would give the wrong answer.
틀린 답을 줄 수 있다

⇒ 인공위성에 기반을 둔 전(全) 지구 위치 파악 시스템(GPS)을 위해 필요한 계산에 대해서는, 뉴턴의 이론이 잘못된 정답을 줄지도 모른다.

혼공TIP 「For + 명사」로 시작하는 표현을 학생들이 많이 어려워해. 간단히 '~에 대해서는'이라고 해석하면 쉬워. 그런데 위에서는 「For + 명사」 뒤에 다시 「for + 명사」 형태가 쓰였잖아? 두 번째 for ~ GPS는 앞의 calculations (계산)를 수식하는 전치사구로 보면 간단해.

5단계 쓰기 요리하기

p.51

1. had　**2.** must　**3.** could not help but　**4.** had to　**5.** must have
6. would have been　**7.** must have been　**8.** may[might] blame

혼공 06일차 - 수동태의 모든 것

1 단계 | 개념 요리하기
p.55

🍰 디저트 퀴즈

1. He was made to study by me.
2. I was made angry by him.
3. You were seen to hit by bullies by me.
4. My homework is being done by me.
5. I was given a piece of cake by my mom.[A piece of cake was given to me by my mom.]

2 단계 | 문법 요리하기
p.56

1. This misconception / is called / the false-consensus effect.
   이런 오해는   불린다   허위 합의 효과라고

   혼공TIP 5형식 동사 call을 수동태로 바꾸면 뒤에 목적격보어가 그대로 남아. 수동태 다음에는 아무 것도 올 수 없다고
          생각하는 학생들이 있는데 4형식, 5형식 문장을 수동태로 바꾸면 그렇지가 않단다.
   Word misconception 오해 false–consensus effect 허위 합의 효과

2. Pet owners' costumes / are optional / but encouraged.
   애완동물 주인의 참가 의상은   선택적이다   하지만 권장되어진다

   혼공TIP '권장되어진다'는 의미를 수동태로 살려준 문장!
   Word optional 선택의 encourage 장려하다

3. The outermost circle / is known / as the performance zone.
   가장 바깥 원은   알려져 있다   수행 영역으로

   혼공TIP be know as ~는 '~로 알려져 있다'라는 의미로 정말 널리 알려져 있어.
   Word outermost 가장 바깥쪽의

4. Fewer than 10% / of these world-class scholar-teachers / are selected
   10%가 안 되는 분들이   세계 일류 학자이면서 교수인 이 분들 중에서도   선택됩니다

/ to make The Great Courses.
The Great Courses를 만드는 데

선택하는 것이 아닌 '선택된다'라는 수동태로 사용을 해야 하지? 그래서 정답은 수동태를 골라 주면 돼. to make는 to 부정사의 부사적 용법이야. '~하기 위해서'라는 목적을 나타내.

Word scholar 학자

5. These conclusions / are also called / inferences.
이러한 결론들은 　　　　또한 불려진다　　　추론이라고

혼공TIP 5형식 동사 call을 수동태로 바꾸면 목적격보어가 뒤에 남지? inferences는 원래 문장에서 목적격보어였는데 그대로 문장의 마지막에 사용되었어.

Word conclusion 결론　inference 추론

6. Through his father's action / of tearing up the letter, / Gandhi knew / he was forgiven.
그의 아버지의 행동을 통해서　　　　　편지를 찢는　　　　간디는 알았다　　그가 용서받았음을

혼공TIP '용서받다'라는 의미를 살리기 위해서 수동태 사용! through는 '~을 통해서'라는 의미를 가진 전치사야. 전치사 다음에 명사 부분이 다소 긴 문장이지만 진짜 문장은 굉장히 간단하게 해석할 수 있지?

Word tear up 찢다　forgive 용서하다

7. Each student / is allowed / to purchase a maximum of three tickets.
각 학생은　　　허락됩니다　　　　최대 3장의 표를 구매하도록

혼공TIP 아주 중요한 문장이야! 별표 팍팍! 이 문장은 동사가 allow이지. 원래 5형식 문장이었다는 거야. 5형식 문장의 수동태는 문법에서 꽤 중요해. 수동태 다음에 원래 문장의 목적격보어를 그대로 써 줘야 하거든. 그래서 이 문장도 is allowed라는 수동태 다음에 to purchase 라는 원래 문장의 목적격보어가 그대로 내려왔어.

Word purchase 구매하다

8. Science / is not conducted / in a vacuum.
과학은　　　실행되지 않는다　　　진공 속에서

혼공TIP conduct는 '실행하다'라는 뜻이야. 과학이 주어로 나오면서 수동태 문장이 되었지.

Word conduct 실행하다　vacuum 진공

9. The worst effect of dams / has been observed on salmon.
댐의 가장 나쁜 영향은　　　　　연어에서 관찰되어 왔다

혼공TIP '관찰되다'라는 의미를 살리기 위해서 수동태를 사용했고, 현재완료 시제와 수동태가 합쳐진 문장이야. 관찰된 것이 과거의 한 사건이나 동작이 아니고, 과거부터 지금까지의 기간 동안에 꾸준히 관찰되어져왔다는 의미를 나타내. 현재완료와 수동태가 동사에 양념을 치고 있는데 잘 느껴지니?

Word observe 관찰하다　salmon 연어

10. He / was elected / Principal Librarian / at the newly founded London Institution.
그는　　선출되었다　　　수석 사서로　　　　　새로 설립된 London Institution에서

혼공TIP 5형식 동사 elect를 수동태로 사용해서 뒤에 목적격보어가 그대로 남았어.

Word elect 선출하다　found 설립하다

3 단계 **해석** 요리하기   p.57

1. This tendency / is called / the 'primacy effect.'
　　　이 성향은　　　칭해진다　　　　'초두 효과'라고

⇒ 이 성향은 '초두 효과'라고 칭해진다.

　[혼공TIP] 5형식 동사 call을 수동태로 만들어서 목적격보어가 그대로 남은 문장이야. call은 목적격보어로 명사를 주로
　　　　사용해. 그래서 명사 목적격보어가 그대로 수동태 다음에 위치하고 있네.

2. Judging / will be based / not only on taste / but also on creativity.
　　　심사는　　　바탕으로 할 것입니다　　　맛뿐만 아니라　　　　　창의성을

⇒ 심사는 맛뿐만 아니라 창의성을 바탕으로 할 것입니다.

　[혼공TIP] 미래 시제와 수동태가 합쳐졌어. base가 be based에서 will be based가 된 것이지. 다만 be based on
　　　　이라는 표현은 base의 수동태라기 보다는 관용적으로 굉장히 많이 쓰는 표현이야. '~을 바탕으로 하다'라는
　　　　의미이지. not only A but also B는 'A뿐만 아니라 B도'라는 의미야.

3. Distance / is seen as good / if you have a hierarchical preference.
　거리를 두는 것이　좋은 것으로 보인다　　　만약 당신이 계층에 대한 선호를 가지고 있다면

⇒ 당신이 계층에 대한 선호를 가지고 있다면 거리를 두는 것이 좋은 것으로 간주된다.

　[혼공TIP] be seen as ~는 '~로 간주된다'라는 의미로 사용될 수 있어.

4. As a special treat, / his young granddaughter / was allowed / to come to the table.
　　　특별대접으로　　　　　그녀의 어린 손녀가　　　　　허용되었다　　　　식탁으로 오는 것이

⇒ 특별 대접으로 그의 어린 손녀가 식탁에 자리하는 것이 허용되었다.

　[혼공TIP] 5형식 동사 allow는 수동태로 정말 사용을 많이 하는 문장이야.

5. Even genetic mutations / are, to some extent, caused / by environmental factors.
　　　심지어 유전적인 돌연변이들도　　　　어느 정도는 유발된다　　　　　환경적 요소들에 의해

⇒ 심지어 유전적 돌연변이들도 어느 정도는 환경적 요소에 의해 유발된다.

　[혼공TIP] cause는 '유발하다'라는 의미야. 수동태로는 '유발된다'라는 의미를 가지게 되지.

6. For most of European history, / artists were considered / primarily craftsmen.
　　　대부분의 유럽의 역사에서　　　　　　예술가들은 여겨졌다　　　　주로 장인으로

⇒ 대부분의 유럽의 역사에서 예술가는 주로 장인으로 여겨졌다.

　[혼공TIP] consider은 '~을 ~으로 여기다'라는 대표적인 5형식 동사인데 위 문장처럼 수동태로도 정말 많이 활용해.

7. All the historian's powers of imagination / must be harnessed
　　　모든 역사가들의 상상력은　　　　　　　　　이용되어야 한다

/ to the task of bringing the past to life.
　　　　과거를 소생시키는 일에

⇒ 모든 역사가의 상상력은 과거를 소생시키는 일에 이용되어야만 한다.

　[혼공TIP] must라는 조동사와 수동태가 합쳐졌네. 조동사 다음은 동사원형이 와야 해서 be동사가 쓰였어. harness

는 '이용하다'라는 의미를 가진 꽤나 어려운 동사야. 지금 익혀두면 두고두고 도움이 될 거야. to가 전치사이기 때문에 to 이하는 문장의 의미를 더해주는 역할을 하지.

8. Scientific experiments / should be designed / to show / that your hypothesis is wrong.
과학적 실험들은　　　설계 되어야한다　　보여주도록　　당신의 가설이 틀리다는 것을

⇒ 과학적 실험들은 당신의 가설이 틀리다는 것을 보여주도록 설계되어야 한다.

혼공TIP should라는 조동사와 수동태가 합쳐져서 '~되어야 한다'라는 의미를 나타내고 있어. be designed에 should를 더해서 '설계되어야 한다'라는 의미를 완성한 거지. to show는 to 부정사의 부사적 용법으로서 이 문장에서는 '목적'을 나타내고 있어. '~하기 위해서' 설계가 되어야 한다는 거지.

4 단계 수능 요리하기

p.58

1. At other angles, / the image / will be seen / as a trapezoid.
다른 각도에서　　그 그림은　　보여질 것이다　　사다리꼴로

⇒ 다른 각도에서 그 그림은 사다리꼴로 보여질 것이다.

혼공TIP 미래 시제와 수동태가 합쳐졌어. '보여질 것이다'라고 해석해야 해.

2. They / are not plagued / by the fragility and tensions.
그들은　　괴로워하지 않는다　　취약함과 긴장 상태로

⇒ 그들은 취약함과 긴장 상태로 괴로워하지 않는다.

혼공TIP plague는 '괴롭히다'라는 뜻이거든. 이 문장은 수동태를 부정해서 '괴롭힘을 받지 않는다'라는 의미를 전달해. 하지만 국어에서는 수동태를 잘 사용하지 않기 때문에 해석할 때는 수동태 문장을 다시 능동태처럼 해석하는 경우가 많아. 하지만 위 문장은 정확한 수동태 문장인 것이 느껴지지?

3. Another share / will be invested / in the shift / from coal to more expensive fuels /
다른 몫은　　투자될 것이다　　이동에　　석탄에서 더 비싼 연료로

like conventional gas.
재래식 가스 같은

⇒ 다른 몫은 석탄에서 재래식 가스와 같은 더 비싼 연료로의 이동에 투자될 것이다.

혼공TIP will be invested라는 동사 부분을 정확하게 해석해야 하는 문장이야. will이라는 조동사와 be invested 라는 수동태가 만났어. 미래와 수동태의 의미를 합쳐주면 되는 거지. 그러면 해석은 '투자될 것이다' 이렇게 해야겠지. 수동태는 결국 동사의 양념이야. 기본 동사인 invest가 어떻게 변했는지 살펴 보고 그에 맞추어 정확하게 해석을 해 주면 돼.

4. He / was assigned / to a small school / in a poor rural county.
그는　　배정되었다　　작은 학교에　　가난한 시골 지방의

⇒ 그는 가난한 시골 지방에 있는 작은 학교에 배정되었다.

혼공TIP assign은 '배정하다'라는 다소 어려운 동사야. 수동태로 쓰여서 '배정되다'라는 의미를 나타내.

5. Something / had to be done / to solve the problem.

어떤 것이 행해져야만 했다 그 문제를 해결하기 위해

⇒ 그 문제를 해결하기 위해서 어떤 조치가 행해져야만 했다.

혼공TIP had to는 '~해야만 했다'라는 뜻이야. 수동태와 합쳐져서 '~해져야만 했다'라는 의미를 나타내.

6. The temperature / was maintained / at the same level, / but / the walls

온도는 유지되었다 같은 정도로 하지만 벽은

/ were painted / a warm coral.

색칠되었다 따뜻한 코랄색으로

⇒ 온도는 같은 정도로 유지되었지만 벽은 따뜻한 코랄색으로 칠해졌다.

혼공TIP 이 문장에서는 수동태가 두 번 쓰였네. 각각 '유지되다', '칠해지다'라는 의미를 전달하고 있어.

7. The names of pitches / are associated / with particular frequency values.

음 높이의 명칭은 연관이 있다 특정한 진동 값과

⇒ 음 높이의 명칭은 특정한 진동 값과 연관이 있다.

혼공TIP be associated with는 필수 숙어로 '~와 연관이 있다'라는 뜻이야. associate라는 동사는 '연관시키다'라는 의미를 가지고 있는데 능동태로도 사용하지만 수동태로도 참 많이 쓰여. A is associated with B라고 하면 'A는 B와 연관이 되어 있다' 정도로 해석하면 돼.

8. He / was considered / to be more successful / as an architect / than a painter.

그는 여겨졌다 더 성공했다고 건축가로서 화가보다

⇒ 그는 화가보다는 건축가로서 더 성공을 거두었다고 여겨졌다.

혼공TIP consider은 대표적인 5형식 동사야. 수동태로 정말 많이 쓰니까 위 문장의 형태를 꼭 익히자. 원래 문장에서는 consider 동사가 consider A to B로 쓰였을 거야. 이것이 수동태가 되면서 A is considered to B로 바뀌었어.

5 단계 쓰기 요리하기

p.59

1. is called 2. be based 3. is seen 4. must be used 5. be seen
6. be invested 7. had to be done 8. are associated with 9. was considered

1
단계 개념 요리하기   p.65

🍰 **디저트 퀴즈**

1. The Indian tribe left their land never ∨ return. 인디언 부족은 그들의 땅을 떠나서 돌아오지 않았다.

2. We are now looking for a bigger house ∨ live in. 우리는 지금 살 더 큰 집을 찾고 있는 중이다.

3. He woke up ∨ find himself lying on a park bench.

   그는 일어나서 그 자신이 공원 벤치에 누워 있는 것을 발견했다.

4. Our purpose is ∨ help the poor. 우리의 목적은 가난한 사람들을 돕는 것이다.

5. If you are ∨ succeed, you will have to work hard.

   만약 우리가 성공하고자 한다면, 너는 열심히 일해야 할 것이다.

2
단계 문법 요리하기   p.66

1.   These / do not need / to be elaborate setups.
     이것들이   필요는 없다   공들인 계획이 될
     (명사)적 용법

     혼공TIP to 부정사가 need 목적어로 쓰인 명사적 용법!
     Word elaborate 공들인   setup 계획

2.   Many Joshua trees / have been dug up / to be planted / in urban areas.
     많은 Joshua 나무가   뽑혔다   심어지기 위해서   도시 지역에
     (부사)적 용법

     혼공TIP 부사적 용법 중에서도 '결과'의 용법이야. 앞의 사건 다음에 to 부정사의 동작이 일어났다고 생각하면 돼. to
     부정사의 결과 용법은 '목적'으로 해석하면 어색한 때가 있어. 그런 때는 결과로 해석을 하면 돼. 위 문장은 사실
     목적으로도 결과로도 해석을 할 수 있을 것 같아, 그치?
     Word dig–dug–dug 파내다   plant 심다   urban 도시의

3.   You / would benefit more / by giving / your body / a chance to recover.
     당신은   더 많은 혜택을 얻을 것이다   제공함으로써   당신의 몸에   회복할 기회를

(형용사)적 용법

> **혼공TIP** to recover가 앞에 있는 명사인 chance를 꾸며주면서 '회복할 기회'라는 의미가 완성이 되는 거지. to 부정사의 3가지 용법은 처음에는 잘 구별이 안 될 수도 있어. 하지만 영문법 중수 이상이 되면 알아서 자연스럽게 구분이 되니까 너무 고민하지 말자.
> **Word** benefit 혜택을 얻다 recover 회복하다

4. Problems / occur / when we try too hard / <u>to control</u> or avoid / these feelings.
　　문제들이　　　발생한다　　　지나치게 노력할 때　　　　통제하거나 피하려고　　　이런 감정들을

(부사)적 용법

> **혼공TIP** 의미상 '통제하거나 피하려고' 즉, '~하기 위해서'로 되지? 부사적 용법의 목적이 된다는 것을 해석을 통해 잘 알 수 있어. 문장이 길어 보이지만 Problems occur.가 뼈대가 되는 1형식 문장이야. when부터 끝까지는 그냥 부사절이야. 간단하지?
> **Word** control 통제하다 avoid 피하다

5. Paderewski / did not know / where to turn for help.
　　Paderewski는　　　몰랐다　　　어디에 도움을 요청해야 할지

(명사)적 용법

> **혼공TIP** 의문사 다음에 to 부정사를 쓰면 명사적 용법이었지?
> **Word** turn for help 도움을 요청하다

6. Young people / often prefer / <u>to use</u> text messages / to communicate with their friends.
　　젊은이들은　　　보통 선호한다　　　문자 메시지 사용을　　　　그들의 친구와 소통하기 위해

(명사)적 용법

> **혼공TIP** prefer의 목적어로 쓰인 명사적 용법이야. 그리고 문장의 마지막에 to communicate는 to 부정사의 부사적 용법이야. 목적을 나타내고 있어. 이처럼 to 부정사는 문장에서 정말 많이 볼 수 있는 문법이야.

7. Later, / he returned to Milwaukee / <u>to work</u> as an inventory manager.
　　이후　　　그는 Milwaukee에 돌아와서　　　재고관리자로 일했다

(부사)적 용법

> **혼공TIP** to work는 문장에서 부사적 용법으로 쓰이고 있어. 문장의 주어, 목적어, 보어 등이 아니므로 명사적 용법이 아니고, 왼쪽에 있는 명사를 꾸며주는 형용사적 용법도 아니야. 그러니 부사적 용법일 수밖에 없는 거지. 구체적인 용법은 '결과' 정도로 해석하면 될 것 같아. 물론 목적도 가능해.
> **Word** inventory manager 재고관리자

8. We / have evolved / the capacity / <u>to care</u> for other people, animals and things.
　　우리는　　　발달시켜왔다　　　능력을　　　　다른 사람, 동물, 그리고 사물을 돌보는

(형용사)적 용법

> **혼공TIP** 명사 capacity를 to 부정사가 꾸며주고 있으니 형용사적 용법! 현재완료가 쓰인 동사 부분도 눈에 들어오지? evolve는 '발달시키다'라는 의미인데 과거에 발달을 멈춘 것이 아니고, 과거부터 현재까지 쭉 발달을 해 왔다는 느낌을 현재완료를 이용해서 전달하고 있어.
> **Word** capacity 능력 care for ~을 돌보다

1. A salesperson's aim / is to conclude / a sale / profitably.
판매원의 목표는　　　　끝내는 것이다　　판매를　　수익성 있게

⇒ 한 판매원의 목표는 수익성 있게 판매를 끝내는 것이다.

> 혼공TIP　to 부정사가 is의 보어 역할을 하고 있는 명사적 용법으로 쓰였어. 보어로 쓰인 to 부정사는 명사적 용법일 수도 있고 형용사적 용법일 수도 있어. 하지만 명사적 용법일 때는 주어와 보어가 같아. 위 문장에서 판매원의 목표가 보어의 내용이지? 그래서 명사적 용법이야.

2. People / naturally gravitate / to them / and want to follow them.
사람들은　　자연적으로 끌린다　　그들에게　　그리고 그들을 따르고 싶어 한다

⇒ 사람들은 자연히 그들에게 끌리고 그들을 따르고 싶어 한다.

> 혼공TIP　to 부정사가 want의 목적어 역할을 하고 있는 명사적 용법으로 쓰였어. 참고로 이 문장은 and를 기준으로 gravitate와 want라는 두 개의 동사가 쓰인 문장이야. gravitate는 자동사라서 뒤에 필요한 성분이 없고, want는 타동사라서 목적어가 필요해. 그 목적어로 to 부정사가 쓰인 거야.

3. They / have no ability / to estimate / how long a task will take.
그들은　　능력이 없다　　추정하는　　과제가 얼마나 걸릴지

⇒ 그들은 과제가 얼마나 걸릴 지를 추정할 수 있는 능력이 없다.

> 혼공TIP　명사 ability를 꾸며주는 형용사적 용법이야. 문장은 They have no ability에서 끝이 났어. 3형식 문장이지. 그런데 여기서 to 부정사가 명사 ability를 꾸며주면서 문장이 길어졌네.

4. Do you have / the emotional state of mind / to become a leader?
여러분은 갖고 있는가　　감정적 마음의 상태를　　지도자가 되려는

⇒ 여러분은 지도자가 되기 위한 감정적 마음의 상태를 갖고 있는가?

> 혼공TIP　to 부정사는 the emotional state of mind라는 명사 성분을 꾸며주고 있는 형용사적 용법이야.

5. Are you looking for / somewhere special / to go for the weekend?
찾고 있습니까　　특별한 어떤 곳을　　주말에 갈

⇒ 주말에 가볼 만한 특별한 어떤 곳을 찾고 계십니까?

> 혼공TIP　to 부정사가 형용사적 용법으로 쓰여서 somewhere special이라는 명사 성분을 꾸며주고 있어.

6. Sometimes / the best decision / is just to give up / and to move on.
때때로　　최상의 결정은　　그냥 포기하는 것이다　　그리고 다음으로 넘어가는 것

⇒ 때때로 최상의 결정은 그냥 포기하고 다음으로 넘어가는 것이다.

> 혼공TIP　여기서 to 부정사는 동사 is의 보어 역할을 하고 있는 명사적 용법이야. 주어인 최상의 결정의 내용이 to 부정사의 내용이야. 이런 경우 우리는 to 부정사를 명사적 용법으로 판단을 해. 그렇지 않다면 형용사적 용법을 의심해 봐야 해. 보어 자리에 들어간 to 부정사는 항상 유심히 보자. 명사적 용법일 수도 있고, 형용사적 용법일 수도 있으니까.

7. In the Middle Ages, / work / began to be seen / as the curse of the poor.
중세시대에　　노동은　　여겨지기 시작했다　　가난한 사람들에 대한 저주로

⇒ 중세 시대에 노동은 가난한 사람들에 대한 저주로 여겨지기 시작했다.

혼공TIP to 부정사는 동사 began의 목적어로 쓰이고 있는 명사적 용법이고 여기에 수동태를 더해 줬어. see A as B 라는 숙어는 'A를 B로 여기다' 정도로 해석하면 되는데, 노동이라는 것은 여기는 것이 아니라 '여겨지는' 수동의 의미이기 때문에 to 부정사를 수동태로 바꾸어서 멋진 표현을 했네. 이런 디테일한 것들을 알아 가는 것이 영어 문법 공부의 묘미이지.

8. He / needs / immediate feedback / to finish / the rest of the sequence successfully.
　　　그는　　필요하다　　　　즉각적인 피드백이　　　　마치기 위해서　　　　　　연속과정의 나머지를 성공적으로

⇒ 나머지 연속과정을 성공적으로 마치기 위해서 그에게는 즉각적인 피드백이 필요하다.

혼공TIP 목적을 나타내는 전형적인 to 부정사의 부사적 용법이야. He needs immediate feedback.에서 문장은 끝이 났어. 3형식 문장이지. 그리고 이하는 부사적 용법으로서 의미를 더해주고 있어.

4단계 수능 요리하기　　　　　　　　　　　　　　　　　　　p.68

1. For each person / there are thousands of opportunities, challenges /
　　　각 사람에게 있어서　　　　　　　　　수천 가지의 기회와 도전이 있다.

to expand ourselves.
자신을 발전시킬 수 있는

⇒ 각 사람에게 있어서 자신을 발전시킬 수 있는 수천 가지의 기회와 도전이 있다.

혼공TIP 문장에서 to 부정사의 정확한 용법을 파악하는 것이 가장 중요하지. 이 문장에서 to expand는 왼쪽의 명사들을 꾸며주고 있어. 기회와 도전의 의미를 보충하고 있는 거지. to 부정사가 왼쪽의 명사의 의미를 보충해 주며 '~할' 정도로 해석될 때는 형용사적 용법이라 생각하면 돼. 만약 그 해석이 어색할 때에는 부사적 용법으로 쓰인 거라고 생각하면 쉬워.

2. Later, / he emigrated / to the U.S. / and continued to make films.
　　　이후에　　그는 이주했다　　미국으로　　　　그리고 계속 영화를 만들었다

⇒ 이후에, 그는 미국으로 이주했고 계속 영화를 만들었다.

혼공TIP to 부정사가 continue의 목적어 역할을 하는 명사적 용법으로 쓰였어. continue는 목적어로 to 부정사와 동명사를 모두 쓸 수 있다는 것을 기억해!

3. In a businesslike fashion, / the two women / began figuring out / how to disengage.
　　　　현실적인 방식으로　　　　　두 여성은　　　　찾기 시작했다　　　벗어날 방법을

⇒ 현실적인 방식으로 그 두 여성은 벗어날 방법을 찾기 시작했다.

혼공TIP 의문사 how와 to 부정사가 함께 쓰였어. 이건 명사적 용법이지. figure out은 '~을 찾다, 이해하다'라는 뜻이야. 이 동사는 목적어를 필요로 하기 때문에 목적어로 to 부정사를 사용했어.

4. The only way / to overcome this problem / is to be more connected / to others.
　　　유일한 방법은　　　　이 문제를 극복하는　　　　　더 연결되는 것이다　　　　타인들과

⇒ 이 문제를 극복하는 유일한 방법은 타인들과 더 연결되는 것이다.

혼공TIP 이 문장에서 to 부정사는 명사 way를 꾸며주는 형용사적 용법으로 쓰였어. 이 문장의 동사는 is야. 어렵고

복잡해 보이는 문장일수록 동사를 찾으면 문장을 시원하게 해석할 수 있어. 이 문장은 결국 2형식 문장인 거야. 주어와 동사는 to 부정사를 이용해서 엄청 길지만 2형식 문장이니 I am a student.와 같은 구조의 문장이지.

5. I was full of great plans / to find success / in this unknown land.
     나는 굉장한 계획들로 가득했다   성공을 찾아낼   이 미지의 섬에서

⇒ 나는 이 미지의 섬에서 성공을 찾아낼 굉장한 계획들로 가득했다.

> **혼공TIP** to 부정사가 명사 plans를 꾸며주고 있는 형용사적 용법이야. 문장은 I was full of great plans에서 끝이 났고, 이어지는 성분들은 모두 앞의 명사를 꾸며주고 있어.

6. To prove / the existence of premonitory dreams, / scientific evidence
     증명하기 위해서   예고하는 꿈의 존재를   과학적인 증거가
/ must be obtained.
     확보되어야 한다

⇒ 예고하는 꿈의 존재를 증명하기 위해서, 과학적인 증거가 확보되어야 한다.

> **혼공TIP** 이 문장의 to 부정사는 목적을 나타내는 전형적인 부사적 용법이야. 문장이 to 부정사로 시작하면 명사적 용법 또는 부사적 용법으로 쓰였음을 생각할 수 있어. 이 문장은 뒤에 scientific evidence라는 진짜 주어가 등장하기 때문에 앞의 to 부정사는 부사적 용법으로 처리를 해야 해.

7. Experienced martial artists / use their experience / as a filter
     노련한 무술인들은   그들의 경험을 사용한다   여과기로
/ to separate the essential / from the irrelevant.
     필수적인 것을 구분하는   무관한 것으로부터

⇒ 노련한 무술인들은 그들의 경험을 필수적인 것과 무관한 것을 걸러내는 여과기로 사용한다.

> **혼공TIP** 명사 filter를 꾸며주는 형용사적 용법이야. 단어들이 좀 어렵지? 하지만 단어는 외우면 되는 거야. 더 중요한 것은 문장의 구조를 파악해서 정확히 해석하는 능력이지.

8. To say / that we need to curb / anger and our negative thoughts and emotions
     말하는 것은   우리가 억제할 필요가 있다고   분노와 부정적인 생각과 감정을
/ does not mean / that we should deny our feelings.
     의미하지 않는다   우리가 우리의 감정을 부정해야 함을

⇒ 우리가 분노와 우리의 부정적인 생각과 감정을 억제할 필요가 있다고 말하는 것은 우리의 감정을 부정해야 함을 의미하지는 않는다.

> **혼공TIP** to 부정사는 주어 역할을 하고 있는 명사적 용법으로 쓰였어. 주어가 굉장히 길지만 문장의 동사는 does not mean이야. to 부정사 주어는 단수 취급해. 이 정도 문장이 아직은 편하게 해석되지는 않을 거야. 하지만 꾸준히 노력하면 분명히 잘할 수 있어. 20일까지 힘을 내자!

5 단계 쓰기 요리하기

p.69

1. to conclude   **2.** to follow   **3.** to estimate   **4.** to become   **5.** to give up, to move on
6. to make films   **7.** to overcome, to be   **8.** To prove   **9.** To say

 # 08일차 - 동명사를 이용한 문장

 1 단계 **개념** 요리하기 p.73

🍰 **디저트 퀴즈**

1. **목적어** 나는 그를 계속 지켜본다.
2. **목적어** 그 극장은 그 사건을 개최하는 것을 연기했다.
3. **전치사의 목적어** 나는 너에게서 곧 소식을 듣기를 학수고대 하고 있다.
4. **목적어** 너는 내가 문을 여는 것을 싫어하니?
5. **보어** 나의 꿈은 전문 요리사가 되는 것이다.

2 단계 **문법** 요리하기 p.74

1. Avoid / judging your own value / by comparing yourself with others.
   피하라   당신 자신의 가치를 판단하는 것을   당신과 남을 비교하는 것에 의해

   혼공TIP avoid는 동명사를 공부했다면 반드시 기억해야 하는 동사야. 동명사만을 목적어로 취하는 대표적인 동사이지.
   그래서 정답은 동명사인 judging야. 이 문장은 by 다음에 comparing이라는 동명사가 전치사의 목적어로 또
   쓰였네. 이처럼 동명사는 문장 해석에 필수 중의 필수니까 꼭 기억하자.
   Word avoid 피하다   judge 판단하다   compare 비교하다

2. By sharing, / we / can get / opinions / and find solutions.
   공유함으로써   우리는   얻을 수 있다   의견을   그리고 해결책을 찾을 수 있다

   혼공TIP 전치사 다음에는 동명사 밖에 쓸 수 없어. 전치사의 목적어는 동명사만의 특징이니까.
   Word share 공유하다   solution 해결책

3. Socrates' rationality / was essential / to his being Socrates.
   소크라테스의 이성은   필수적인 것이다   그가 소크라테스로 존재하는 것에

   혼공TIP 전치사 to 다음에 동명사가 쓰인 문장이야. being이 동명사이고 그 앞에 있는 his는 동명사의 의미상의 주어야.
   동명사의 의미상의 주어는 목적격 또는 소유격으로 나타낼 수 있잖아. 여기서는 소유격으로 표현을 했네.
   Word rationality 이성   essential 필수적인

4. If you are afraid / of a work presentation, / trying to avoid your anxiety
만일 당신이 두려워한다면 　　　업무 프레젠테이션을 　　　불안을 피하려고 애쓰는 것이

/ will likely reduce / your confidence.
　감소시킬 수도 있다 　　 당신의 자신감을

혼공TIP try는 목적어로 to 부정사를 쓰면 '～하려고 애쓰다, 노력하다'라는 의미를 나타내. 동명사 trying은 주어로
쓰이고 있어. 문장의 동사는 will reduce이지. likely는 부사로 '아마도' 정도로 해석을 해 주면 돼.

Word work presentation 업무 발표 　likely 아마도 　reduce 줄이다 　confidence 자신감

5. She / had never enjoyed / reading law books.
그녀는 　　즐긴 적이 없다 　　　법률 서적 읽는 것을

혼공TIP enjoy는 목적어로 동명사만을 사용해. 동사 부분이 had never enjoyed네. 이제 시제가 눈에 들어오지?
과거완료 시제를 이용한 동사 부분이야. 근처에 과거 시제가 있을 것이라는 것을 짐작할 수 있어.

6. Some people / want to cut down the trees / for lumber.
어떤 사람들은 　　　그 나무들을 베기를 원한다 　　　목재용으로

혼공TIP 동사 want는 to 부정사를 목적어로 취하는 동사야. 그래서 우리가 want to의 형태로 주로 알고 있어. 이
문장은 동사 부분만 제대로 해석하면 lumber 정도의 단어 의미만 확인하면 특별히 어려운 부분이 없네.

7. I am looking forward / to hearing / from you soon.
나는 기대하고 있습니다 　　　듣기를 　　　당신으로부터

혼공TIP 「look forward to + 동명사」도 동명사 숙어야. '～하는 것을 기대하다'라는 의미를 가지고 있어. to 다음에
동명사를 써야 하는 숙어들은 해석에서도 중요하지만 문법 문제로도 자주 활용되니까 반드시 외워야 해. 통째로
익혀 버리자.

Word look forward to ～을 학수고대하다

8. Focusing too much on the goal / can prevent you / from achieving /
목표에 지나치게 집중하는 것은 　　　당신을 방해할 수 있다 　　성취하는 것으로부터

the thing you want.
당신이 원하는 것을

혼공TIP 동명사가 많이 쓰인 문장이네. from이라는 전치사 다음에는 동명사가 와야지. prevent A from B는 'A를 B
하는 것으로부터 막다'라는 의미야.

3 단계 해석 요리하기

p.75

1. The idea / of protecting / intellectual activity and creation / has / deep roots.
생각은 　　　보호한다는 　　　　지적 활동과 창작을 　　　가지고 있다 　깊은 뿌리를
⇒ 지적 활동과 창작을 보호한다는 생각은 깊은 뿌리를 가지고 있다.

혼공TIP 전치사 of 다음에 동명사가 쓰인 문장이야. 여기서는 idea의 내용이 뒤에 나오는 동명사의 내용이야. 문장의
동사는 has야. 간단한 3형식 문장인데 주어만 엄청 긴 문장이네.

2. They / became ready / to engage in the activity / of their own choosing.

    그들은   준비 되었다   활동에 참여할   그들이 직접 선택한

⇒ 그들은 자기가 직접 선택한 활동에 참여할 준비가 되었다.

> **혼공TIP** 전치사 of 다음에 동명사를 사용한 문장이야. their은 동명사의 의미상의 주어 역할을 하고 있어.

3. They / also earn additional income / by performing folk dances and fire walking.

    그들은   또한 추가적인 소득을 얻고 있다   민속춤과 불 속 걷기 공연으로부터

⇒ 그들은 또한 민속춤과 불 속 걷기 공연을 함으로써 추가적인 소득을 얻고 있다.

> **혼공TIP** 전치사 by 다음에 동명사가 쓰인 문장이야.

4. She / trembled / uncontrollably / for fear of being caught.

    그녀는   떨었다   통제 불가능할 정도로   잡히는 것에 대한 두려움 때문에

⇒ 그녀는 잡히는 것에 대한 두려움으로 인해 통제 불가능할 정도로 떨었다.

> **혼공TIP** 전치사 of 다음에 동명사가 쓰였고, 수동의 형태로 쓰였어. being caught는 '잡히는 것'이라는 의미를 나타내.

5. Angela / ended up becoming a drama teacher / at a high school.

    Angela는   결국 연극 교사가 되었다   한 고등학교의

⇒ Angela는 결국 한 고등학교의 연극 교사가 되었다.

> **혼공TIP** 「end up + 동명사」는 숙어야. '결국 ~로 끝이 나다'라는 의미를 가지고 있어.

6. Doing so / will ensure / more lasting success / in reaching one's goals.

    그렇게 하는 것은   보장할 것이다   더 지속적인 성공을   목표를 달성하는 것에서

⇒ 그렇게 하는 것은 목표를 달성하는 것에서 더 지속적인 성공을 보장할 것이다.

> **혼공TIP** 전치사 in 다음에 동명사가 쓰였어. 「in + 동명사」는 '~하는 데 있어'라는 의미를 나타내.

7. Planning / involves / only the half of your brain / that controls your logical thinking.

    계획은   관련시킨다   오직 너의 뇌의 절반만을   너의 논리적인 사고를 조절하는

⇒ 계획은 너의 논리적인 사고를 조절하는 너의 뇌의 절반만을 관련시킨다.

> **혼공TIP** 동명사가 주어 역할을 하고 있어. 동명사는 명사라서 주어, 목적어, 보어, 전치사의 목적어 역할을 할 수 있지? that 이하는 관계대명사절인데 이건 곧 본격적으로 배우니까 일단 앞의 명사를 꾸며주는 식으로 해석하고 넘어가자.

8. Historians / make sense / of the mess / by making meaning of it / and organizing it

    역사가들은   이해한다   어지러운 것들을   그것의 의미를 만듦으로써   그리고 그것을 정리함으로써

/ into some kind of discernible pattern.

    식별 가능한 어떤 형태로

⇒ 역사가들은 그것의 의미를 만들고, 그것을 식별 가능한 어떤 형태로 정리함으로써 혼란의 상태를 이해한다.

> **혼공TIP** 「by + 동명사」는 독해할 때 정말 자주 등장하는데 '~함으로써'라는 의미를 나타내. and를 기준으로 making과 organizing이 모두 by와 연결되어 있어. 이런 구조를 병렬구조라고 부른다는 것도 알아 두면 좋아.

1. Surrounding ourselves / with a wall of fear / is not the answer.
우리들 자신을 둘러싸는 것은　　　　두려움의 벽으로　　　　해답이 아니다

⇒ 우리들 자신을 두려움의 벽으로 둘러싸는 것은 해답이 아니다.

> 혼공TIP 동명사가 주어 역할을 하고 있어. 문장의 동사는 is야. 주어가 엄청 길지만 is 이하의 성분은 굉장히 간단하지? 2형식 문장이야.

2. Making amends / serves / to repair / damaged social relations.
보상하는 것은　　역할을 한다　회복시키는　　　손상된 사회적 관계를

⇒ 보상하는 것은 손상된 사회적 관계를 회복시키는 역할을 한다.

> 혼공TIP 동명사가 주어 역할을 하고 있네. 문장의 동사는 serve야. '역할을 한다'라는 의미를 가지고 있지. 「serve + to 부정사」의 형태로 주로 활용해.

3. Rather, / we spent / much time / in the social studies office /
오히려　　우리는 보냈다　　많은 시간을　　　사회 교과 교무실에서

complaining about a lack of time / and playing the blame game.
시간이 부족한 것에 대해서 불평하면서　　　그리고 서로 비난하고 책임 전가를 하면서

⇒ 오히려 우리는 사회 교과 교무실에서 시간이 부족한 것에 대해 불평하면서 그리고 서로 비난하고 책임 전가를 하면서 많은 시간을 보냈다.

> 혼공TIP 「spend + 시간 + Ving(~하는데 시간을 보내다)」라는 동명사 숙어가 사용된 문장이야. 동사 spend를 보면 자연스럽게 뒤에 동명사가 사용될 것이라고 짐작하면 좋아. 이 문장에서는 spend 다음에 much time이라는 시간이 있고, 뒤에 complaining이라는 동명사가 쓰였어. 문장을 크게크게 보는 연습을 하면 독해 속도가 더욱 빨라져.

4. Scientists / can lessen / bias / by running / as many trials as possible.
과학자들은　　줄일 수 있다　편견을　함으로써　　　가능한 한 많은 실험을

⇒ 과학자들은 가능한 한 많은 실험을 함으로써 편견을 줄일 수 있다.

> 혼공TIP 「by + 동명사」의 형태는 이제 정말 익숙하지?

5. Several years after / recovering from my illness, / I / started / skateboarding.
수년 후　　　　나의 병에서 회복한지　　　나는　시작했다　스케이트 보딩을

⇒ 나는 병에서 회복한지 수년 후에, 스케이트 보딩을 시작했다.

> 혼공TIP 전치사 after 다음에 동명사를 쓴 문장이야.

6. He / grew up / in a farming community, / so / living simply / was integral
그는　성장했다　　농촌 사회에서　　그래서　소박하게 사는 것이　절대적으로 중요했다

/ to his life philosophy.
그의 삶의 철학에서

⇒ 그는 농촌 사회의 대가족 속에서 성장해서, 소박하게 사는 것이 삶의 철학에서 절대적으로 중요했다.

> 혼공TIP so를 이용해서 두 문장이 모여 있어. 뒤 문장에서 living은 주어 역할을 하고 있지.

7. By likening / the eye to a camera, / elementary biology textbooks / help
비유함으로서　　　　　눈을 카메라에　　　　　　　　기초 생물학 교과서는　　　　　　　돕는다

/ to produce a misleading impression / of what perception entails.
　　　　잘못된 인상을 만들어 내는 것을　　　　　　지각이 수반하는 것에 대한

⇒ 눈을 카메라에 비유함으로써, 기초 생물학 교과서는 지각이 수반하는 것에 대한 잘못된 인상을 만들어
내는 것을 돕는다.

> 혼공TIP 「by + 동명사」를 이용해서 '~함으로써'라는 표현을 했어. 문장의 진짜 주어는 elementary biology
> textbooks야. 동사는 help인데 목적어로 to produce 이하가 쓰였어. help 동사를 오랜만에 만나네. help
> to produce도 가능하고, help produce처럼 to를 생략해도 괜찮은 것, 기억나지?

8. It's about giving yourself / the time, freedom, and money / to pursue your dreams.
그것은 너 자신에게 주는 것에 대한 것이다　　　　　　시간, 자유, 그리고 돈을　　　　　　너의 꿈을 추구하기 위한

⇒ 그것은 자신에게 꿈을 추구할 시간과 자유, 그리고 돈을 제공하는 것에 대한 것이다.

> 혼공TIP 전치사 about 다음에 동명사가 쓰였어. 짧은 문장이지만 to 부정사가 부사적 용법으로 쓰이고 있기도 하네.
> 또 give가 4형식 동사이기 때문에 뒤에 간접목적어인 yourself와 직접목적어인 the time, freedom, and
> money가 나오고 있어.

5 단계 쓰기 요리하기 p.77

1. protecting　　**2.** choosing　　**3.** performing　　**4.** being caught　　**5.** reaching
6. Surrounding　　**7.** running　　**8.** recovering　　**9.** likening　　**10.** giving

혼공 09일차 – 분사를 이용한 문장

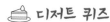

1 단계 **개념** 요리하기

p.81

🍰 **디저트 퀴즈**

1. coming
2. moving
3. following
4. Developed, developing

2 단계 **문법** 요리하기

p.82

1. A fish / fills / its bladder / with oxygen / collected from the surrounding water.
물고기는 채운다 그것의 부레를 산소로 주변 물에서 모은

> **혼공TIP** 산소와 동사 collect의 관계가 수동이기 때문에 과거분사를 사용했어. 산소는 모으는 것이 아니라 모아지는 것이지. 약간 어려운 단어들은 얼른 외우자.
>
> Word bladder 부레 collect 모으다 surrounding 주변의

2. They / interviewed / people / acknowledged as successful.
그들은 인터뷰했다 사람들을 성공한 것으로 인정받은

> **혼공TIP** acknowledge는 '인정하다'라는 뜻이야. 인정을 하는 것이 아니라 인정을 받았다는 의미이므로 과거분사를 사용했어. 과거분사 부분을 제외하면 문장 해석은 쉽지?
>
> Word acknowledge 인정하다

3. The addax / is a kind of antelope / found / in some areas / in the Sahara Desert.
addax는 영양의 일종이다 발견되는 일부 지역에서 사하라 사막의

> **혼공TIP** antelope는 find라는 동작을 당해서 '발견되기' 때문에 과거분사를 사용했어. 특히 과거분사는 동사의 과거형이랑 형태가 같은 경우가 있기 때문에 과거분사인 것을 파악해서 진짜 동사와 헷갈리지 않는 것이 중요해.
>
> Word antelope 영양

4. The fast pace / of today's lifestyle / has us piling one thing / on top of another.

빠른 속도가 　　　　오늘날 생활 방식의 　　　　우리로 하여금 하나를 쌓게한다 　　　　다른 것 위에

> 혼공TIP 「사역동사 + 목적어 + 목적격보어」에서 목적격보어로 '동사원형' 또는 p.p.가 온다고 배웠을 거야. 하지만 have
> 의 경우 아주 가끔 Ving형태가 오기도 하니 당황하지 마. I had it rolling. '나는 그것이 계속해서 굴러가게
> 했다.'와 같은 표현은 이미 모의고사 등에 나온 표현이야. 여기서 piling이 나온 것도 이해가 되지?

> Word pace 속도　lifestyle 생활방식　pile 쌓다　on top of ~의 위에

5. Don't leave / the reader / guessing / about Laura's beautiful hair.
　　　놔두지 마라　　　　독자를　　　　추측하도록　　　Laura의 아름다운 머리카락에 대해

> 혼공TIP 목적어인 reader가 guess라는 동작을 능동적으로 하기 때문에 현재분사를 사용! leave에 주목할 필요가
> 있는데 5형식 동사로 쓰여서 '목적어가 목적격보어하도록 내버려두다'라는 의미를 나타낼 수 있어. 위 문장이
> 전형적인 예야.

> Word leave 내버려두다

6. The soldiers / were lost and frightened, / but one of them / found a map
　　　군인들은　　　　　길을 잃고 겁을 먹었다　　　　하지만 그들 중 한 명이　　　지도를 발견했다

/ in his pocket.
　주머니에서

> 혼공TIP frightened는 감정을 나타내는 분사야. 사람이 감정을 직접 느낄 때는 과거분사를 사용해. 문법 문제로 정말
> 많이 활용되는 포인트인 것 알지?

> Word lose 잃어버리다　frighten 겁을 주다

7. Consider / an innocent question / asked years ago / by a son to his father.
　　　고려해보자　　　　순진한 질문을　　　　　　몇 년 전 질문된　　　한 소년에 의해서 그의 아버지에게

> 혼공TIP question은 동사 ask를 당하는 입장이야. 그래서 과거분사를 사용했어.
> Word consider 고려하다　innocent 순진무구한

8. He / wrote a letter / asking / his father / to punish him.
　　　그는　　　편지를 썼다　　　요청하는　　그의 아버지께　　　그를 벌해 달라고

> 혼공TIP letter는 사물이라서 과거분사랑만 어울린다고 생각할 수 있어. 하지만 사물도 현재분사와 쓰는 경우들이 많기
> 때문에 이런 경우들을 특별히 잘 기억해야 해.

> Word ask 요청하다　punish 처벌하다

3 단계　해석 요리하기　p.83

1. Canada / had / the second largest daily oil production / followed / by Mexico and Brazil.
　　　캐나다는　　가졌다　　　두 번째로 많은 일일 석유 생산량을　　　　따라오는　　멕시코와 브라질에 의해서

⇒ 캐나다는 두 번째로 많은 일일 석유 생산량을 가졌고, 멕시코와 브라질이 그 뒤를 따랐다.

> 혼공TIP 도표에서 많이 볼 수 있는 표현이야. A is followed by B 구문은 A가 더 많고, B가 그 다음이라는 의미야.
> 학생들이 정말 많이 헷갈려하는 표현이니까 이번 기회에 제대로 익히자. A가 1등, B가 2등일 때 사용할 수 있는
> 표현이야.

2. Each movements / evoked / an emotional response / having its roots
각각의 동향들은   불러 일으켰다   정서적 반응을   뿌리를 둔

/ in an earlier tradition.
이전의 전통에

⇒ 각각의 동향들은 이전의 전통에 뿌리를 둔 정서적 반응을 불러 일으켰다.

혼공TIP response는 과거분사랑 어울릴 것 같지만, '뿌리를 둔'이라는 의미로 현재분사를 사용했어. 사물이 현재분사의 수식을 받는 경우는 특별히 더 잘 기억해야 해. 왜냐면 사물은 수동적으로 과거분사의 수식을 받는 경우가 많거든. 여기서는 '반응(response)이 뿌리를 가지다[두다]'로 해석되잖아? 즉 반응이 어떤 것을 능동적으로 가지는 것이기 때문에 having으로 쓴 거야. 사물이라고 무조건 p.p.를 쓰지 말고 관계를 잘 보자.

3. He / significantly improved / Greek texts / and edited
그는   상당히 개선했다   그리스어로 된 원문을   그리고 편집했다

/ four plays written by Euripides.
Euripides가 쓴 희곡 4편을

⇒ 그는 그리스어로 된 원문을 상당히 개선했고, Euripides가 쓴 희곡 4편을 편집했다.

혼공TIP 희곡은 write라는 동작을 당하지. 작가가 희곡을 쓰는 것이고, 희곡 입장에서는 '쓰이는'거니까. 그래서 과거분사를 사용했어. written by가 관용적으로 많이 쓰이지.

4. These clothes / are effective / because there are two thermal processes
이런 옷들은   효과적이다   두 가지의 열처리 과정이 있기 때문에

/ happening at once.
동시에 일어나는

⇒ 이런 옷들은 동시에 두 가지의 열처리 과정이 일어나고 있기 때문에 효과적이다.

혼공TIP processes가 happening의 수식을 받고 있어. 사물이 현재분사와 함께 쓰이는 문장들은 정말 잘 기억해야 해. 이 문장은 These clothes are effective에서 문장이 끝이 나고, because 이하는 이유를 나타내고 있네.

5. Moreover, / people / often follow the rules / made in distant places / by people
게다가   사람들은   흔히 규칙을 따른다   멀리 떨어진 장소에서 만들어진   사람들에 의해

/ they will never meet.
그들이 절대 만나지 못할

⇒ 게다가 사람들은, 멀리 떨어진 장소에서 자신들이 결코 만나지 못할 사람들에 의해서 만들어진 규칙을 흔히 따른다.

혼공TIP 명사 rule이 made 이하의 수식을 받고 있어. 규칙은 만들어지는 것이기 때문에 수동 의미의 과거분사를 사용했어.

6. The primacy effect / was documented / in a famous study
초두 효과는   기록되었다   유명한 연구에

/ conducted by social psychologist Solomon Asch.
사회심리학자인 Solomon Asch에 의해 수행된

⇒ 초두 효과는 사회 심리학자인 Solomon Asch에 의해 수행된 유명한 연구에 기록되었다.

혼공TIP study는 conduct라는 동사를 당하지. 연구는 수행되니까 말이야. 그래서 과거분사를 사용했어.

7. Canada / was a dominant source / making up more than 80% / of U.S. immigrants.
캐나다는   우세한 출신지였다   80%를 넘게 차지하는   미국 이주민들의

⇒ 캐나다는 미국 이주민들의 80퍼센트를 넘게 차지하는 지배적인 출신지였다.

혼공TIP a dominant source를 making 이하가 수식하고 있어. 이렇게 사물이 현재분사와 함께 쓰이는 건 잘 봐 두라고 했지?

8. Tigers / leave / their protected areas / to hunt
　　호랑이들은　떠난다　　그들의 보호구역을　　사냥하기 위해

/ in the surrounding human-dominated landscape.
　　인근의 인간이 지배하는 지역 근처에서

⇒ 호랑이는 인간이 지배하는 인근의 지역에서 사냥하기 위해 자신들의 보호구역을 떠난다.

혼공TIP 보호되는 지역이라는 의미로 과거분사를 사용했어. 이 문장에는 to 부정사의 부사적 용법도 쓰였네.

4 단계　수능 요리하기　　　　　　　　　　p.84

1. Ideas / expressed imprecisely / may be more intellectually stimulating
　　개념은　　부정확하게 표현된　　　　지적으로 더 자극적일 수 있다

/ for listeners or readers / than simple facts.
　　청자나 독자에게　　　　단순한 사실보다

⇒ 부정확하게 표현된 개념은 단순한 사실보다 청자나 독자에게 더 지적으로 자극적일 수도 있다.

혼공TIP 과거분사 expressed가 앞에 위치한 명사 ideas를 꾸며주고 있어. 과거분사는 동사의 과거형과 형태가 똑같은 경우가 많기 때문에 특히 주의해야 해. 자칫 과거분사를 문장의 진짜 동사처럼 해석하면 해석이 완전히 꼬여버려. 과거분사를 정확하게 찾아서 앞의 명사를 수식해 줘야 정확한 문장의 해석을 할 수 있지. 이 문장의 진짜 동사는 may be 부분이야.

2. Her attention / was distracted / by a rough, noisy quarrel /
　　그녀의 집중력은　　산만해졌다　　거칠고 시끄러운 다툼에 의해

taking place at the ticket counter.
　　매표소에서 벌어지고 있는

⇒ 그녀는 매표소에서 벌어지고 있는 거칠고 시끄러운 다툼에 의해 주의가 산만해졌다.

혼공TIP 이 문장을 정확하게 해석하기 위해서는 taking ~은 현재분사이고 앞에 있는 명사 quarrel을 꾸며주고 있다는 것을 알아야 해. 다툼은 다툼인데, 매표소에서 벌어지고 있는 다툼이라는 거지.

3. 73 percent of Canadian voters / surveyed / denied / in the strongest possible terms
　　73퍼센트의 캐나다 유권자들은　　조사에 참여한　부인했다　　가능한 한 가장 강력한 말로

/ that their votes / had been influenced / by physical appearance.
　　그들의 투표가　　영향을 받았다는 것을　　신체적 외모로부터

⇒ 조사에 참여한 캐나다 유권자들 중 73퍼센트가 자신들의 투표가 신체적인 외모에 영향을 받았다는 것을 가능한 한 가장 강력한 말로 부인했다.

혼공TIP 깨알같이 과거분사가 들어가 있어. 유권자들은 조사가 되었기 때문에 과거분사 surveyed를 사용한 거야.

4. The actual exploration challenge / is the time / required to access, produce, and
　　실제 탐사의 어려운 문제는　　　　시간이다　　　석유에 접근, 생산, 배송에 요구되는

deliver oil / under extreme environmental conditions.
극한의 환경 조건에서

⇒ 시베리아에서 실제적인 탐사의 어려운 문제는 극한의 환경 조건 하에서 석유에 접근, 생산, 배송에 요구되는 시간이다.

혼공TIP 시간은 require이라는 동작을 수동적으로 당하지. 요구되는 거니까. 그래서 과거분사를 사용했어.

5. Seeds / recovered at archaeological sites / clearly show / that farmers selected
씨앗들   고고학적 현장에서 발굴된   명백하게 보여 준다   농부들이 선택했다는 것을
/ for larger seeds and thinner seed coats.
더 큰 씨앗과 더 얇은 껍질을

⇒ 고고학적 현장에서 발굴된 씨앗들은 농부들이 더 큰 씨앗과 더 얇은 껍질을 선택했다는 것을 명백히 보여준다.

혼공TIP 씨앗들은 recover이라는 동작을 당하지. 발굴되는 거니까. 그래서 과거분사를 사용!

6. For example, / most people in the United States / using US customary units
예를 들어   미국에 있는 대부분의 사람들은   미국의 관습적 단위를 사용하는
/ have resisted / adopting the metric system.
저항해왔다   미터법을 채택하는 것을

⇒ 예를 들어, 미국의 관습적 단위를 사용하는 미국의 대부분의 사람들은 미터법 채택에 저항해 왔다.

혼공TIP 사람들은 use라는 동작을 능동적으로 하기 때문에 현재분사를 사용했네.

7. Once again, / they / discussed / the company's expenses and dwindling revenue.
다시 한번   그들은   의논했다   회사의 지출과 줄어드는 수익을

⇒ 다시 한번 그들은 회사의 지출과 줄어드는 수익에 대해 의논했다.

혼공TIP dwindle은 좀 어려운 동사지? '줄어들다'라는 뜻이야. 수익이라는 명사가 현재분사랑 같이 쓰였어.

8. Rumors / published on the Internet / now / have a way
소문들은   인터넷에 발표된   이제   되는 수가 있다
/ of immediately becoming facts.
즉시 사실이 되는

⇒ 인터넷에 발표된 소문들은 이제 즉시 사실이 되는 수가 있다.

혼공TIP rumors라는 명사가 published라는 과거분사의 수식을 받고 있어. 이 문장을 얼핏 보면 published가 동사처럼 생겼어. 하지만 진짜 문장의 동사는 뒤에 나오는 have야.

5 단계 쓰기 요리하기

p.85

1. having 2. written 3. happening 4. made 5. conducted 6. taking place
7. surveyed 8. required 9. recovered

혼공 10일차 – 분사구문을 이용한 문장

1단계 개념 요리하기
p.89

디저트 퀴즈

1. Crossing 길을 건널 때, 양쪽 길을 살펴야 한다.
2. Seen 멀리서 보면, 그는 잘생겨 보인다.
3. Investing 그 프로젝트에 투자하면, 당신은 큰돈을 벌 것이다.
4. Knowing 그 도시에 대해 잘 몰라서, 우리는 가이드를 고용했다.
5. arriving 우리는 아침에 출발해서 서울에 정오에 도착했다.

2단계 문법 요리하기
p.90

1. If blocked by a dam, / the salmon life cycle / cannot be completed.
만약 댐으로 막히면 / 연어의 생활 주기는 / 완결될 수 없다

혼공TIP 분사구문에 접속사 if가 남아 있어. 당연히 조건의 의미를 나타내지.

Word salmon 연어 complete 완성하다

2. People / have changing values / depending on the situation.
사람들은 / 변하는 가치관을 가지고 있다 / 상황에 따라서

혼공TIP depending on은 관용적으로 사용하는 분사구문이야. '~에 따라'라는 뜻이야.

Word changing 바뀌는 value 가치관

3. She was smiling and nodding, / urging him on with her wide eyes.
그녀는 미소를 지으며 고개를 끄덕이고 있었다 / 그리고 동그랗게 뜬 눈으로 그를 재촉했다

혼공TIP 전형적인 분사구문을 이용한 문법 문제야. 주절의 주어는 She인데, 그녀는 urge(재촉하다)라는 동작을 능동적으로 하지, 재촉을 당하는 것이 아니야. 그래서 능동의 의미를 담은 urging이 정답이야. 분사구문은 '시유조양부'를 중심으로 적절하게 해석하는 것이 중요해. 여기서는 이어지는 동작, 또는 동시에 일어나는 동작 정도로 해석을 하면 될 것 같아. 그녀가 고개를 끄덕이면서 재촉을 했다는 거지. 적절한 해석! 이게 핵심이야.

Word nod 고개를 끄덕이다 urge 촉구하다, 충고하다

4. Disappointed, / he / went to Paderewski / and explained his difficulty.
실망한 채   그는   Paderewski에게 갔다   그리고 자신의 어려움을 설명했다

> **혼공TIP** being이 생략된 분사구문이야. being이나 having been은 생략할 수 있어. 그러다 보니 disappointed라는 형용사가 혼자 문장 앞에 쓰여서 어색해 보이는데, 알고 보면 어색하지 않아. 저런 식으로 형용사가 문장 제일 앞에 홀로 있다면 분사구문에서 being, having been이 생략된 것으로 생각하면 돼.
> **Word** explain 설명하다

5. When **thinking about the size of your family garden**, / be realistic.
여러분의 가족 정원의 크기에 대해 생각할 때는   현실적이 되어라

> **혼공TIP** 재밌는 문제야. 분사구문 앞에 접속사가 남아 있는 문장이야. 분사구문을 만들 때 원래 부사절의 접속사가 생략되는 경우가 많지만, 필자 또는 화자가 접속사의 의미를 분명히 밝히기 위해 이렇게 남기는 경우가 종종 있어. 이 문제를 풀기 위해서는 앞 뒤 문장을 읽고 의미를 파악해야 해. 이 문장의 경우는 시간을 나타내는 것이 적절해. 가족 정원의 크기에 대해서 생각할 때 현실적이 되라는 거지. 그래서 시간의 의미를 나타내는 접속사인 when이 정답이야. although는 양보의 의미를 나타내. 위 문장에는 의미상 적절하지 않지.
> **Word** realistic 현실적인

6. He / published five books, / including / the highly acclaimed memoir Stop-Time.
그는   다섯 권의 책을 출간했다   포함해서   고도로 칭찬을 받은 회고록 'Stop-Time'을

> **혼공TIP** including은 관용적으로도 참 많이 쓰는 표현이야. '~을 포함하여'라는 의미를 가지고 있어.
> **Word** including 포함하여   acclaimed 칭찬을 받는   memoir 회고록

7. So Egypt / established / a standard cubit, / called the Royal Cubit.
그래서 이집트는   제정하였다   표준 큐빗을   Royal Cubit이라고 불리는

> **혼공TIP** 표준 큐빗과 동사 call의 관계가 수동이기 때문에 과거분사를 사용해야 해.
> **Word** establish 제정하다   standard 표준의

8. Looking up, / the youth searched for / a glimpse of the finish line.
고개를 들어   젊은이는 찾아보았다   결승선이 (힐끗) 보이는 것을

> **혼공TIP** 분사구문을 이용한 문제야. 과거분사 또는 현재분사를 알맞게 찾아 주어야 해. 주절의 주어를 먼저 찾아야 하지? 주절의 주어는 the youth야. 젊은이가 look up(올려다 보다)이라는 동작을 능동적으로 하고 있어. 그래서 정답은 현재분사 Looking이야.
> **Word** search for 찾다   glimpse 잠깐 봄

3 단계 해석 요리하기   p.91

1. Assured, / Gabby / smiled and started / to deliver her speech.
자신감이 생긴   Gabby는   미소를 지으며 시작했다   연설을 하는 것을

⇒ 자신감이 생긴 Gabby는 미소를 지으며 연설하기 시작했다.

> **혼공TIP** being이 생략된 구문이야. 그래서 assured라는 형용사로 분사구문이 시작하는 거야.

2. She / traveled worldwide, / including to India and Turkey, / promoting peace.
그녀는　　　　전 세계를 여행했다　　　　　　인도와 터키를 포함하여　　　　　　　평화를 고취하면서

⇒ 그녀는 평화를 고취하며 인도와 터키를 포함한 전 세계를 여행했다.

혼공TIP promoting 이하는 부대상황의 의미를 가진 분사구문이야. 평화를 고취하면서 여행을 했다는 거지.

3. The lawyer was outraged, / assuming this to be an example,
그 변호사는 분개했다　　　　　　　이것을 한 예로 여기면서

/ of Latin American gender bias.
라틴아메리카의 성편견의

⇒ 그 변호사는 그것을 라틴아메리카의 성편견의 한 예로 생각하며 분개했다.

혼공TIP 변호사가 능동적으로 assume이라는 동작을 하기 때문에 현재분사를 사용했어.

4. Some / seemed excited, / walking like racing cars / between passersby.
몇몇은　　　흥분한 것처럼 보였다　　　경주용 자동차처럼 걸어가면서　　　행인들 사이를

⇒ 몇몇은 행인들 사이를 경주용 자동차처럼 걸어가면서 흥분한 듯이 보였다.

혼공TIP 몇몇의 사람들이 walk라는 동작을 능동적으로 하기 때문에 현재분사를 사용했네.

5. Talking and laughing / over coffee, / they / enjoyed / the fabulous spring day.
이야기하고 웃으면서　　　커피를 마시면서　　그들은　　즐겼다　　　그 멋진 봄날을

⇒ 커피를 마시면서 이야기하고 웃으면서 그들은 그 멋진 봄날을 즐겼다.

혼공TIP 분사구문의 부대상황으로 쓰이고 있어. 문장의 제일 처음에 분사가 오면 동명사랑 형태가 비슷한데, 조금만 들여다 보면, 동명사라면 주어로 쓰였을 것이고, 분사라면 분사구문일텐데 확연한 차이를 느낄 수 있어.

6. When done correctly, / reciprocity / is like getting the pump ready.
올바르게 행해지면　　　상호 관계는　　　펌프를 준비시키는 것과 같다

⇒ 올바르게 행해지면 상호 관계는 펌프를 (작동하도록) 준비시키는 것과 같다.

혼공TIP 접속사 when이 그대로 남았어. 의미를 분명히 하기 위해서 가끔 접속사를 지금처럼 그대로 두기도 해. 그리고 being이 생략되면서 p.p.꼴인 done이 나온 거지.

7. Surprised by this result, / he / extended / his research / to humans.
이 결과에 놀라서　　　그는　　　확대했다　　그의 연구를　　　인간에게

⇒ 이 결과에 놀라서 그는 자신의 연구를 인간에게 확대했다.

혼공TIP being이 생략된 분사구문이야. 주절의 주어인 he가 놀란 감정을 느끼고 있기 때문에 surprised를 사용했어.

8. At first, / the locusts / continue to be loners, / just feasting off
처음에는　　메뚜기들은　　　계속 혼자이다　　　그저 먹어 치우면서

/ the abundant food supply.
풍부한 식량 공급을

⇒ 처음에는 그 메뚜기들이 그저 풍부한 식량 공급량을 맘껏 먹어치우면서 계속 혼자 산다.

혼공TIP 메뚜기들은 먹어치우는 동작을 능동적으로 하기 때문에 현재분사를 이용한 분사구문을 사용했어.

1. As a young man, / he traveled around Europe, / observing plants
　　　　젊은 시절　　　　　　　그는 유럽을 여행했다　　　　식물을 관찰하고

/ and developing his artistic skills.
　　　미술 기법을 발전시키면서

⇒ 젊은 시절, 그는 식물들을 관찰하고 자신의 미술 기법을 발전시키면서 유럽을 여행했다.

> **혼공TIP** 부대상황의 의미를 가진 분사구문을 사용했어. 문장의 핵심은 he traveled around Europe으로 아주 간단해. 뒤에 분사구문이 길게 위치하고 있어서 문장이 길어진 것이지. 하지만 분사구문을 익히면 아주 쉽게 해석할 수 있는 문장이야.

2. Motivated by feelings of guilt, / they / are inclined / to make amends
　　　죄책감으로 자극받을 때　　　　　사람들은　　경향이 있다　　　　보상을 하려는

/ for their actions.
　　그들의 행동에 대해

⇒ 죄책감으로 인해 자극을 받을 때, 사람들은 자신의 행동에 대해 보상을 하려는 경향이 있다.

> **혼공TIP** being이 생략된 분사구문이야. 그래서 motivated라는 p.p.꼴이 분사구문의 제일 처음에 등장을 해.

3. When they "multitask," / they / switch back and forth, / alternating their attention
　　그들이 멀티태스킹을 할 때　　　그들은　　　왔다 갔다 하며 바뀐다　　주의 집중을 번갈아가면서

/ until both tasks are done.
　　두 개의 일이 모두 끝날 때까지

⇒ 그것들이 '멀티태스킹'을 할 때, 그것들은 두 개의 일이 모두 끝날 때까지 주의 집중을 번갈아 하면서 왔다 갔다 하며 바뀐다.

> **혼공TIP** 꽤 복잡한 문장이네. alternating 이하는 '~하면서'라는 의미를 가진 분사구문이야. 문장의 핵심은 they switch back and forth야. 앞에는 when으로 시작하는 부사절이, 뒤에는 분사구문이 붙으면서 문장이 길어졌어.

4. The identical claim, / expressed in two social contexts,
　　　동일한 주장은　　　　　두 개의 사회적 맥락으로 표현된

/ may have different qualifiers.
　　　다른 표현물을 가질 수 있다

⇒ 두 개의 사회적 맥락에서 표현된 동일한 내용의 주장이 서로 다른 표현물을 가질 수 있다.

> **혼공TIP** 분사구문은 콤마(,)를 이용해서 문장 사이에 삽입될 수도 있어. 분사구문은 부사 성분이기 때문에 문장의 어디에도 위치할 수 있지. 문장의 제일 앞, 또는 뒤에 주로 위치하지만 콤마를 이용해서 얼마든지 문장의 중간에도 들어갈 수 있다는 것을 기억하자.

5. The great climatic change / and continued evaporation,
　　　심한 기후 변화와　　　　　　　계속된 증발은

/ exceeding the inflow of fresh water, / reduced / the lake / to one-twentieth
　　　담수의 유입량을 초과하면서　　　　감소시켰다　　호수를　　　20분의 1로

/ of its former size.
　　그것의 이전 사이즈의

⇒ 심한 기후 변화와 담수의 유입량을 초과한 계속된 증발로 인해 호수의 크기가 이전의 20분의 1로 줄어들

었다.

> 혼공TIP 정말 복잡한 문장이야. 콤마와 콤마 사이에 exceeding으로 시작하는 분사구문이 삽입되었어. 이런 복잡해 보이는 문장을 정확하게 해석하려면 주어–동사를 제대로 찾아야지. 그 중에서도 동사를 찾아야 해. 문장의 동사는 reduced야. 그리고 주어는 The great climatic change and continued evaporation이고, 사이에 끼어 있는 분사구문만 잘 인식하면 문장의 구조가 훤히 눈에 들어오는 문장이야.

6. Free radicals / move / uncontrollably / through the body, / attacking cells,
활성 산소는　　돌아다닌다　　통제할 수 없게　　　　신체를　　　　세포를 공격하고

/ piercing their membranes / and corrupting their genetic code.
세포막을 뚫고　　　　　　　유전 암호를 변질시키면서

⇒ 활성 산소는 통제할 수 없을 정도로 신체를 돌아다니면서 세포를 공격하고, 세포막을 뚫고, 세포의 유전 암호를 변질시킨다.

> 혼공TIP 분사구문을 자연스럽게 해석하면, 앞선 동작들 이후의 동작들로 위 문장처럼 해석하는 경우도 많아. 분사구문의 해석은 기본적으로 '시유조양부'를 중심으로 하지만, 너무 '시유조양부'에 집착하기 보다는 문맥에 맞게 적절하게 해석하는 것이 중요해.

7. These fierce radicals, / built into life / as both protectors and avengers,
이런 사나운 활성 산소는　　생명체에 들어가 있는　　　보호자인 동시에 보복자로

/ are potent agents / of aging.
강력한 행위자이다　　노화의

⇒ 보호자인 동시에 보복자로 생명체의 일부가 되어 있는 이런 사나운 활성 산소는 노화의 강력한 행위자이다.

> 혼공TIP 동사처럼 생겼지만 built는 분사구문을 이끌고 있어. 이런 것을 잘 파악해야 제대로 문장을 해석할 수 있어. 과거분사인지 과거동사인지 구별하는 것은 정말 중요해. 이 문장의 동사는 are인 것, 이제 알겠지?

8. Meanwhile, / observing the seller carefully, / Paul sensed / something wrong
그 사이　　　판매자를 주의 깊게 살피면서　　Paul은 감지했다　　뭔가 잘못된 것을

/ in Bob's interpretation.
Bob의 통역에서

⇒ 그 사이, 판매자를 주의 깊게 살피던 Paul은 Bob의 통역에서 뭔가 잘못된 것을 감지했다.

> 혼공TIP observing the seller carefully는 전형적인 분사구문이야. 동명사처럼 생겼지만, Paul이라는 문장의 진짜 주어가 뒤에 나오기 때문에 이 녀석은 동명사가 아닌 분사구문의 역할을 해줘야 하는 거지. 이제 분사구문 해석에 자신이 좀 생겼어?

5 단계 쓰기 요리하기

p.93

1. promoting　**2.** assuming　**3.** walking　**4.** done　**5.** Surprised
6. observing　**7.** Motivated　**8.** expressed　**9.** attacking, piercing, corrupting

 11일차 – 명사절을 이용한 문장

1 단계 개념 요리하기
p.97

 디저트 퀴즈

1. I'm not sure <u>if she is Korean</u>.
2. They know <u>it's essential</u>.
3. Don't just say <u>you felt happy</u>.
4. Charlie knew <u>something was wrong</u>.
5. The kind teacher told her <u>that she was not stupid</u>.

2 단계 문법 요리하기
p.98

1. I was surprised / and asked / if she had ever done that.
   나는 놀랐다　　　그리고 물었다　　　그녀가 그것을 한 적이 있는지를

   혼공TIP 의미상 '~인지 아닌지'를 의미하는 if가 들어와야 해. that과 if는 문법적으로는 둘 다 접속사로서 똑같은데 의미상의 차이만 있어. 그래서 사실일 때는 that을, 의문시되거나 불확실한 내용에 대해서는 if를 사용해야 해.

2. We / store / images and music files, / on the assumption / that perhaps some day
   우리는 저장한다　　　이미지와 음악 파일들을　　　　가정 하에　　　　　아마도 언젠가

   / we might need them.
   우리가 그들을 필요로 할지도 모른다는

   혼공TIP assumption이라는 명사 뒤에 동격의 that이 쓰인 문장이야. 동격의 that은 독해에서 정말 많이 볼 수 있는데 주로 추상명사 다음에 동격이 올 것이라는 것을 알 수 있어. 위 문장에서 가정의 내용이 that 이하의 내용이야.
   Word store 저장하다　assumption 가정

3. He long argued / that this is a much neglected area / in the study of recent history.
   그는 오랫동안 주장했다　　　이것이 대단히 간과된 영역이라고　　　　최근 역사 연구에서

   혼공TIP 접속사 that이 이끄는 명사절이 argue의 목적어로 쓰이고 있는 문장이야. 가장 흔히 볼 수 있는 접속사 that의 쓰임이야. I know that, I believe that과 같은 느낌이지. that 이하의 내용을 주장했다는 의미!
   Word neglect 간과하다　recent 최근의

4. Researchers / measured / how many times / dogs / would give their paw
연구자들은　　　측정했다　　　얼마나 많이　　　개들이　　　발을 줄지

/ if they were not rewarded.
만약 보상이 없다면

> **혼공TIP** 의문사가 명사절을 이끌면서 measure의 목적어로 쓰이고 있어. 다양한 명사절들을 익혀야 해. 하나하나 외우기보다는 how부터 시작하는 큰 덩어리를 느끼는 것이 명사절 공부의 핵심이야.
>
> **Word** measure 측정하다　reward 보상하다

5. I / would like to ask / if you might consider / giving / an additional week
나는　　묻고 싶다　　　당신이 고려할 수 있는지　　　주는 것을　　　추가적인 일주일을

/ to consider your offer.
당신의 제안을 고려할

> **혼공TIP** 불확실한 내용에 대해서 말하고 있기 때문에 접속사 if를 사용해. ask, inquire처럼 '묻다'라는 의미를 가진 동사들은 당연히 if와 잘 어울릴 수밖에 없어. 이하의 내용이 의문시되는 내용이니까 말이야.
>
> **Word** additional 추가적인　offer 제안

6. Tracer argued that, / in fact, / not crawling / may be entirely normal.
Tracer는 주장했다　　　사실　　기지 않는 것이　　완전히 정상적인 것일 수 있다고

> **혼공TIP** 굉장히 좋은 문제야. 접속사 that과 접속사 if는 명사절을 이끄는 접속사라는 점에서는 문법적으로 동일해. 이 둘은 '의미'로 구별을 해야 돼. that은 '사실'에 대해서 이야기할 때 사용하고 if는 '불확실하거나 의문시되는 내용'에 대해서 이야기할 때 사용해. 이 문장에서는 뒤에 Tracer가 주장하는 '사실'이 이어져. 따라서 사실을 이끌어 줄 수 있는 that을 사용해야 해.
>
> **Word** argue 주장하다　crawl 기다　entirely 완전히

7. This finding / raises / the very interesting possibility / that dogs / may have
이런 발견은　　제기한다　　아주 흥미로운 가능성을　　　개들이　　가질 수도 있다

/ a basic sense of fairness.
공평에 대한 기초적인 개념을

> **혼공TIP** 동격의 that을 사용했어. that 이하의 내용은 possibility와 동격을 이루고 있지. '가능성'이라는 명사도 동격의 that과 정말 잘 어울리는 명사야. 어떤 가능성인지를 동격의 that 이하에서 자세하게 설명을 해주고 있어. 위 문장에서는 개들이 공평에 대한 기초적인 개념을 가질 수 있는 가능성을 이야기하고 있지.
>
> **Word** raise 제기하다　possibility 가능성　sense of fairness 공평성

8. There is no denying / that exceptional players / like Smith / can put points /
부정할 수 없다　　　　매우 뛰어난 선수가　　　Smith 같은　　점수를 올릴 것을

/ on the board.
기록판에

> **혼공TIP** there is no denying that은 that 이하의 사실에 대해서 부정할 수 없다는 표현이야.
>
> **Word** exceptional 뛰어난　put points on the board 득점하다

1. We / hope / you will help us / in this regard.
우리는 기대한다   당신이 우리를 도와줄 것을   이런 점에서

⇒ 우리는 당신이 이런 점에서 우리를 도와주기를 기대합니다.

> **혼공TIP** 목적어를 이끄는 접속사 that이 생략된 문장이야. 생략된 접속사 that을 잘 느껴야 문장을 제대로 끊어 읽을 수 있어. that 이하의 내용을 hope한다는 의미야.

2. The man / even asked / if he could do anything / to make my son more relaxed
그는   심지어 물었다   그가 해줄 것이 있는지   내 아들을 더 편하게 해 주려고

/ during the test.
시험 동안에

⇒ 그는 내 아들이 시험을 치르는 동안 더 편하게 해주려고 그가 해줄 것이 있는지 묻기까지 했다.

> **혼공TIP** 접속사 if에 주목하자. if는 불확실한 내용이 뒤에 이어져. 특히 명사절을 이끄는 if는 문장에서 목적어로 사용되는데 함께 쓰이는 동사들도 정해져 있는 편이야. wonder, ask 등 궁금하거나 물어보는 내용을 담고 있는 동사들과 주로 사용해. ask if 이렇게 통째로 구문에 익숙해 져도 좋아.

3. He / asked him / how much money / he needed.
그는   그에게 물었다   얼마나 많은 돈이   그에게 필요한지

⇒ 그는 그에게 얼마나 많은 돈이 필요한지를 물었다.

> **혼공TIP** 의문사 how가 이끄는 명사절이 직접목적어로 쓰이고 있어. 다양한 명사절에 익숙해지자.

4. Dad / also taught him / which kinds of bait / were suitable
아버지는   또한 그를 가르쳤다   어떤 종류의 미끼가   적합한지

/ for catching various kinds of fish.
다양한 종류의 물고기를 잡는데

⇒ 아버지는 또한 그에게 다양한 종류의 물고기를 잡는 데 어떤 미끼가 적합한지를 가르쳤다.

> **혼공TIP** 의문사 which가 직접목적어를 이끌고 있어. 문장 전체를 보면 teach가 동사야. 4형식 문장이지. 간접목적어는 him, 그리고 직접목적어로 which로 시작하는 명사절이 쓰였어.

5. This / comes from / how we experience / our own bodies.
이것은   기인한다   어떻게 우리가 경험하는가   우리의 신체를

⇒ 이것은 우리가 우리 자신의 신체를 어떻게 경험하는가에 기인한다.

> **혼공TIP** 의문사 how가 이끄는 명사절이 전치사의 목적어로 쓰이고 있어. 이처럼 명사절은 명사가 하는 모든 역할을 해. from 이하의 내용이 한 덩어리로 느껴져야 해.

6. Julia / asked / her / if there were any fun things / she would like to do.
Julia는   물었다 그녀에게   어떤 재밌는 일이 있는지   그녀가 하고 싶은

⇒ Julia는 그녀에게 그녀가 하고 싶은 어떤 재밌는 일이 있는지를 물었다.

> **혼공TIP** if가 이끄는 명사절이 동사 ask의 직접목적어로 쓰이고 있어. 이 때 ask는 4형식 동사야. 간접목적어인 her에게 if로 시작하는 직접목적어의 내용을 물었다는 의미야. 궁금한 내용을 이끄는 접속사 if랑 이제 많이 친해졌어?

7. She / was not sure / how long / she / could stay like that.
그녀는   확신이 없었다   얼마나 오랫동안   그녀가   그렇게 있을 수 있을지

⇒ 그녀는 얼마나 오랫동안 그녀가 그렇게 있을 수 있을지 확신이 없었다.

> **혼공TIP** 의문사 how가 명사절 역할을 하고 있어. sure과 명사절은 잘 어울리는 조합이야. 형용사 다음에 명사절이 바로 이어져서 의미적으로 잘 연결되는 경우가 많아. sure의 경우는 명사절의 내용을 확신한다는 거지.

8. Try to accept / your anxiety / as a signal / that you are probably nervous
받아들이도록 노력해라   당신의 불안을   신호로서   당신이 아마도 긴장하고 있다는

/ about public speaking.
사람들 앞에서 말하는 것에 대해

⇒ 너의 불안을 사람들 앞에서 말하는 것에 대해 당신도 아마 긴장하고 있다는 신호로 받아들이도록 노력해라.

> **혼공TIP** signal이라는 명사와 접속사 that 이하의 내용이 동격을 이루고 있어.

4단계 수능 요리하기   p.100

1. The speed / with which computers tackle multiple tasks / feeds the illusion
속도   컴퓨터가 다수의 일을 처리하는   착각을 일으킨다

/ that everything happens / at the same time.
모든 것이 일어난다는   동시에

⇒ 컴퓨터가 다수의 일을 처리하는 속도는 모든 것이 동시에 일어난다는 착각을 일으킨다.

> **혼공TIP** 명사 illusion과 that 이하의 내용이 동격을 이루고 있어. with which computers tackle multiple tasks 이 부분은 앞의 The speed를 수식해 주는 정도로 이해하고 넘어가자.

2. It seems / that most of us / know / how to fake it / to some extent.
그렇게 보인다   우리 대부분이   알고 있는 것처럼   어떻게 속이는지   어느 정도는

⇒ 우리 대부분은 어느 정도까지는 속이는 방법을 알고 있는 것처럼 보인다.

> **혼공TIP** It seems that 구문은 이 형태 그대로 관용적으로 자주 쓰여. '~처럼 보이다'라는 의미야.

3. She / believed / that human nature / is pretty much the same / the whole world over.
그녀는   믿었다   인간의 본성이   아주 많이 비슷할 거라고   세계 전역에서

⇒ 그녀는 인간의 본성이 세계 전역에서 아주 많이 비슷할 거라고 믿었다.

> **혼공TIP** 접속사 that이 동사 believe에 대한 목적어 역할을 하고 있어.

4. The fact / that the ground is wet / and there are mud puddles
사실은   땅이 젖어있고   진흙 웅덩이가 있다는

/ dotting the landscape / doesn't matter / to the dogs.
여기저기 흩어져 있는   문제가 되지 않는다   그 개들에겐

⇒ 땅이 젖어 있고 진흙 웅덩이가 여기저기 흩어져 있다는 사실은 그 개들에게 문제가 되질 않는다.

> **혼공TIP** 동격의 that이 쓰인 문장이야. 명사 fact와 that 이하의 내용이 동격을 이루고 있어.

5. Poe / dismisses / the argument / that any ideas are so deep or subtle
Poe는   일축한다   주장을   어떤 생각이라도 매우 깊고 미묘해서

/ that they're "beyond our words."
그것이 "말의 범위를 넘어선다"는

⇒ Poe는 어떤 생각이라도 매우 심오하고 미묘해서 그것들은 "말의 범위를 넘어선다."는 주장을 일축한다.

혼공TIP 동격의 that이 쓰인 문장이야. 명사 argument와 that 이하의 내용이 동격을 이루고 있어.

6. Psychologist Solomon Asch / wanted to discover / whether people's tendency
심리학자 Solomon Asch는   알고 싶었다   사람들의 성향이

/ to agree with their peers / was stronger / than their tendency
동료들에게 동의하려는   더 강한지를   그들의 경향보다

/ toward independent thought.
독립적인 사고에 대한

⇒ 심리학자 Solomon Asch는 사람들이 독립적인 사고에 대한 성향보다 동료들에게 동의하려는 성향이 더 강한지를 알고 싶었다.

혼공TIP whether가 이끄는 명사절이 discover의 목적어 역할을 하고 있는 문장이야. 문장의 핵심은 한 심리학자가 whether 이하의 내용을 알고 싶다는 거지.

7. The tension / is due to physical contact, / the lack of control, / and the fear
그러한 긴장감은   신체적 접촉 때문이다   억제력의 부족   그리고 두려움

/ of whether it will tickle or hurt.
그것이 간질거리는지 아픈지에 대한

⇒ 그러한 긴장감은 신체적 접촉, 억제력의 부족, 그리고 그것이 간질거리게 하는 것인지 아픔을 느끼게 하는 것인지에 대한 두려움 등 때문에 나오는 것이다.

혼공TIP 접속사 whether가 이끄는 명사절이 of에 대한 전치사의 목적어로 쓰여서 fear과 동격을 이루고 있어. 쉽게 말하면 fear의 내용이 whether 이하의 내용이야.

8. Some consequences of this unconscious assumption /
이러한 무의식적인 가정의 일부 결과가

that "good-looking equals good" / scare me.
"잘생긴 것이 좋은 것이다"라는   나를 두렵게 한다

⇒ "잘생긴 것이 좋은 것이다."라는 이러한 무의식적인 가정의 일부 결과가 나를 두렵게 한다.

혼공TIP assumption이라는 명사는 '가정'이라는 뜻이야. 뒤에 어떤 가정인지 의미를 표현해 줄 수 있겠지. 이 때 동격의 that을 사용해. 이 문장의 동사는 굉장히 뒤에 있어. scare이 이 문장의 동사야. 주어가 굉장히 긴 문장인 거지. 주어 부분에 있는 동격의 that을 정확하게 파악하고 동사를 찾아서 해석하면 되는 문장이었어.

5 단계 쓰기 요리하기

p.101

1. if   **2.** how much money   **3.** which kinds of, were suitable   **4.** how we experience
5. if there were   **6.** that everything happens   **7.** that   **8.** argument that   **9.** whether it will

1단계 **개념** 요리하기

p.105

🍰 디저트 퀴즈

1. 소유격 나는 페이지가 찢어진 책을 들었다.

2. 주격 그는 내가 알기에 영어를 전혀 읽을 수 없는 유일한 소년이다.

3. 목적격 이 책은 내가 원하는 것이다.

4. 주격 나는 그것을 내 동생이랑 의논했는데 그는 변호사이다.

5. 주격 나는 그 영어 선생님을 좋아하는데 그 분은 학생들 사이에서 아주 인기가 많으시다.

2단계 **문법** 요리하기

p.106

1. Success / wasn't something / that had just happened to them / due to luck.
　　　성공은　　　어떤 것이 아니었다　　　그들에게 그저 발생한　　　운 때문에

> **혼공TIP** 선행사가 something이기 때문에 관계대명사 that을 사용했어. 기본 문장은 정말 간단하고 that 이하의 관계대명사절만 잘 해석하면 되는 문장이야.
>
> Word due to ~ 때문에

2. Among the three platforms / whose usage increased / between the two years,
　　　세 가지 플랫폼 중　　　사용이 증가한　　　2년 사이에

/ cell phones / showed / the smallest increase.
　휴대전화는　　보였다　　가장 작은 증가를

> **혼공TIP** 소유격 관계대명사는 that으로 바꾸어 쓸 수 없어. 소유격 관계대명사를 잘 해석하고 나면 쉽게 해석할 수 있는 문장이네. among은 '~중에서'라는 의미이지.
>
> Word platform 플랫폼　usage 사용

3. They / lay between 100 and 300 eggs / which have very thick shells.
　　그것들은　　100개에서 300개의 알을 낳는다　　껍데기가 매우 두꺼운

> **혼공TIP** 정답은 which야. which 다음에는 불완전한 문장이 오고, where 다음에는 완전한 문장이 와. 지금 뒤 문장인 have very thick shells는 주어가 없는 불완전한 문장이야. 그래서 관계대명사 which를 사용해야 해.
>
> Word lay 알을 낳다　shell 껍데기

4. The first thing / that she decided to do / was to help Angela increase
첫 번째 일은　　　그녀가 하기로 결심한　　　　Angela가 늘리는 것을 돕는 것이었다

/ the fun in her life.
그녀의 삶에서 재미를

> **혼공TIP** 선행사가 사물이므로 that을 사용해야지. 목적격 관계대명사야. 주어를 수식하는 관계대명사절이 있는 경우 문장의 구조를 잘 파악해야 해. 이 문장의 주어는 the first thing, 동사는 was야. to help 이하는 was에 대한 보어로 쓰이고 있어.
>
> **Word** increase 증가시키다

5. Linda, / who sat next to her, / passed the sheet / without signing it.
Linda는　 그녀는 그녀의 옆에 앉아 있었는데　 종이를 넘겼다　　 사인을 하지 않고

> **혼공TIP** 관계대명사의 계속적 용법을 사용해서 Linda에 대해서 추가 설명을 하고 있어. 문장의 사이에 관계대명사절이 끼어 있어. 진짜 주어와 동사를 잘 찾아서 해석하는 것이 핵심이야.
>
> **Word** hand 건네주다　sheet 종이

6. He / projected / the colors / back into the prism, / which resulted / in pure white light.
그는　 투사시켰다　 색깔들을　　 프리즘에 다시　　 그리고 그것은 발생시켰다　 순수한 백색광을

> **혼공TIP** 위 문장에서 which는 앞 문장의 내용 전체를 가리켜. 계속적 용법으로 쓰이는 which는 특별했던 것 기억나지? 앞 문장의 내용 일부, 또는 전체까지 가리킬 수 있어. 적절하게 해석하는 것이 핵심이야.
>
> **Word** project 투사하다　prism 프리즘　result in 발생시키다　pure 순수한

7. The bat / is just an instrument / that helps send the ball / on its way.
배트는　　 단지 도구이다　　　 공을 보내도록 도와주는　 제 방향으로

> **혼공TIP** 관계대명사 what의 특징은 선행사가 없다는 거야. 위 문장은 관계대명사 자리 앞에 instrument라는 선행사가 있어. 그래서 what은 사용할 수 없는 거지. 정답은 관계대명사 that이야. 뒤 문장을 보면 helps에 대한 주어가 없는 불완전한 문장이지? 그래서 완벽한 관계대명사 자리인 것이지.
>
> **Word** instrument 도구

8. They / are among the sharks / which are not considered / as a threat to humans.
그들은　　 상어들 중의 하나이다　　　 여겨지지 않는　　　 인간에게 위협으로

> **혼공TIP** 동물도 사물로 취급을 해. 그래서 which를 사용! which 이하에 are not considered라는 수동태가 쓰였는데 잘 해석할 수 있지? '여겨지지 않는'이라는 의미로 해석하면 돼.
>
> **Word** consider 여기다　threat 위협

3 단계 해석 요리하기

p.107

1. Money / is something / (that) you will have to deal with / for the rest of your life.
돈은　　 어떤 것이다　　　 네가 처리해야 할　　　 네 여생 동안

⇒ 돈은 여러분이 평생 동안 처리해 나가야 할 어떤 것이다.

> **혼공TIP** 목적격 관계대명사 that이 생략된 문장이야. that 이하에 deal with 다음에 명사가 없어. 이 자리에 있던 명사가 관계대명사 that으로 변하면서 앞으로 나온 문장이야.

2. We / save / different versions of the documents / (that) we are working on
우리는　저장한다　　　다양한 형태의 문서를　　　　　　　　　우리가 작업 중인

/ to our hard disks.
하드 디스크에

⇒ 우리는 작업 중인 다양한 형태의 문서를 하드 디스크에 저장한다.

> **혼공TIP** 목적격 관계대명사 that이 생략된 문장이야. 생략된 자리를 잘 파악해야 문장을 정확히 해석할 수 있어. 관계대명사 that 이하 문장을 보면 on 다음에 명사가 없지. 그 자리가 전치사의 목적어 자리야. 따라서 목적격 관계대명사를 써 줘야 해.

3. He / teaches / first graders, / which means / he lives in a world
그는　가르친다　　1학년을　　　그리고 그것은 의미한다　그가 세계에서 살고 있다는 것을

/ of riddles, birthday cakes, and pointless stories.
수수께끼, 생일 케이크, 무의미한 이야기들의

⇒ 그는 1학년을 가르치는데, 그것은 그가 수수께끼, 생일 케이크, 그리고 무의미한 이야기들의 세계에 살고 있다는 것을 의미한다.

> **혼공TIP** 위 문장에서 계속적 용법으로 쓴 which는 앞 문장 전체의 내용을 가리켜. 그가 1학년을 가르친다는 사실 전체를 which가 받아 주고 있어.

4. The reader / is the writer's "customer" and one / whose business or approval
독자는　　　　　　작가들의 고객이고 어떤 사람이다　　　그의 관심사와 인정이

/ is one we need to seek.
우리가 추구해야 할

⇒ 독자는 필자의 '고객'이며 그 고객의 관심사나 인정은 우리가 추구해야 할 것이다.

> **혼공TIP** 소유격 관계대명사 이하가 one이라는 선행사를 꾸며주고 있어. 문장의 뒤를 보면 생략된 목적격 관계대명사가 있어. one (that) we need to seek.에서 관계대명사 that이 생략되었지.

5. We / can simply state / our beliefs, / or / we / can tell stories / that illustrate them.
우리는　간단히 진술할 수 있다　우리의 믿음을　또는 우리는　이야기를 할 수 있다　　그것들을 묘사하는

⇒ 우리는 우리의 믿음을 간단하게 진술하거나 또는 그것들을 묘사하는 이야기를 할 수도 있다.

> **혼공TIP** 주격 관계대명사 that이 stories를 꾸며주고 있어. 이 문장은 or을 기준으로 두 문장을 합친 문장이야. 두 개의 문장으로 나누어서 해석을 해 주면 돼. 각각의 문장은 어렵지 않아.

6. For example, / shyness / is a trait / that seems to be partially hereditary.
예를 들어　　수줍음은　　특성이다　　　부분적으로 유전인 것처럼 보이는

⇒ 예를 들어, 수줍음은 부분적으로 유전적인 것처럼 보이는 특성이다.

> **혼공TIP** 주격 관계대명사 that이 trait를 꾸며주고 있는 것을 파악하면 전체 문장은 간단한 2형식 문장이야.

7. You / learn / to hear the quiet messages / that can make / your life / an adventure.
너는　배운다　　조용한 메시지를 듣는 것을　　　만들 수 있는　　너의 삶을　　모험으로

⇒ 삶을 모험으로 만들 수 있는 조용한 메시지를 듣는 것을 배우게 된다.

> **혼공TIP** 주격 관계대명사 that이 쓰였네. that 이하에 5형식 문장이 쓰였다는 것도 주목해야 해. 오랜만에 5형식 문장을

보지? 목적어는 your life, 목적격보어는 an adventure가 쓰였어.

8. In the medium itself, / there is nothing / that carries a clue / to the message.
그 매개물 자체에는   아무것도 없다   단서를 전달해 주는   메시지에 대한

⇒ 그 매개물 자체에는 메시지에 대한 단서를 전달해 주는 것이 전혀 없다.

> **혼공TIP** 주격 관계대명사 that이 nothing을 꾸며주는 문장이야. 문장의 핵심은 정말 간단해. there is nothing 이게
> 전부야. 아주 간단한 1형식 문장인데 nothing이 관계대명사절의 수식을 받으면서 문장이 길어졌지.

4 단계 수능 요리하기

p.108

1. The people / who are most different from us / probably have the most / to teach us.
그 사람들이   우리와 가장 다른   아마 가장 많이 가지고 있다   우리에게 가르칠 것을

⇒ 우리와 가장 다른 사람들이 아마도 우리에게 가르칠 것이 가장 많을 것이다.

> **혼공TIP** 주격 관계대명사 who가 the people을 수식하고 있네. 문장의 동사는 have야.

2. The answer / should be multi, / which means 'more than one.'
답은   multi일 것이다   그것은 '하나 이상'을 의미한다

⇒ 답은 '하나 이상'을 의미하는 multi일 것이다.

> **혼공TIP** 계속적 용법 which는 multi에 대해서 추가 설명을 하고 있어. 멀티의 의미를 which 이하에 풀어서 설명하고
> 있네. 계속적 용법은 하던 말을 이어서 보충 설명을 하고 싶을 때 편하게 쓸 수 있는 개념이야.

3. People / who follow this practice / tend to lose their individuality / and begin to live
사람들은   이러한 관행을 따르는   자신들의 개성을 잃어버리는 경향이 있다   살기 시작하는

/ with the notion / that they are recognized by the job they do.
개념을 가지고   자신들이 하는 일에 의해 인식된다는

⇒ 이러한 관행을 따르는 사람들은 자신들의 개성을 잃어버리고 자신들이 하는 일에 의해 인식된다는 개념
을 가지고 살기 시작하는 경향이 있다.

> **혼공TIP** 이 문장을 정확하게 해석하기 위해서는 일단 관계대명사 who를 정확하게 해석해야 해. who follow this
> practice가 주어 people을 꾸며주고 있지. 진짜 동사는 tend야. 그리고 또 하나! notion 다음에 있는 that
> 은 동격의 that이야. 뒤의 문장은 notion이 어떤 개념인지를 설명해 주고 있어.

4. The number of unsuccessful people / who come from successful parents / is proof
성공하지 못한 사람들의 수는   성공한 부모로부터 태어난   증거이다

/ that genes have nothing to do with success.
유전자가 성공과 관련이 없다는

⇒ 성공한 부모로부터 태어나는 성공하지 못한 사람들의 숫자는 유전자가 성공과 관련이 없다는 증거이다.

> **혼공TIP** 주격 관계대명사 who가 people을 수식하고 있어. 문장의 동사는 is야. 진짜 주어와 동사를 찾으면 기본적인
> 문장의 구조를 파악할 수 있어. 그리고 proof 다음에 있는 that은 동격의 that이야. 증거의 내용을 that
> 이하에서 설명해 주고 있어.

5. It / is because pollution was not recognized / as a problem
그것은　　　　오염이 인식되지 않았기 때문이다　　　　　문제로

/ which engineers had to consider / in their designs.
　　공학자들이 고려했어야만 했다　　　　그들의 설계에서

⇒ 그것은 공학자들이 설계할 때 오염이 고려했어야 했던 문제로서 인식되지 않았기 때문이다.

> **혼공TIP** 목적격 관계대명사 which가 problem을 꾸며주고 있는 문장이야. which 이하의 문장은 원래 engineers had to consider a problem in their designs이었겠지?

6. Likewise, / the person / will tend to hold in esteem / those / whose conduct shows
마찬가지로　　그 사람은　　존경하는 경향이 있을 것이다　　사람들을　　보여주는 행동을 하는

/ an abundance of the motivation / required by the principle.
　　동기의 풍부함을　　　　　　　원칙에 의해 요구되는

⇒ 마찬가지로, 그 사람은 그 원칙이 요구하는 동기가 풍부함을 보여주는 행동을 하는 사람을 존경하는 경향이 있을 것이다.

> **혼공TIP** 굉장히 복잡한 문장이지만, 소유격 관계대명사 whose 이하는 those를 꾸며주고 있어. required by the principle은 과거분사를 이용한 구문으로서 앞의 명사를 수식하고 있어. 결국 이 장황한 내용도 '원칙적인 사람을 좋아한다'라고 요약할 수 있어.

7. Biologists / who study whale behavior / generally have to be content
생물학자들은　　고래의 행동을 연구하는　　　　보통 만족해야한다

/ with hanging around in boats, / waiting for their subjects to surface.
　보트 안에서 거니는 것으로　　　　그들의 관찰 대상이 수면에 드러나기를 기다리면서

⇒ 고래의 행동을 연구하는 생물학자들은 그들의 관찰 대상이 수면으로 올라오는 것을 기다리면서 보트 안에서 거니는 것에 보통 만족해야만 한다.

> **혼공TIP** 주격 관계대명사 who가 biologists를 꾸며주고 있어. 문장의 진짜 동사는 have to be content야. waiting for their subjects to surface는 분사구문으로서 문장의 마지막에 의미를 더해주는 역할을 하고 있어.

8. Standard English / allows access / to certain educational and economic opportunities,
표준영어는　　　　접근을 허락한다　　　어떤 교육적이고 경제적인 기회로의

/ which is the primary reason for teaching it.
　그리고 그것이 표준영어를 가르치는 주된 이유이다

⇒ 표준영어는 어떤 교육적이고 경제적인 기회에 접근할 수 있게 해 주는데, 그것이 표준영어를 가르치는 주된 이유이다.

> **혼공TIP** which 앞의 내용 전체를 관계대명사의 계속적 용법으로 쓰인 which가 가리키고 있어. 위 문장에서 allow는 3형식으로 쓰였네. '접근'이라는 목적어를 허용한다는 거지. allow가 나왔다고 뒤에 to를 바로 to 부정사로 생각하면 안 되는 거 알지? 여기서 to는 '~에'라는 전치사인거야.

5단계 쓰기 요리하기　　p.109

1. whose　　2. that illustrate　　3. that can make　　4. nothing that carries
5. who are　　6. which means　　7. who, genes　　8. which, consider

13일차 – 관계대명사를 이용한 문장 2

1 단계   개념 요리하기   p.113

🍰 **디저트 퀴즈**

1. what most people do
2. what was happening
3. that's not what happened
4. What is new
5. what makes us

2 단계   문법 요리하기   p.114

1.   The emotion itself / is tied / to the situation / in which it originates.
    그 감정 자체는   연결되어있다   상황에   그것이 발생하는

> **혼공TIP** 선행사 situation이 있고 뒤 문장은 완전해서 「전치사 + 관계대명사」 자리야. 뒤 문장은 원래 it originates in the situation이었어. 여기서 in the situation이 in which가 되면서 문장의 앞으로 나간 거야.
> **Word** tie 묶다, 연결 짓다   originate 발생하다

2.   Korowai families / have their own gardens nearby, / in which they cultivate
    Korowai족 가족들은   가까이에 그들의 뜰을 가지고 있다   그곳에서 그들은 재배한다

/ sweet potatoes and vegetables.
    고구마와 채소를

> **혼공TIP** 콤마가 있는 계속적 용법을 사용한 문장이야. 뒤 문장이 완전하기 때문에 which는 사용할 수 없어.
> **Word** nearby 가까이에   cultivate 재배하다

3.   After more thought, / he / made / what many considered / an unbelievable decision.
    더 많이 생각한 후에   그는   내렸다   많은 사람들이 여기는   믿을 수 없는 결정이라고

> **혼공TIP** 선행사가 없고 뒤 문장은 목적어가 없어서 불완전해. 관계대명사 what 자리야. 뒤 문장에서 consider이 5형식 동사이기 때문에 목적어 자리가 비었어. 목적어가 없으니 불완전하다고 말할 수 있어.
> **Word** thought 생각   consider 여기다   unbelievable 믿을 수 없는   decision 결정

4. A home / provides / a canvas / on which we can illustrate / who we are.
　　　집은　　　　제공한다　　　캔버스를　　　　우리가 묘사할 수 있는　　　우리가 어떤 사람들인지

> [혼공TIP] 선행사 canvas가 있고 뒤 문장은 전치사로 끝이 나서 불완전해서 관계대명사 which 자리야. 원래의 뒤 문장은 we can illustrate who we are on a canvas였어. 여기서 on canvas가 on which가 되면서 문장 앞으로 나간 거지.
>
> [Word] illustrate 묘사하다

5. What most beginning investors don't understand / is /
　　　　　대부분의 초보 투자자들이 이해하지 못하는 것은　　　　　　　～이다

that investing in the stockmarket / is a risk.
　　　　주식 시장에 투자하는 것에는　　　위험성이 있다는 것이다

> [혼공TIP] 관계대명사 what이 주어를 이끌고 있어. 해석은 '～하는 것'이야. 문장의 동사는 is이고, 접속사 that 이하는 문장에서 보어로 쓰이고 있네. 다양한 문법들이 하나의 문장에 쓰이고 있어.
>
> [Word] invest 투자하다　stockmarket 주식 시장　risk 위험

6. You / can just imagine / what he must have looked like / in the street!
　　　너는　　　상상할 수 있다　　　그가 분명히 어떤 모습이었겠는지　　　거리에서

> [혼공TIP] 관계대명사 what 자리는 두 가지 조건을 충족해야 해. 선행사가 없어야 하고, 뒤 문장이 불완전해야 해. 그래서 위 문장은 관계대명사 what 자리의 두 가지 조건을 모두 충족해! what이 이끄는 절이 문장 전체적으로 보면 imagine에 대한 목적어 역할을 하고 있네.
>
> [Word] imagine 상상하다

7. What is different today, / though, / is the speed and scope / of these interactions.
　　　오늘날 다른 것은　　　하지만　　　속도와 범위이다　　　이러한 상호작용의

> [혼공TIP] 관계대명사 what이 명사절을 이끌면서 주어로 쓰이고 있어. 문장의 동사는 is야. 긴 절로 된 주어는 단수 취급해. what이 주어로 쓰인 것만 파악하면 동사 is를 중심으로 쉽게 구조를 파악하고 해석할 수 있는 문장이야.
>
> [Word] scope 범위　interaction 상호작용

8. A Greek historian Herodotus / wrote of cinnamon / which he had learned about /
　　　그리스의 역사가인 Herodotus는　　　계피에 관해 기술했다　　　그가 알게 된

from the Phoenicians.
페니키아인들로부터

> [혼공TIP] on which 다음에는 완전한 문장이 와. which 다음에는 불완전한 문장이 오는 건 알지? 뒤 문장을 보면 he had learned about 다음에 명사가 없어! 앞의 선행사인 cinnamon을 뒤로 보내면 he had learned about cinnamon이 되니까 딱 맞지. on이 들어갈 공간이 없기 때문에 on which는 정답이 될 수 없어.
>
> [Word] historian 역사가　cinnamon 계피

1. The extent / to which they are found / varies from animal to animal.
　　　정도는　　　　　그것들이 발견되는　　　　　　동물들마다 다르다

⇒ 그것들이 발견되는 정도는 동물마다 다르다.

> 혼공TIP 선행사가 있고, 뒤 문장은 수동태라서 완전해.「전치사 + 관계대명사」를 써야 하는 자리야. extent는 '정도, 범위'라는 의미를 가지고 있어. to which와 정말 자주 쓰이기 때문에 the extent to which 이렇게 통째로 외우는 것도 좋아.

2. To fully understand science, / it must be considered / within the society
　　　과학을 온전히 이해하기 위해서　　　　그것이 고려되어야 한다　　　　사회 내에서

/ in which it functions.
　　　그것이 기능하는

⇒ 과학을 충분히 이해하기 위해서 과학은 그것이 기능하는 사회 내에서 고려되어야 한다.

> 혼공TIP society라는 선행사가 있고, 뒤 문장은 완전해. 그래서「전치사 + 관계대명사」를 사용해야 해. To fully understand science 이 부분은 to 부정사의 부사적 용법으로 쓰였어. 목적을 나타내고 있네. 동사 부분도 must be considered로 조동사와 수동태가 동시에 쓰였는데, 해석할 수 있지?

3. In any situation / in which help is required, / we should use our intelligence
　　　어떤 상황에서든　　　　　도움이 필요한　　　　　우리는 우리의 지성을 이용해야한다

/ to discover the most effective way / to help those in need.
　　　가장 효과적인 방법을 찾기 위해서　　　어려운 처지의 사람들을 돕기 위해서

⇒ 도움이 필요한 어떤 상황에서든 우리는 어려운 처지의 사람들을 돕는 가장 효과적인 방법을 찾기 위해 우리의 지성을 사용해야 한다.

> 혼공TIP 선행사 situation이 있고, 뒤 문장은 수동태로서 완전하니까「전치사 + 관계대명사」를 사용해야 해. situation 이라는 명사 다음에는 in which가 자주 등장해. 그런 상황 안에서 어떠한 일이 나타나는 것을 표현해.

4. The modern scientific method, / in which experiments form
　　　현대 과학 방식은　　　　　　　실험이 이루는

/ part of a structured system of hypothesis and analysis / is as recent
　　　가설과 분석의 구조화된 체계의 일부를　　　　　근래의 것이다

/ as the seventeenth century.
　　　17세기만큼

⇒ 실험이 가설과 분석의 구조화된 체계의 일부를 형성하는 현대 과학 방식은 17세기에 이르러서인 근래의 것이다.

> 혼공TIP 콤마가 있어도 접근 방식은 똑같아. 선행사가 있고 뒤 문장은 완전해서「전치사 + 관계대명사」를 사용해야 해. 복잡한 문장은 동사를 찾기로 했지? 문장의 진짜 동사는 is야. is를 찾고 나면 마음이 놓이지.

5. Almost all of us / follow / the guidelines / for what is "appropriate" / for our roles.
　　　거의 우리 모두는　　따른다　　지침을　　　적절한 것에 대한　　　　우리의 역할에

⇒ 우리 중 거의 모두는 우리의 역할에 '적절한' 것에 대한 지침을 따른다.

> 혼공TIP 관계대명사 what이 이끄는 명사절이 전치사 for에 대한 목적어 역할을 하고 있어. 명사절은 명사가 하는 모든 역할들을 할 수 있어. for 이하는 what이 이끄는 하나의 덩어리로 해석을 해 주면 돼.

6. Other researchers / investigated / the ways / in which first and third grade teachers
다른 연구원들은 　　　　　연구했다 　　방법들을 　　　　　1학년과 3학년 선생님들이

/ could integrate music / into their regular math classrooms.
음악을 통합시킬 수 있는 　　　　　자신들의 정규 수학수업들에

⇒ 다른 연구원들은 1학년과 3학년 선생님들이 음악을 그들의 정규 수학교실에 통합할 수 있는 방법을 연구했다.

> **혼공TIP** ways라는 선행사가 있고, 뒤 문장은 완전해서 「전치사 + 관계대명사」를 사용하는 문장이야. 문장의 주요 성분은 ways에서 끝이 났는데 ways가 수식을 받으면서 문장의 뒤가 길어졌네.

7. Separating / what's important / from what's not important / is prioritizing.
구분하는 것은 　　중요한 것을 　　　　　중요하지 않은 것으로부터 　　　우선순위를 매기는 것이다

⇒ 중요하지 않은 것으로부터 중요한 것을 구분하는 것은 우선순위를 매기는 것이다.

> **혼공TIP** 선행사가 없고 뒤 문장은 각각 주어가 없어. 그래서 관계대명사 what이 두 번 들어간 문장이야. 이 문장의 주어는 동명사 Separating으로 시작하는 부분이고, 문장의 동사는 is야. 아주 간단한 구조의 문장인데 주어가 매우 길어. 그 점만 유의하면 쉽게 해석할 수 있어.

8. The surprised and disappointed Canadian / tried to understand
놀라고 실망한 캐나다인은 　　　　　　　　　이해하려고 노력했다

/ what had gone wrong.
무엇이 잘못되었는지를

⇒ 놀라고 실망한 그 캐나다인은 무엇이 잘못되었는지를 이해하려고 노력했다.

> **혼공TIP** what이 이끄는 명사절이 understand에 대한 목적어 역할을 하고 있어. 문장의 처음에 나오는 surprised and disappointed는 '놀라고 실망한'이라는 의미로 Canadian을 수식해 주고 있어.

4 단계 수능 요리하기 　　　　　　　　　　p.116

1. They / have terrific advice / about what helped them succeed.
그들은 　　멋진 충고를 갖고 있다 　　자신이 성공하도록 도움을 주었던 것에 대한

⇒ 그들은 자신이 성공하도록 도움을 주었던 것에 대한 멋진 충고를 갖고 있다.

> **혼공TIP** 관계대명사 what이 이끄는 명사절이 전치사 about의 목적어 역할을 하고 있어. what절 안에서 help라는 동사가 5형식으로 쓰이고 있다는 것도 주목해 보자. them이 목적어, succeed가 목적격보어로 쓰였지.

2. A bias / occurs / when what the scientist expects / changes
편견은 　　생겨난다 　　　　과학자들이 기대하는 것이 　　　　　바꿀 때

/ how the results are viewed.
결과가 보이는 방식을

⇒ 편견은 과학자들이 기대하는 것이 결과가 보이는 방식을 바꿀 때 생겨난다.

> **혼공TIP** 관계대명사 what이 이끄는 명사절이 when절 안에서 주어 역할을 하고 있어. 짧지만 해석에 유의해야 하는 문장이야. 다시 한번 정확하게 해석하고 넘어가자.

3. At one such preview / a bootmaker / criticized / the shoes in a painting
한 시연에서 　　한 구두장이가 　　비판했다 　　그림에 있는 신발을

/ on which Apelles had labored / long and hard.
Apelles가 공을 들인 　　오랫동안 힘들게

⇒ 한 시연에서 한 구두장이가 Apelles가 오랫동안 힘들게 공을 들인 그림에 있는 신발을 비판했다.

혼공TIP 선행사가 shoes이고 뒤 문장이 완전하기 때문에 「전치사 + 관계대명사」를 사용했어. 문장의 핵심은 한 구두장이가 신발을 비난했다는 짧은 내용이지만, 관계대명사의 수식을 받으면서 문장이 길어졌어.

4. It also created / an open-ended conversation / among its engineers
그것은 또한 만들었다 　　제한 없는 대화를 　　기술자들 간에

/ in which salespeople and designers were often included.
판매원들과 디자이너들을 자주 포함한

⇒ 그것은 또한 판매원들과 디자이너들이 자주 포함되어 있는 기술자들 간의 제한 없는 대화를 만들었다.

혼공TIP conversation이 선행사이고, 뒤 문장이 완전해서 「전치사 + 관계대명사」를 사용했어. 수동태 문장은 완전한 문장으로 분류해. were included라는 수동태 문장은 완전한 문장이야.

5. To some / it is mainly an instinctive, exciting sound / to which they dance /
어떤 사람들에게 　　그것은 주로 본능적이고 신나는 소리이다 　　거기에 맞춰 그들이 춤을 추는

or move their bodies.
또는 몸을 움직이는

⇒ 어떤 사람들에게 그것은 주로 거기에 맞추어 춤을 추거나 몸을 움직이는 본능적이고 신나는 소리이다.

혼공TIP 선행사는 sound이고 뒤 문장은 완전해서 「전치사 + 관계대명사」를 사용했어. 「dance to, move to + 소리」는 '~에 맞춰 춤추다, 움직이다'라는 뜻이야. 그래서 to which의 형태로 앞으로 나오게 된 거야.

6. It is simply a correspondence / between a situation about which one has intense
그것은 단순히 유사함[관련성]이다 　　어떤 사람이 강하게 걱정하고 있는 상황과

concern / and the occurrence of the event / that one fears.
사건의 발생 사이의 　　그 사람이 두려워하는

⇒ 그것은 단순히 어떤 사람이 강하게 걱정하고 있는 상황과 그 사람이 두려워하는 사건의 발생 사이의 유사함[관련성]이다.

혼공TIP 선행사는 situation이고 뒤 문장은 완전해. 그래서 「전치사 + 관계대명사」를 사용했지. 뒤 문장이 원래 one has intense concern about a situation이었는데 여기서 뒤 부분이 about which가 되면서 앞으로 나온 거야.

7. What's dangerous about the Internet/ is, / because it has the aura of technology
인터넷이 위험한 것은 　　~이다 　　그것이 기술이라는 기운을 두르고 있어서

/ around it, / it has a totally undeserved instant credibility.
그것 주위에 　　그것은 전혀 자격이 없는, 즉각적인 신뢰성을 지닌다는 것이다

⇒ 인터넷이 위험한 것은 그것이 기술이라는 기운을 두르고 있어서 전혀 자격이 없는, 즉각적인 신뢰성을 지닌다는 것이다.

혼공TIP 관계대명사 What이 주어를 이끌고 있어. 그리고 문장의 동사는 is야. 그런데 이 문장을 조금 더 복잡하게 만드는 성분은 because가 이끄는 녀석들이야. because it has the aura of technology around it 이라는 내용이 문장의 중간에 끼어 들었어. 이럴 때는 콤마(,)를 이용하는데 콤마와 콤마 사이에 추가적인 내용을 집어넣을 수 있고 이것을 삽입이라고 해. 실제로 동사 is 다음에 이어지는 내용은 it has a totally undeserved instant credibility이야. that이 생략된 것으로 봐야 하지.

8. There is a difference / between getting what you want
    차이가 있다   네가 원하는 것을 얻는 것과

/ and getting what you think you want.
        네가 원한다고 생각하는 것을 얻는 것 사이에

⇒ 네가 원하는 것을 얻는 것과 원한다고 생각하는 것을 얻는 것에는 차이가 있다.

> 혼공TIP 선행사가 없고 뒤 문장이 목적어가 없는 불완전한 문장이라서 관계대명사 what을 사용했어. between A and
> B는 'A와 B 사이에서'라는 의미인 건 알지? 보통은 A와 B에 명사 단어가 오는데, 이번에는 getting을 이용한
> 명사구가 왔네. 두 번째 what 다음에 you think는 삽입어구야. '당신이 생각하기에'로 해석되고 그것을 빼고
> 보면 문장의 구조가 확실히 보일 거야.

9. The very trust / that this apparent objectivity inspires
    그 신뢰성은   이러한 외관상의 객관성이 불러일으키는

/ is what makes maps such powerful carriers of ideology.
        지도를 매우 강력한 이데올로기의 전달자로 만드는 것이다

⇒ 이러한 외관상의 객관성이 불러일으키는 바로 그 신뢰성이 지도를 매우 강력한 이데올로기의 전달자로
만드는 것이다.

> 혼공TIP 상당히 복잡해 보이는 문장이네. 일단 동사는 is이기 때문에 2형식 문장이야. 다만 문장의 전반부에 쓰인 that이
> 목적격 관계대명사로 쓰였다는 것을 알아야 하고, 뒤의 관계대명사 what도 적절하게 해석을 해줘야 해. 어려운
> 단어들은 익히면 되고, 두 개의 관계대명사 that과 what을 정확하게 해석하면 정복할 수 있는 수능 문장이야.
> 이 정도의 문장이 해석이 된다면 수능 영어도 충분히 정복할 수 있어.

5 단계 쓰기 요리하기
p.117

1. which **2.** in which **3.** what **4.** which **5.** what **6.** what **7.** what **8.** in which
9. What, because

 14일차 - 관계부사를 이용한 문장

개념 요리하기   단계1   p.121

디저트 퀴즈

1. which 나는 나의 아버지가 근무하시는 은행을 방문했다.
2. when 나는 많은 사람들이 휴가를 가는 여름을 좋아한다.
3. why 나는 그녀가 실수를 한 이유를 안다.
4. way 이것은 그녀가 문제를 푼 방식이다.
5. when 나는 전등이 없었던 때를 기억한다.
6. where 그는 서점에 갔고, 거기서 그는 책을 샀다.

문법 요리하기   단계2   p.122

1.   Concrete crosses / marked / the spots / where the people had been swept
     콘크리트로 된 십자가가   표시했다   그 위치들을   그 사람들이 휩쓸려 간

     / into the sea.
       바다 속으로

     혼공TIP 선행사 spots가 있고 뒤 문장이 완전해서 관계부사 자리야. spots라는 명사를 뒤에서 수식하고 있어. spots
     가 장소를 나타내는 선행사이기 때문에 관계부사 where을 사용했어.

     Word concrete 콘크리트로 된   cross 십자가   mark 표시하다   spot 위치, 장소   sweep 쓸다

2.   But the wheat was given / to them / on the beach, / where it quickly became mixed
     그러나 밀은 제공되었다   그들에게   해변에서   그리고 거기서 그것은 금방 섞이게 되었다

     / with sand.
       모래와

     혼공TIP 관계부사 where이 계속적 용법으로 쓰였어. 뒤 문장이 완전하기 때문에 관계부사 자리야. 계속적 용법으로 쓰는
     관계부사는 해석하던 방향대로 쭉 해석을 해 나가면 돼. '그리고 거기서' 정도의 의미야. 위 문장에서는 '그리고
     그 해변에서' 정도의 의미로 해석하면 돼.

     Word wheat 밀   mix 섞다

3. Vinci's attitude / stands strongly against today's culture /
Vinci의 태도는　　　　　　　　　　오늘날의 문화와 강하게 대조된다

where we emphasize positivity too much.
　　　　　우리가 긍정을 너무 강조하는

> **혼공TIP** 선행사 culture가 있고 뒤 문장은 완전하기 때문에 관계부사 where을 사용해야 해. culture라는 선행사가
> where의 수식을 받고 있네. 관계부사를 공부할 때는 선행사와 관계부사의 관계를 살펴 보는 재미가 있어. 꼭
> 장소가 아니더라도 '문화'와 같은 개념도 where의 수식을 받을 수 있어.
>
> Word　attitude 태도　stand against ~와 대조되다, ~에 반대하다　emphasize 강조하다

4. He / became a member / of the "Chamber Orchestra of Oldenburg,"
그는　　　일원이 되었다　　　　　　　　"Chamber Orchestra of Oldenburg"의

/ where he played / until the orchestra was abolished.
그리고 그곳에서 그는 연주했다　　　　오케스트라가 없어질 때까지

> **혼공TIP** 관계부사 where이 계속적 용법으로 쓰였어. 뒤 문장이 완전하기에 관계부사 자리야. '그리고 그곳에서' 정도로
> 해석을 하면 되는 문장이네.
>
> Word　abolish 없애다

5. The United Kingdom (UK) / spent / 58 billion dollars, / which was more than half /
영국은　　　　　　　　　썼다　　　580억 달러를　　　　　그리고 그것은 절반보다 더 많았다

of the amount spent by the USA.
　　미국이 소비한 양의

> **혼공TIP** 관계대명사 which가 계속적 용법으로 쓰여서 앞 부분의 580억 달러를 가리키고 있어. 계속적 용법의 which
> 오랜만이지? 해석을 한 다음에 적절하게 앞 문장에서 필요한 내용을 가지고 오면 되었지?

6. The reason why it looks that way / is that the sun is on fire.
　　그것이 저렇게 보이는 이유는　　　　　　　　태양이 불타고 있기 때문이다

> **혼공TIP** the reason이라는 선행사가 있고 뒤 문장이 완전하기 때문에 관계부사 why를 사용해야 해. 문장의 주어가
> 수식을 받으면서 동사가 살짝 가려졌는데 문장의 진짜 동사는 is인 거 보이지? is에 대한 보어로 접속사 that을
> 이용한 명사절이 쓰였네. 우리가 배운 문법들이 많이 등장하니 기분이 좋네!
>
> Word　be on fire 불타고 있다

7. The worst part of the day / was when the nurses brought my pills.
　　하루 중 최악의 시간은　　　　　　　간호사들이 알약을 가져온 때였다

> **혼공TIP** 관계부사는 뻔한 선행사를 생략할 수 있어. 위 문장은 원래 the time when이었어. 그런데 이 때 the time은
> 뻔한 선행사라서 생략이 되었어. 그래서 관계부사 when만 남게 된 거야. 이 때는 생략된 선행사의 의미를 다시
> 살려 주면서 '~할 때'라고 해석을 해야 해. 그런 눈으로 문장을 다시 한번 보면 이해가 되지?
>
> Word　pill 알약

8. There are situations / where that compassion / -even for ourselves-
　　상황들이 있다　　　　　　　그 동정이　　　　　심지어 우리 자신에게도

/ might cause problems.
　　문제를 일으킬지도 모르는

> **혼공TIP** situations라는 선행사가 있고, 뒤 문장이 완전하기 때문에 관계부사 where을 사용해야 하는 문장이야.
> There are situations에서 문장은 끝이 났어. 나머지는 모두 situations를 꾸며주는 성분들이야.
>
> Word　compassion 동정

1. This is one of the main reasons / why even the most accomplished singers
이것은 주된 이유 중의 하나이다　　　　　　　　가장 뛰어난 기량을 지닌 가수들조차도

/ have to listen / to the opinion / of coaches and voice teachers.
들어야 하는　　　　　의견을　　　　　성악 지도자나 발성 지도 교사의

⇒ 이것은 가장 뛰어난 기량을 지닌 가수들조차도 성악 지도자나 발성 지도 교사의 의견을 들어야 하는 주
된 이유들 중 하나이다.

> **혼공TIP** 선행사 reasons가 있고 뒤 문장이 완전하기 때문에 관계부사 why를 사용한 문장이야. this is one of
> the main reasons에서 문장은 끝이 났어. 나머지는 모두 선행사 reasons를 꾸며주는 성분들이야. 어떤
> 이유인지를 상세하게 설명하고 있어.

2. It was held / in a seminar room / where Anderson met the principal
그것은 열렸다　　　세미나실에서　　　　　　Anderson이 교장선생님을 처음 만났던

/ for the first time / three years ago.
처음으로　　　　　3년 전에

⇒ 그것은 3년 전에 Anderson이 교장 선생님을 처음으로 만났던 세미나실에서 열렸다.

> **혼공TIP** 선행사 seminar room이 있고, 뒤 문장이 완전하기 때문에 관계부사 where을 사용한 문장이야. 이 문장도
> 사실 seminar room에서 문장이 끝이 났어. 그런데 어떤 세미나실인지를 where 이하가 상세하게 설명하고
> 있지. 단어는 어렵지 않네.

3. No one else / can experience / the way your heart feels / about things.
어느 누구도　　　　경험할 수 없다　　　당신의 마음이 느끼는 방식을　　어떤 일에 대해

⇒ 어느 누구도 어떤 일에 대해 당신의 마음이 느끼는 방식을 경험할 수 없다.

> **혼공TIP** the way가 문장에 쓰이면 '~하는 방식' 이렇게 해석이 돼. 위 문장에서 your heart feels about things
> 는 the way를 꾸며주고 있어. 이 때 how가 필요할 것 같지만 관계부사 how와 the way는 함께 사용하지
> 못한다는 문법 때문에 how는 쓰지 못하고, the way만 사용을 했어.

4. She wanted to work / in a setting / where she could interact
그녀는 일하기를 원했다　　　어떤 환경에서　　　그녀가 상호작용할 수 있는

/ with many different types of people / in a fun, supportive way.
많은 다른 유형의 사람들과　　　　　　재미있고 지지해주는 방식으로

⇒ 그녀는 재미있고 지지해 주는 방식으로 많은 다른 유형의 사람들과 상호작용할 수 있는 환경에서 자신이
일하기 원한다는 것을 깨닫게 되었다.

> **혼공TIP** 선행사 setting이 있고, 뒤 문장이 완전하기 때문에 관계부사 where을 사용해야 해. setting은 환경이야.
> 환경이라는 명사를 where로 수식할 수 있다는 것! 이런 느낌을 익혀야 해. 특히 관계부사 where은 장소
> 외에도 다양한 선행사들을 수식할 수 있다는 사실에 주목하자.

5. Paramedics / took care of her and Josh / and took them to the hospital,
응급 구조대원들이　　　그녀와 Josh를 보살폈다　　　　　그리고 그들을 병원으로 데려갔다

/ where they quickly recovered.
그리고 거기서 그들은 곧 회복했다

⇒ 응급 구조대원들이 그녀와 Josh를 보살폈고 그들을 병원으로 데려갔는데, 그들은 그곳에서 곧 회복했다.

> **혼공TIP** 관계부사 where이 계속적 용법으로 쓰였어. '그리고 거기서'라는 의미로 자연스럽게 해석하면 돼.

6. Most mammals / are biologically programmed / to put their digestive waste away
대부분의 포유동물들은   생물학적으로 프로그램 되어있다   자신의 소화 배설물을 멀리 두도록

/ from where they eat and sleep.
자신이 먹고 자는 곳으로부터

⇒ 대부분 포유동물은 자신의 소화 배설물을 자신이 먹고 자는 곳으로부터 치우는 생물학적 성향을 타고났다.

혼공TIP where 앞에 the place 정도의 선행사가 생략된 것으로 생각하면 돼. 뻔한 의미의 선행사는 생략할 수 있어. 생략된 the place를 생각하면서 '~한 곳(장소)' 정도로 해석을 해주면 돼.

7. One remarkable aspect of aboriginal culture / is the concept of "totemism,"
원주민 문화의 한 가지 두드러진 측면은   토테미즘의 개념이다

/ where the tribal member at birth / assumes / the soul and identity / of a part of nature.
그 개념에서 부족의 구성원은 태어날 때   취한다   영혼과 정체성을   자연의 일부로서

⇒ 원주민 문화의 한 가지 두드러진 측면은 부족의 구성원이 태어날 때 자연의 일부의 영혼과 정체성을 취한다는 '토테미즘'의 개념이다.

혼공TIP where이 계속적 용법으로 쓰였어. 토테미즘이라는 개념 안에서 일어나는 일을 설명하기 때문에 공간적 개념인 where을 사용했어. 중학교 수준에서는 학교, 운동장처럼 진짜 공간을 where이 수식하지만 고등학교 이상의 수준에서는 연구, 학문, 환경, 개념 등 다양한 선행사를 관계부사 where이 수식해.

8. He once led a company / where the customer support and sales engineering
그는 한때 회사를 운영했다   고객지원부서와 판매담당부서가

departments / wouldn't work together / and spoiled each other's work.
     협력하려고 하지 않고   서로의 일을 망쳐놓았던

⇒ 예전에 그가 회사를 운영했는데, 그 회사에서 고객 지원부와 판매 담당부가 협력하려고 하지 않았고 서로의 일을 망쳐 놓았다.

혼공TIP 선행사 company가 있고, 뒤 문장이 완전하기 때문에 관계부사 where을 사용했어. company라는 선행사를 where 이하가 수식하고 있어. 어떤 회사인지를 상세하게 설명하고 있네.

4단계 수능 요리하기

p.124

1. Remember / that life is a game / where there are multiple winners.
기억해라   인생은 경기이다   여러 명의 승자가 있는

⇒ 인생은 여러 명의 승리자가 있는 경기임을 명심하라.

혼공TIP 관계부사 where 이하가 game을 수식하고 있는 문장이야. 어떤 game인지를 상세하게 where 이하가 설명해 주고 있네. 재밌는 건 game이라는 선행사가 어찌 보면 장소는 아닐 수 있어. 하지만 관계부사 where은 장소 외에도 굉장히 다양한 선행사들을 꾸며주는 역할을 할 수 있어.

2. Fish pens / are placed in sites / where there is good water flow / to remove fish waste.
물고기 어장들은   어떤 장소에 설치된다   좋은 물의 흐름이 있는   어류폐기물을 제거하기 위해서

⇒ 물고기 어장들은 어류폐기물을 제거하기 위해서 물의 흐름이 좋은 곳에 설치된다.

혼공TIP 관계부사 where 이하가 sites를 꾸며주고 있어. site는 '장소'라는 명사이기 때문에 당연히 관계부사 where의

수식을 받아. to remove는 to 부정사의 부사적 용법으로 사용이 되어서 목적을 나타내고 있네.

3. You see the world / as one big contest, / where everyone is competing
너는 세상을 본다　　　　하나의 커다란 경기로　　　그리고 그곳에서 모든 사람들이 경쟁한다

/ against everybody else.
모든 다른 사람들과

⇒ 당신은 세상을 하나의 큰 경기로 여기는데, 그곳에서 모든 사람이 다른 모든 사람과 경쟁한다.

혼공TIP 관계부사 where이 계속적 용법으로 쓰였어. '그리고 그곳에서' 정도로 해석하면 돼. see A as B는 'A를 B
라고 여기다[보다]'정도의 의미를 가지고 있어.

4. His reputation for scientific accuracy / gained him many commissions
과학적 정확성에 대한 그의 명성은　　　　　그에게 많은 위탁업무들을 가져다주었다

/ from wealthy patrons, / particularly in England, / where he eventually settled.
부유한 후원자들로부터　　　　특히 영국에 있는　　　　그리고 그 곳은 결국 그가 정착한 곳이다

⇒ 과학적 정확성에 대한 그의 명성은 그가 부유한 후원자, 특히 영국에 있는 후원자로부터 많은 일을 위탁
받게 했고, 그는 결국 그 곳에 정착했다.

혼공TIP 관계부사 where이 계속적 용법으로 쓰였어. '그리고 그곳에서' 정도로 해석하면 돼.

5. The solution / is drained off / to a separate tank, / where the caffeine is drawn out
그 용액은　　　　빠진다　　　분리된 수조로　　　　그리고 그곳에서 카페인이 추출된다

/ from it.
그 용액에서

⇒ 이 용액은 분리된 수조로 빠지는데 그곳에서 카페인이 그것으로부터 추출되게 된다.

혼공TIP 관계부사 where이 계속적 용법으로 쓰였어. '그리고 그곳에서' 정도로 해석하면 돼. where 이하 문장은
수동태라서 완전해.

6. After seven months, / the first toys made landfall / on beaches near Sitka, Alaska, /
7개월 후에　　　　　첫 번째 장난감들이 도달했다　　　알래스카의 Sitka 근처 해변 육지에

3,540 kilometers from where they were lost.
그것들이 분실된 장소에서 3,540킬로미터 떨어진

⇒ 7개월 후에 그것들이 분실된 장소에서 3,540킬로미터 떨어진 알래스카의 Sitka 근처 해변 육지에 첫 번
째 장난감들이 도달했다.

혼공TIP 위 문장에서 관계부사가 어디 쓰였는지 못 찾을 수 있어. 문장의 뒤에 where보이지? 이게 관계부사야. 선행사가
뻔해서 생략이 되었는데 the place정도가 생략되었다고 생각하면 돼. 그러면 they were lost는 생략된
선행사인 the place를 수식하는 것이고, 해석을 합쳐 보면, '그것들이 분실된 장소'가 되는 거야.

7. Remember / when you were little / and you imagined /
기억하는가　　　　여러분이 어렸을 때를　　　그리고 상상했던

that adults had infinite power?
어른들은 무한한 힘을 가졌다고

⇒ 여러분이 어렸고 어른들은 무한한 힘을 가졌다고 상상하던 때를 기억하는가?

혼공TIP 관계부사 when 앞에 the time 정도의 선행사가 생략되었다고 생각하면 돼.

8. You believe / that there is no way / that everyone can have everything.
당신은 믿는다   방법이 없다고   모든 사람이 모든 것을 가지는

⇒ 당신은 모든 사람이 모든 것을 가질 수 있는 방법은 없다고 믿는다.

> 혼공TIP 관계부사 that이 선행사 way를 수식해 주는 문장이야. 이때 that은 사용 가능하지만 how는 쓸 수 없어.

9. One of the worst moments / was when he distributed / a math test.
최악의 순간 중 하나는   그가 나눠 줄 때였다   수학 시험지를

⇒ 최악의 순간 중 하나는 그가 수학 시험지를 나누어줄 때였다.

> 혼공TIP 관계부사 when 앞에는 the time 정도의 선행사가 생략되었어. 최악의 순간 중 하나가 '~한 때'였다는 거지. 뻔한 선행사는 생략될 수 있다는 것을 기억해 줘.

5 단계 쓰기 요리하기 p.125

1. why   **2.** where   **3.** the way   **4.** where   **5.** from where   **6.** where   **7.** where
8. that, everything   **9.** was, when

15일차 – 복합대명사, 복합관계부사를 이용한 문장

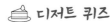

1단계 개념 요리하기
p.129

🍰 디저트 퀴즈

1. Whoever
2. Whoever
3. whenever
4. However

2단계 문법 요리하기
p.130

1. Some designers love / a blank slate / and the freedom / to do whatever they want.
　　어떤 디자이너들은 좋아한다　　　빈 석판[백지상태]을　　　그리고 자유를　　그들이 원하는 것은 무엇이든지 할 수 있는

혼공TIP whatever이 명사절을 이끌면서 do의 목적어 역할을 하고 있어. 복합관계사는 평소에 많이 접하는 문법은 아니기 때문에 만났을 때 제대로 연습을 하는 것이 중요해. whatever they want를 '그들이 원하는 것은 무엇이든지' 정도로 해석하고 있어. blank slate는 말 그대로 '빈 석판'인데 디자이너들이 무엇을 그려도 되는 초기화 상태이니까 '백지상태'라고 의역할 수 있어.

Word blank slate 빈 석판

2. If you want to train him / to lie down / whenever you say, "Lie down,"
　만약 당신이 강아지를 훈련시키기를 원한다면 엎드리도록　　　　당신이 "엎드려"라고 말할 때마다

/ you just have to wait.
　　당신은 기다려야 한다

혼공TIP whenever가 부사절을 이끌고 있는 문장이야. '~라면 언제든지'로 해석해.

Word lie down 엎드리다

3. Whatever purpose it may be, / people are now slowly but surely getting acquainted
　　목적이 무엇이든 간에　　　　　　　　　사람들은 이제 천천히 그러나 확실히 익숙해지고 있다

/ with foraging.
　식량을 찾아다니는 것에

혼공TIP whatever가 복합관계형용사 역할을 하고 있어. 뒤에 명사를 수식하는 형용사 역할을 하는 거야. 이런 구문을

많이 보지는 못했을 거야. whatever과 whichever은 다음에 명사가 위치하면 형용사처럼 뒤의 명사를 수식해. 귀한 구문이니 다시 한번 정확하게 해석하고 넘어가자.

Word surely 확실하게 acquaint 숙지하다 forage (음식물)을 찾아다니다

4. You skip the aisles / that don't have / whatever you need.
당신은 통로를 건너뛴다   가지고 있지 않은   당신이 필요한 어떤 것도

혼공TIP whatever가 이끄는 명사절이 have의 목적어 역할을 하고 있어. that 이하가 aisles라는 선행사를 꾸며주고 있는 구조도 잘 보이지?

Word skip 건너뛰다 aisle 통로

5. Today / the Internet has given people / immediate access / to the cultural artifacts
오늘날   인터넷은 사람들에게 준다   즉각적인 접근을   문화적 유물들로의

/ of other societies, / no matter where they're located.
다른 사회의   그것들이 어디에 위치하든

혼공TIP 복합관계부사인 wherever과 같은 의미를 가진 no matter where을 사용한 문장이야. 위 문장은 전체적으로 4형식 문장이야. give라는 동사 다음에 간접목적어 people, 직접목적어 immediate ~ 이하가 쓰인 것 보이지?

Word immediate 즉각적인 access 접근 artifact (인간이 만든) 유물 locate 설치하다, 두다

6. If you stay there, / wherever that is, / for a while, / you'll get used to this.
만약 당신이 그곳에 머무른다면   거기가 어디든   잠시 동안   당신은 이것에 익숙해질 것이다

혼공TIP 복합관계부사가 부사절 역할을 하는 문장이야. '~라면 어디든지'로 해석하면 돼. 어느 곳에 가더라도 네가 적응을 할 거라는 의미를 전달하고 있어.

Word for a while 잠시 동안 get used to ~에 익숙해지다

7. Consumers are willing to pay a premium / when the package provides
소비자들은 기꺼이 더 높은 가격을 낸다   그 상품 포장이 제공할 때

/ "negative" information / on whatever the product is "free of".
부정적인 정보를   그 제품에 들어있지 않은 어떤 것에 대한

혼공TIP whatever가 명사절을 이끌면서 전치사 on에 대한 목적어 역할을 하고 있어. 명사가 원래 하던 역할이지? 그 역할을 whatever이 이끄는 명사절도 할 수가 있어. 긴 명사가 on 다음에 와 있다고 생각하면 돼.

Word be willing to 기꺼이 ~하다 premium 할증료 free of ~이 없는

8. Whoever has ever achieved / any degree of success / knows
성취해 본 적이 있는 사람은 누구든지   어느 정도의 성공을   안다

/ that nothing in life worth having / comes easily.
인생에서 가질 가치가 있는 것은   쉽게 오지 않는다는 것을

혼공TIP whoever가 명사절 역할을 하면서 주어로 쓰이고 있는 문장이야. 문장의 동사는 knows야. 긴 절로 된 주어는 단수 취급을 해. to 부정사, 동명사, 명사절 등 긴 주어는 모두 단수 취급! that이 이끄는 명사절이 know의 목적어 역할을 하고 있는 것도 잘 보이지?

Word degree 정도 worth ~ing ~할 가치가 있는

1. I would say / whatever I could / to hold their attention.

　　나는 말할 것이다　　내가 할 수 있는 것은 뭐든지　　그들의 관심을 붙잡기 위해서

⇒ 나는 그들의 관심을 붙잡기 위해서 내가 할 수 있는 무엇이든 말할 것이다.

> **혼공TIP** whatever가 이끄는 명사절이 say의 목적어 역할을 하고 있어. to hold 이하는 to 부정사의 부사적 용법으로 쓰여서 목적을 나타내고 있네. 관심을 잡기 위해서 뭐든 할 거라는 거지.

2. We can contact people instantly, / wherever they are.

　　우리는 사람들과 즉각 연락할 수 있다　　그들이 어디에 있든

⇒ 우리는 사람들이 어디에 있든 그들과 즉각 연락할 수 있다.

> **혼공TIP** wherever이 부사절 역할을 하고 있는 문장이야. '그들이 어디에 있든'이라는 의미를 나타내. 여기서 are이라는 be동사는 1형식으로 쓰여서 '있다, 존재하다'의 의미를 전달해.

3. Whatever the answer is, / this area of research / demonstrates one thing clearly.

　　답이 무엇이든 간에　　이 분야의 연구는　　한 가지를 분명하게 증명한다

⇒ 답이 무엇이든지 간에, 이 분야의 연구는 한 가지를 분명하게 증명한다.

> **혼공TIP** whatever가 부사절을 이끌고 '~무엇이든 간에'라는 의미를 나타내. 이 문장의 경우 this area of research 라는 문장의 진짜 주어가 뒤에 나오기 때문에 앞의 성분은 주어가 될 수 없고, 부사절 역할을 해야 해.

4. Whoever has spent time / with a five-year old / can test / the limits of your patience.

　　시간을 보내본 사람이라면 누구든지　　5살과 함께　　시험할 수 있다　　참을성의 한계를

⇒ 5살과 함께 시간을 보내본 사람이라면 누구나 참을성의 한계를 시험할 수 있다.

> **혼공TIP** whoever가 명사절 역할을 하면서 주어로 쓰이고 있어. 문장의 동사는 can test야. 그러고 보면 주어가 엄청 길지? 가분수 문장이야.

5. The monkey / would exchange his coins / for whichever food he preferred.

　　원숭이는　　동전을 교환하려했다　　그가 선호하는 음식이면 어떤 것이든지

⇒ 원숭이는 그가 선호하는 음식이면 어떤 것이든지 동전을 교환하려했다.

> **혼공TIP** 이 문장을 정확하게 해석하기 위해서는 whichever을 잡아야 해. whichever은 형용사처럼 쓰여서 뒤의 명사를 수식할 수 있어서 food를 꾸며주고 있어. 한글 해석을 보면 whichever의 의미가 잘 느껴질 수 있어. 이 원숭이는 자기가 좋아하는 음식이라면 어떤 것이든지, 그것이 바나나이든, 케이크이든, 동전과 바꾼다는 거야. exchange A for B의 숙어를 떠올리면 for라는 전치사가 왜 왔는지 알 수 있지.

6. Whatever is learned, / good or bad, / is interpreted by the brain / as a reward.

　　배우는 것이 무엇이든지　　좋건 나쁘건　　뇌에 의해 해석된다　　보상으로

⇒ 배우는 것은, 좋던 나쁘던, 무엇이든지 뇌에 의해서 보상으로 해석된다.

> **혼공TIP** whatever이 명사절 역할을 하고 있어. 콤마를 보면 알 수 있지. 중간에 good or bad가 삽입된 문장이야. 덕분에 주어와 동사가 떨어지게 되었지만 금방 연결할 수 있겠지?

7. Give your whole focus / to what you're doing at the moment / no matter what it is.

　　온전히 집중해라　　그 순간에 네가 하고 있는 것에　　그것이 무엇이든

⇒ 그것이 무엇이든 당신이 그 순간에 하는 일에 온전히 집중을 하라.

혼공TIP no matter what은 whatever와 같은 표현으로 부사절 역할을 하고 있어. give로 시작하는 명령문이야. 전치사 to 다음에는 관계대명사 what이 이끄는 명사절이 쓰였어. 다양한 문법들이 한번에 쏟아지는 그런 문장이네.

8. No matter how long visitors spend / in front of that cage,
방문객들이 얼마나 긴 시간을 보내든 　　　　　　그 우리 앞에서

/ they will never truly understand / the beast.
그들은 절대로 완전히 이해할 수 없다 　　　　그 동물들을

⇒ 방문객들이 그 우리 앞에서 아무리 오랜 시간을 보낸다 하더라도, 그들은 결코 진정으로 그 동물을 이해할 수는 없을 것이다.

혼공TIP no matter how 다음에는 형용사/부사를 이어서 쓸 수 있어. '아무리~하더라도'라는 의미의 부사절로 쓰여. 문장의 진짜 주어는 they야. 부사절이 꽤 긴 문장이네.

4 단계 **수능** 요리하기　　　　　　　　　　　　　　　　　p.132

1. Whenever he feels threatened, / he turns back / toward the safety /
그는 위협을 느낄 때마다 　　　　　그는 돌아간다 　　　　보호로

of his parents' love and authority.
자신의 부모의 사랑과 권위라는

⇒ 위협을 느낄 때마다, 그는 부모의 사랑과 권위라는 안전한 곳으로 돌아간다.

혼공TIP whenever절이 부사절 역할을 하고 있어. '위협을 느낄 때마다'라는 의미를 전달하네. 이하의 문장은 차례대로 해석을 해주면 돼. toward는 '~를 향해서'라는 의미를 가진 전치사야.

2. Whenever a geneticist unlocks / new secrets of the DNA molecule, / it enables
유전학자가 밝혀낼 때마다 　　　　　DNA 분자의 새로운 비밀을 　　　그것은 할 수 있게 한다

/ us to better the human condition.
우리가 인간 상황을 더 좋게 만들도록

⇒ 유전학자가 DNA 분자의 새로운 비밀을 알아낼 때마다, 그것은 우리로 하여금 인간 상황을 더 좋게 만들수 있다.

혼공TIP whenever절이 부사절 역할을 하고 있는 것 잘 보이지? 진짜 문장은 it부터 시작하네. enable이라는 5형식 동사를 사용했어. 목적어 us, 목적격보어로 to better ~이 보이지? 이 때 better은 동사로 쓰여서 '더 좋게 만들다'라는 의미를 전달해.

3. We tend to perceive / the door of a classroom / as rectangular
우리는 인식하는 경향이 있다 　　　　교실의 문을 　　　　　직사각형으로

/ no matter from which angle / it is viewed.
어느 각도로부터든지 　　　그것이 보여지는

⇒ 우리는 어떤 각도로부터 보든지 교실 문을 직사각형으로 인식하는 경향이 있다.

혼공TIP 굉장히 어려운 표현이야. no matter의 느낌을 살려 주고, for which angle의 의미를 살려 주면, '어느

각도로부터 '~든지'라는 의미를 유추할 수 있어. tend to는 '~하는 경향이 있다'라는 의미를 가지고 있지.

4. No matter how many times / I have drawn it, / the perspective / does not look right.
　　얼마나 많이　　　　　　　　　내가 그것을 그렸든　　　그 원근법은　　　올바르게 보이지 않는다

⇒ 아무리 많이 그것을 그렸지만, 원근법이 올바르지 않아 보인다.

> **혼공TIP** no matter how는 however로 바꾸어 쓸 수 있는 표현이야. 뒤 문장은 간단한 구조를 가지고 있는데 no matter로 문장이 시작하면 왠지 어려울 것 같아. 하지만 꾸준히 복습하면 이런 어려운 구문도 충분히 정복할 수 있어. 꽤 어려운 문장의 시작이니 다시 한번 꼭 복습하자.

5. No matter how good your product is, / remember / that perfection /
　　당신의 제품이 얼마나 좋든　　　　　기억해라　　　완벽이

of an existing product / is not necessarily the best investment / one can make.
　현존하는 제품의　　　　　반드시 최고의 투자는 아니다　　　어떤 이가 만들 수 있는

⇒ 당신의 제품이 아무리 좋은 것일지라도, 현존하는 제품의 완벽성이 반드시 우리가 해낼 수 있는 최고의 투자는 아니다.

> **혼공TIP** no matter how 다음에 형용사 good을 이어서 사용했다는 것을 눈여겨 봐. '아무리 형용사하더라도'의 의미를 나타내. 위 문장에서는 '당신의 제품이 아무리 좋더라도' 정도의 의미를 나타내지. 이 문장은 remember 로 시작하는 명령문이네.

6. Looking at sociable robots and digitized friends, / one might assume
　　사교용 로봇과 디지털 친구들을 볼 때면　　　　　어떤 사람은 추측할지 모른다

/ that what we want / is to be always in touch and never alone,
　우리가 원하는 것이　　　언제나 접촉하고 절대 혼자 있지 않는 것이라고

/ no matter who or what we are in touch with.
　우리가 관계 맺는 것이 누구든 혹은 무엇이든

⇒ 사교용 로봇과 디지털 친구들을 보면 어떤 사람은 우리가 원하는 것은 누구 또는 무엇과 교제한다 할지라도 홀로 있지 않고 늘 접촉을 하는 것이라고 추측할 지도 모른다.

> **혼공TIP** no matter who or what은 참 재밌는 표현이네. 부사절로 쓰이고 있어. 해석을 다시 한번 읽어 보면서 의미를 되새겨 줘. 이 문장은 looking으로 시작하는 분사구문이 쓰였고, assume의 목적어로 that이 이끄는 명사절이 쓰였고, 그 명사절 안의 주어로는 관계대명사 what이 쓰였고, 보어로는 to 부정사가 쓰였네. 문법 종합세트같은 느낌이야. 해석을 한 번이 아닌 여러 번은 다시 해보면서 익혀야 할 문장이야.

7. However unnoticeably, / maps do indeed reflect / the world views
　아무리 눈에 띄지 않는다 할지라도　　　　지도는 정말로 반영한다　　　세계관을

/ of either their makers or, more probably, the supporters of their makers,
　지도 제작자나 혹은, 더욱 가능성이 있는 것으로서, 제작자의 후원자의

/ in addition to the political and social conditions / under which they were made.
　정치적, 사회적 환경 뿐만 아니라　　　　　그 지도가 만들어지는

⇒ 아무리 눈에 띄지 않는다 할지라도, 지도는 정말로, 그 지도가 만들어지는 정치적, 사회적 환경 뿐만 아니라, 지도 제작자나, 혹은 더욱 가능성이 있는 것으로서, 제작자의 후원자의 세계관을 반영한다.

> **혼공TIP** 정말 어려운 문장이네. 이 정도의 문장은 수능 영어에서 가장 어려운 문장이라고 봐도 괜찮아. 일단 우리가 배운 부분이 해석이 되는지 보자. 문장 첫머리의 however unnoticeably가 해석이 되어야 해. however라는 복합관계부사 다음에 부사 unnoticeably가 왔어. 그래서 해석은 '아무리 눈에 띄지 않는다 할지라도' 이렇게 되는 거야. 나머지 부분도 차근차근 따라가 보면 해석을 할 수 있어. 특히 마지막에 under which라는 우리가 배운 「전치사 + 관계대명사」도 나오네. 자연스럽게 앞의 선행사를 수식해 주면 돼.

5 단계 쓰기 요리하기

1. whatever   **2.** wherever   **3.** Whatever   **4.** exchange, whichever   **5.** what
6. Whenever   **7.** Whenever   **8.** how   **9.** how good

 **16일차 – 부사절을 이용한 문장**

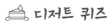 **1** 단계 **개념** 요리하기
p.137

🍰 디저트 퀴즈

1. (A)s
2. (b)ecause
3. (W)hen
4. (I)f
5. (u)nless

 2 단계 **문법** 요리하기
p.138

1.   Although an investment / may be falling in price, / it doesn't mean
       비록 투자 상품이   가격이 떨어지고 있더라도   그것은 의미하지 않는다

    / you have to abandon it / in a rush.
     네가 그것을 포기해야한다는 것을   급하게

> 혼공TIP 양보의 의미를 가진 접속사 although를 사용해야 하는 문장이야. although는 '비록 ~일지라도'라는 의미이고, 해석에서 굉장히 중요한 역할을 담당해. 의미를 꼭 익히자.
>
> Word   investment 투자   in price 가격에서   abandon 포기하다   in a rush 급히

2.   While feet stop growing / in length / by age twenty, / most feet / gradually widen
        발은 자라기를 그만두지만   세로로   20세가 되면   대부분의 발은   점점 넓어진다

    / with age.
     나이가 들면서

> 혼공TIP while은 '~동안에'와 '~하는 반면에, ~지만'의 의미가 있어. 이 문장에서는 앞 뒤 내용이 상반되기 때문에 '~지만'으로 해석하면 자연스럽지.
>
> Word   in length 세로로   gradually 점점   widen 넓어지다

3.   Although the royal architect / kept the Royal Cubit, / wooden copies
        비록 왕실 건축가가   Royal Cubit을 가지고 있었지만   나무 복제품들이

    / were distributed / throughout the land.
     배부 되어졌다   그 나라 전역에

혼공TIP 양보의 의미를 가지는 접속사 although는 독해에서 매우 중요해. although가 이끄는 절과, 뒤의 주절의
내용이 대조되는 경우가 많거든. 위 문장도 읽어 보면, 앞의 내용과 뒤의 내용이 대조 관계를 이루고 있지.

Word architect 건축가   distribute 분배하다

4. Jeff smiled, / thinking / the judge was going to let him go
　　　Jeff는 미소를 지었다　생각하면서　　　　　　　판사가 자신을 풀어줄 것이라고

/ since he hadn't stolen anything.
　　　왜냐하면 그가 아무 것도 훔친 게 없기 때문에

혼공TIP since는 두 개의 의미를 가지고 있어. '~ 이후로'라는 뜻과 '~ 때문에'라는 의미를 모두 기억해야 해. 문맥을
보고 적절한 것을 선택해서 해석을 하면 돼. 위 문장에서는 훔친 것이 없으니까 판사를 풀어줄 것이라고 생각을
했으니 '~ 때문에'라고 해석하는 것이 적절하지.

Word judge 판사   let ~ go ~를 풀어주다

5. A stronger color / may cause / perception of a stronger flavor / in a product,
　　　더 강한 색깔은　　　유발할 수도 있다　　　　더 강한 맛의 지각을　　　　　　제품에서

/ even if the stronger color / is simply due to the addition of more food coloring.
　　　더 강한 색깔이　　　　　　　단순히 더 많은 식용색소의 첨가로 인한 것일지라도

혼공TIP even if는 '~일지라도'라는 의미를 가지고 있는 중요 접속사야. 간혹 even though(~에도 불구하고)와 같다고
생각하는 학생들이 있는데 전혀 그렇지 않아. even though 다음에는 어떤 사실이 오고, even if는 말 그대로
가정적인 상황을 그려보는 거야. 가령 Even though he is rich, he is not happy.에서는 그가 부자인 게
사실인거지. 하지만 Even if he is rich, ~가 된다면 지금 부자가 아닌데, '그가 부자일지라도'라고 상황을
그려보는 거야.

Word perception 지각   flavor 맛   addition 첨가   food coloring 식용색소

6. After he found a job as a pianist / at the Century Club in Santa Monica,
　　　그가 피아니스트로서 직업을 구한 후에　　　　Santa Monica에 있는 Century Club에서

/ he formed a trio / with Oscar Moore and Wesley Prince / in 1939.
　　　그는 트리오를 결성했다　　　Oscar Moore와 Wesley Prince와 함께　　　1939년에

혼공TIP after는 before와 반대 의미를 가진 대표적인 접속사야. '~한 후에'라는 의미를 가지고 있지.
Word form a trio 트리오를 결성하다

7. Everybody / seemed content / with this definition
　　　모든 사람은　　만족하는 것처럼 보였다　　　이 정의에

/ until a philosopher burst into the lecture hall.
　　　한 철학자가 그 강당으로 불쑥 들어올 때까지는

혼공TIP until은 '~때까지'라는 의미를 가지고 있어.
Word content with ~에 만족하는   burst into 들이닥치다

8. Since you can't use gestures, / make faces, / or present an object / to readers
　　　너는 몸짓을 사용할 수 없으므로　　　표정을 짓거나　　　또는 물건을 제시하거나　　　독자들에게

/ in writing, / you must rely on words / to do both the telling and the showing.
　　　글에서　　　너는 단어에 의지해야한다　　　말하기와 보여주기 모두를 하기 위해서

혼공TIP since는 정말 자주 쓰이는 접속사야. because와 같은 의미로 활용되는 경우가 많으니 꼭 기억하자.
Word make a face[faces] 표정을 짓다   rely on 의지하다

1. She was nervous / about meeting the CEO / as his company had a poor reputation.
그녀는 긴장하고 있었다   그 CEO와의 만남에 대해   왜냐하면 그의 회사가 나쁜 평판을 가지고 있었기 때문이다

⇒ 그녀는 CEO와의 만남에 대해 긴장하고 있었는데 왜냐하면 그의 회사가 나쁜 평판을 가지고 있었기 때문이었다.

> **혼공TIP** as는 정말 많은 의미를 가지고 있는 접속사야. 여기서는 because의 의미로 쓰여. 다양한 as의 의미를 익혀야 문맥에 맞게 활용할 수 있어. 다 적는 것이 어려울 정도로 as는 많은 의미를 가지고 있으니, as가 나올 때마다 집중하자.

2. While she was performing CPR, / I immediately notified / the nearby hospital.
그녀가 CPR을 실시하는 동안   나는 즉시 알렸다   가까운 병원에

⇒ 여자가 심폐소생술을 실시하고 있는 동안 나는 즉시 가까운 병원에 알렸다.

> **혼공TIP** while은 위 문장에서 '~ 동안에'라는 의미로 쓰이고 있어. 그녀가 심폐소생술을 실시하고 있는 동안에 내가 다른 일을 했다는 거지. while은 그러고 보면 두 가지 의미를 가지고 있어. '~하는 반면'이라는 의미도 가지고 있잖아? 문맥에 맞게 적절하게 의미를 해석해 주는 것이 중요해.

3. We are already seeing this / as the world economies are increasingly looking at
우리는 이미 이것을 목격하고 있다   세계의 경제가 점점 더 바라보고 있기 때문에

/ "green," renewable industries.
'녹색'의 재생 가능한 산업을

⇒ 세계 경제가 점점 더 '녹색'의 재생 가능한 산업을 바라보고 있으므로 우리는 이미 이것을 목격하고 있다.

> **혼공TIP** as는 이 문장에서 because의 의미로 쓰이고 있어. as의 의미는 정말 다양하니까 독해를 하다가 만나면 문맥에 맞게 적절히 해석을 해 줘야 해.

4. This could be so / since learning music emphasizes / thinking in space and time,
이것은 그러할 수 있다   음악을 배우는 것이 강조하기 때문에   공간적으로 그리고 시간적으로 사고하는 것을

/ and when pupils learn rhythm, / they are learning / ratios, fractions and proportions.
그리고 학생들이 리듬을 배울 때   그들은 배우고 있기 때문이다   비율, 분수, 비례를

⇒ 이것이 그럴 수가 있는데 음악을 배우는 것이 공간적으로 그리고 시간적으로 사고하는 것을 강조하고 학생들이 리듬을 배울 때 비율, 분수 그리고 비례를 배우고 있기 때문이다.

> **혼공TIP** since가 because의 의미로 쓰이고 있어. 위 문장은 this could be so에서 주절이 끝이 났어. 이하는 모두 접속사 since에 걸리는 부분들이야. since안에서도 when같은 접속사가 부사절을 이끌고 있네.

5. To a human observer, / their legs seem a great hindrance / as they spin and move
인간 관찰자에게   그들의 다리는 엄청난 장애물처럼 보인다   그들이 빙빙 돌고 움직일 때

/ about the web.
거미집 둘레를

⇒ 관찰자인 인간에게, 그들이 거미집 둘레를 빙빙 돌며 움직일 때 그것들의 다리는 엄청난 방해물처럼 보인다.

> **혼공TIP** as가 '~할 때'의 의미로 쓰이고 있어. 실제 문장은 their legs seem a great hindrance인데 앞에는 전치사구가 붙었고, 뒤에는 접속사 as로 시작하는 부사절이 붙어서 문장이 길어졌어.

6. That definition / seems too narrow, / however, / since works of art and natural objects
그 정의는　　　　　너무 좁아 보인다　　　　그러나　　　　　예술작품들과 자연물들이

/ may interest us / in other ways / than by being beautiful.
우리의 관심을 끌 수 있기 때문에　다른 방식으로　　　아름답다는 것에 의한 것 외에

⇒ 그렇지만, 예술 작품들과 자연물들이 아름답다는 것에 의한 것 외에 다른 방식으로 우리의 관심을 끌 수 있으므로 그러한 정의는 너무 좁아 보인다.

혼공TIP since가 '왜냐하면'이라는 의미로 쓰이는 문장들이 정말 많아.

7. We are pleased / about your comment / as customers' satisfaction
우리는 기쁘다　　　　너의 말에 대해　　　　왜냐하면 손님들의 만족은

/ is the main motto of our service.
우리 서비스의 주된 모토이기 때문이다

⇒ 고객 만족이 저희 서비스의 가장 중요한 모토이기 때문에 귀하의 말씀을 기쁘게 생각합니다.

혼공TIP 접속사 as가 because의 의미로 쓰이고 있는 문장이야. as는 전치사로도, 접속사로도 쓰일 수 있는데 명사나 명사구가 이어지면 전치사이고, 문장이 이어지면 접속사로 쓰이고 있는 거야. 위 문장을 보면 as 다음에 문장이 보이지? 그러면 접속사 as로 쓰이고 있는 거야.

8. The classic explanation / proposes / that trees have deep roots
전형적인 설명은　　　　　제시한다　　　나무는 깊은 뿌리를 가졌다는 것을

/ while grasses have shallow roots.
풀은 얕은 뿌리를 가진 반면에

⇒ 전형적인 설명에 의하면 나무는 뿌리가 깊고, 반면에 풀은 뿌리가 얕다.

혼공TIP while이 '~ 반면에'라고 해석이 되면서 주절과 상반되는 내용을 제시하고 있어.

4 단계 수능 요리하기 p.140

1. Every time I came to feed him, / he jumped into my lap / as eagerly as ever.
내가 그것에게 먹이를 주러 갈 때마다　　　　그것은 내 무릎으로 뛰어올랐다　　　여느 때 못지않게 열심히

⇒ 내가 그것에게 먹이를 주러 갈 때마다, 그것은 나의 무릎으로 여느 때 못지않게 열심히 뛰어올랐다.

혼공TIP every time은 '~할 때마다'라는 의미로 해석하면 돼.

2. Once you are registered, / we will match you with a perfect tutor / and contact you
일단 여러분이 등록되면　　　　　우리가 당신을 완벽한 교습자와 연결시키고　　　여러분에게 연락을 드립니다

/ to arrange your schedule.
당신의 일정을 정하기 위해서

⇒ 일단 여러분이 등록되면, 우리는 여러분을 완벽한 교습자와 연결시키고, 일정을 정하도록 여러분에게 연락을 드립니다.

혼공TIP once라는 접속사를 잘 익혀 둬야 해. once는 '한 번'이라는 의미도 있지만 위 문장처럼 접속사로 쓰일 때는 '일단 ~하면'이라는 다소 독특한 의미를 가져.

3. While the eye sees at the surface, / the ear tends to penetrate / below the surface.
눈은 표면에서 보지만   귀는 침투하는 성향이 있다   표면 아래로

⇒ 눈은 표면에서 보지만, 귀는 표면 아래로 침투하는 경향이 있다.

혼공TIP while은 상반되는 두 개의 내용을 다루는 문장에서 쓰여. 위 문장에서는 눈과 귀가 비교되고 있어. 그래서 접속사 while이 아주 잘 어울리지.

4. As the students' attitudes became more optimistic, / their confidence with math
학생들의 태도가 낙관적이 되면서   수학에 대한 그들의 자신감이

/ grew too.
또한 늘었다

⇒ 학생들의 태도가 더 낙관적이 되면서 수학에 대한 그들의 자신감도 늘었다.

혼공TIP as는 이 문장에서 '~하면서, ~함에 따라'라는 의미를 나타내. 이 의미도 독해할 때 상당히 자주 볼 수 있어. 주로 become, get, grow처럼 '~가 되다, 자라다, 성장하다' 등 변화를 나타내는 동사가 나올 때 as를 이렇게 해석하면 좋아.

5. Would you please establish / a new fire station in our area,
설치해주시겠습니까   우리 지역에 새로운 소방서를

/ since you are mayor of our city?
당신은 우리 시의 시장이니까

⇒ 당신은 우리 시의 시장이시니, 우리 지역에 소방서를 하나 새로이 설치해 주시겠습니까?

혼공TIP since가 because의 의미로 쓰인 문장이야. 접속사 since만 해석하면 아주 간단하게 해석할 수 있는 문장이지? 시장님이시니까 우리 지역에 새로운 소방서를 설치해 달라고 부탁하는 내용이네.

6. They probably made a poor choice, / for the expression "multitasking"
그들은 아마 나쁜 선택을 했을 것이다   왜냐하면 multitasking이라는 표현은

/ is inherently deceptive.
본질적으로 기만적이기 때문이다

⇒ 그들은 아마 나쁜 선택을 했을 것이다. 왜냐하면 multitasking이라는 표현은 본질적으로 기만적이기 때문이다.

혼공TIP for은 접속사로서 '왜냐하면'이라는 의미를 전달해. for이 '~를 위해서'라고 해석되는 건 전치사로 쓰일 때야. for 다음에 문장이 보인다면 접속사로 판단하고, because의 의미로 해석해 주도록 해.

7. Once you've started, / it can take just six weeks / to see
일단 네가 시작 하면   단 6주만 걸릴 수 있다   보는 데에

/ an improvement of up to 20 percent / in your muscle capabilities.
20%까지의 향상을 보는 데에   너의 근력의

⇒ 일단 시작하면, 너의 근력의 최대 20퍼센트까지의 향상을 보는 데에 단 6주만 걸릴 수도 있다.

혼공TIP once의 의미를 꼭 기억해야 해. 접속사로서 '일단 ~하면'이라는 뜻이야. 위 문장에서는 '일단 시작하면'이라는 의미를 전달하고 있지.

8. But when the theme showed much variation, / the students' attention /
하지만 그 주제의 변주가 심해지면   학생들의 관심은

focused on the new detail / to such an extent that / they no longer 'heard' /
새로운 세부사항에 집중했다   정도까지   더 이상 듣지 않는

the basic theme.
기본적인 주제를

⇒ 하지만 그 주제의 변주가 심해지면, 학생들은 기본적인 주제를 더 이상 듣지 않는 범위까지 그들의 관심은 새로운 세부사항에 집중했다.

혼공TIP when이라는 부사절을 이끄는 대표적인 접속사가 쓰인 문장이야. 부사절이 쓰인 문장은 길이가 일단 길어. 하지만 길다고 해서 어렵지는 않아. 접속사의 의미만 제대로 익히면 수월하게 해석할 수 있어. 우리말 해석이 조금 어색하긴 한데, 변주가 심해지면 학생들이 기본적인 주제를 더 이상 듣지 않을 만큼 새로운 세부사항에만 집중했다는 거야.

5 단계 쓰기 요리하기   p.141

1. as[because], reputation   2. While   3. as[when]   4. since[because, as]
5. Every time   6. While   7. As, became   8. for

1단계 개념 요리하기   p.145

🍰 디저트 퀴즈

1. It is clear <u>that she loves him</u>. 그녀가 그를 사랑하는 것은 명백하다.
2. It is essential <u>to know the answer</u>. 답을 아는 것은 필수적이다.
3. It is your mistake <u>to hit him</u>. 그를 때리는 것은 너의 실수이다.
4. I don't consider it a mistake <u>to give up the mission</u>. 나는 임무를 포기하는 것을 실수라고 여기지 않는다.
5. My mother considered it wrong <u>to skip breakfast</u>.
   내 어머니께서는 아침식사를 거르는 것이 잘못된 거라고 여기셨다.

2단계 문법 요리하기   p.146

1. Over time / it was easy / to see / that his heart was not in his work.
   시간이 지날수록   쉬웠다   아는 것은   그의 진심이 일에 있지 않다는 것을

   혼공TIP 가주어 it이 쓰인 문장이야. 진주어는 to 부정사 이하! over time이 주어가 아닌 건 눈치 챘지?
   Word over time 시간이 흐를수록   one's heart ~의 진심

2. Technology makes it much easier / to worsen a situation / with a quick response.
   기술은 훨씬 더 쉬워지게 한다   상황을 악화시키는 것을   빠른 반응으로

   혼공TIP 가목적어가 쓰인 5형식 문장이야. 진목적어는 to worsen 이하! 이런 문장이 어려운 문장이지. 가목적어-진목적어를 알아야만 해석할 수 있는 문장이야.
   Word worsen 악화시키다   quick 성급한

3. It wasn't hard / to tell that he loved his work / as well as his life.
   어렵지 않았다   그가 자신의 일을 사랑했다고 말하는 것은   그의 삶뿐만 아니라

   혼공TIP 가주어 it이 쓰인 문장이야. 문장의 진짜 주어는 to tell 이하야. 진주어 자리이기 때문에 당연히 정답은 진주어 역할을 할 수 있는 to tell이지. 가주어-진주어가 쓰인 문장은 it을 보는 순간 가주어를 의심하고 뒤에서 진주어를 찾아 주면 돼. 엄청 어려운 구문은 아니니까 조금만 노력하면 정복할 수 있을 거야.
   Word as well as ~뿐만 아니라

4. Lower air pressure / may make it easier / to produce the burst of air.
더 낮은 기압은   더 쉽게 만들 수도 있다   공기의 방출을 만드는 것을

> 혼공TIP 가목적어 it을 사용한 5형식 문장이야. to produce 이하가 진목적어야. make it easier은 해석할 수 있지?
> 5형식 동사 make를 썼고, 가목적어, 목적격보어 easier로 이루어진 구문이야. '무언가를 쉽게 만든다'는
> 의미이지.
> Word air pressure 기압   burst 방출

5. Over time, / it became clear / that he couldn't do a good job at both.
시간이 흐르면서   명백해졌다   그가 두 가지 모두에서 잘 할 수는 없다는 것이

> 혼공TIP that 이하는 진주어야. that 이하의 사실이 명확해졌다는 거지.
> Word do a good job 잘하다

6. It is also a good idea / to praise employees / who bring food in / without being asked.
또한 좋은 생각이다   직원을 칭찬하는 것은   음식을 가지고 오는   요청받지 않고

> 혼공TIP 진주어는 to praise 이하야. 진주어가 좋은 생각이라는 거지. 뒤 문장에서는 주격 관계대명사 who 이하가
> employees를 수식하고 있네.
> Word praise 칭찬하다   employee 직원

7. It's likely / that you'd also go out of your way / for your friends.
~할 가능성이 크다   당신도 특별한 노력을 하다   당신의 친구들을 위해

> 혼공TIP it's likely that은 '~할 가능성이 높다'는 의미로 자주 볼 수 있는 표현이야.
> Word likely ~할 것 같은   go out of one's way 특별한 노력을 하다

8. It can seem / like that you do not have time / to prepare tasty nutritious meal.
그것은 보일 수 있다   당신이 시간이 없는 것처럼   맛있고 영양가 많은 식사를 준비할

> 혼공TIP it seems that이라는 표현을 응용한 구문이야. '~처럼 보일 수 있다' 정도로 해석하면 돼.
> Word tasty 맛있는   nutritious 영양가 있는

3 단계 해석 요리하기   p.147

1. Rosa made it clear / that our happiness was important to her as well.
　　Rosa는 분명히 하였다   우리의 행복이 그녀에게도 중요하다는 것을
⇒ Rosa는 우리의 행복이 그녀에게도 중요하다는 것을 분명히 밝혀 주었다

> 혼공TIP 가목적어가 쓰인 5형식 문장이야. that 이하가 진목적어로 쓰였어.

2. It turned out / they already knew a lot more about sales / than they thought.
　　밝혀졌다   그들이 이미 판매에 대해 더 많은 것을 알고 있다는 것이   그들이 생각했던 것보다
⇒ 그들은 자신들이 생각했던 것보다 판매에 대해 이미 훨씬 더 많은 것을 알고 있다는 것이 밝혀졌다.

it turned out that은 '~로 밝혀지다'라는 의미로 관용적으로 쓰여. 이 때의 that은 생략이 가능해서 위 문장에서는 생략했어.

3. It is shortsighted / to rely solely on protected areas / to preserve biodiversity.
근시안적이다   보호구역에만 의존하는 것은   생물 다양성을 보존하기 위해

⇒ 생물 다양성을 보존하기 위해서 오직 보호구역에만 의존하는 것은 근시안적이다.

진주어는 to rely 이하야. to rely 이하의 내용들이 근시안적이라는 거지. to preserve biodiversity는 to 부정사의 부사적 용법이야. 목적을 나타내고 있어.

4. It is no accident / that fish have bodies / which are streamlined and smooth.
우연이 아니다   물고기가 몸을 가지고 있는 것은   유선형이고 매끄러운

⇒ 물고기가 유선형이고 매끄러운 몸을 가지고 있는 것은 우연이 아니다.

진주어는 that 이하이고, that 이하의 사실들이 우연이 아니라는 의미야. which are streamlined and smooth는 앞에 있는 bodies를 꾸며주고 있어.

5. It is critical / to recognize the bidirectional relationship / between science and society.
대단히 중요하다   양방향적인 관계를 인식하는 것은   과학과 사회 간의

⇒ 과학과 사회 간의 양방향 관계를 인식하는 것이 대단히 중요하다.

진주어는 to recognize 이하의 내용들이야. 진주어의 내용들이 대단히 중요하다는 뜻!

6. It would seem logical / to provide online counselling / for young people.
논리적으로 보인다   온라인 상담을 제공해주는 것은   젊은이들에게

⇒ 젊은이들에게 온라인 상담을 제공해주는 것은 논리적으로 보인다.

to provide부터가 진주어야. 진주어의 내용이 논리적으로 보인다는 문장이야.

7. It must be emphasized / that tradition was not static,
강조되어야 한다   전통은 정적인 것이 아니고

/ but constantly subject to minute variations / appropriate to culture and people.
작은 변화들에 끊임없이 노출되었다는 것이   문화와 사람들에게 적절한

⇒ 전통은 정적인 것이 아니고, 문화와 사람들에게 적절한, 아주 작은 변화에 끊임없이 노출되었다는 사실이 강조되어야 한다.

that 이하의 내용은 전부 진주어야. 진주어의 내용이 강조가 되어야 한다는 거지. be subject to는 다소 어려운 숙어인데 '~의 지배나 영향을 받다'라는 의미야. 여기서는 작은 변화들에 끝없이 노출되면서 영향을 받았다는 의미를 전달해.

8. It was the local practice / for lawyers / to negotiate only with other lawyers,
현지의 관행이다   변호사들이   다른 변호사들과만 협상하는 것이

/ not with the business people.
사업가들과는 말고

⇒ 변호사는 사업가들과 협상하지 않고 다른 변호사들과만 협상하는 것이 현지의 관행이다.

「for + 목적격」은 to 부정사의 의미상의 주어야. 가주어 구문이랑 아주 잘 어울리는 문법이니 위 문장 형태를 기억하자.

1. The good news / is that it's never too late / to start building up muscle strength, /
반가운 소식은   ~은 결코 때가 너무 늦지 않다는 것이다   근육의 힘을 기르기 시작하는 일은

regardless of your age.
연령에 상관없이

⇒ 반가운 소식은 연령에 상관없이 근육의 힘을 기르기 시작하는 일은 결코 너무 늦지 않다는 것이다.

> **혼공TIP** that절 이하에 가주어 it이 쓰였네. 반가운 소식이 that 이하의 사실인데, 그 안에 가주어 it, 진주어 to start
> 이하가 쓰였어. 무언가가 결코 절대 늦지 않는데, 그 내용은 to start 이하에 나와. 근육의 힘을 기르기 시작하는
> 일은 결코 늦지 않으니까 언제든 시작해도 된다는 거지.

2. It was difficult / for anyone / to decline that invitation.
어려웠다   누구라도   그런 초대를 거절하는 것은

⇒ 누구라도 그런 초대를 거절하는 것은 어려웠다.

> **혼공TIP** 「for + 목적격」의 to 부정사의 의미상의 주어랑 가주어가 합쳐진 문장이네.

3. In such institutions / it is difficult / for the staff / to retain optimism /
그런 시설에서   어렵다   직원들이   낙관주의를 유지하는 것이

when all the patients are declining in health.
모든 환자가 건강이 쇠퇴하고 있을 때

⇒ 그런 시설에서 직원들은 모든 환자가 건강이 쇠퇴하고 있을 때 낙관주의를 유지하기가 힘들다.

> **혼공TIP** 가주어 it이 쓰인 문장이지? 진짜 주어는 to retain 이하야. 그리고 for the staff는 의미상의 주어로 쓰였어.
> 뒤에 when 부사절이 붙어서 문장이 좀 길어졌지만 크게 어렵지 않게 해석할 수 있지? 가주어-진주어 관계만
> 파악하면 잘 해석할 수 있는 문장이야.

4. It is likely / that the donor bat will itself eventually need / help from some nest-mate.
~할 가능성이 크다   그 기부자 박쥐도 결국에는 필요할 것이라는 것이   둥지에서 함께 사는 어떤 박쥐에게서의 도움을

⇒ 그 기부자 박쥐도 언젠가는 둥지에서 함께 사는 어떤 박쥐로부터 도움을 필요로 할 가능성이 크다.

> **혼공TIP** it is likely that은 '~할 가능성이 높다'라는 구문으로 기억하자. likely는 '~할 가능성이 큰'이라는 의미인데
> 독해에서 굉장히 자주 볼 수 있는 단어야. 형용사, 부사의 의미를 모두 가지고 있는데 이 문장에서는 형용사로
> 쓰이고 있어.

5. It became clear / that I was imprinting the woodchuck / and vice versa.
확실해졌다   내가 그 마멋을 내 마음에 새기고 있었다   그리고 그 마멋도 그러했음이

⇒ 내가 그 마멋을 내 마음에 새기고 반대로 그 마멋 또한 나를 그 마음에 새기고 있다는 것이 확실해졌다.

> **혼공TIP** it became clear that은 '~라는 사실이 확실해지다' 정도로 기억하면 돼. 문장의 제일 마지막에 있는 vice
> versa는 반대도 똑같다는 의미야. 위 문장에서는 내가 마멋을 마음에 새기듯이, 그 반대도 똑같다는 거야. 즉,
> 마멋도 나를 마멋의 마음에 새긴다는 의미를 vice versa가 전달해.

6. It appears / that measures / that protect drivers from the consequences of bad driving
~처럼 보인다   수단들이   잘못된 운전의 결과로부터 운전자를 보호하는

/ encourage bad driving.
잘못된 운전을 조장하는 것

⇒ 운전자들을 잘못된 운전의 결과로부터 보호하는 수단들이 바람직하지 않은 운전을 조장하는 것처럼 보인다.

혼공TIP it appears that은 '~처럼 보이다'라는 관용적 표현이야. 뒤 문장에서는 that protect drivers from the consequences of bad driving이 앞에 있는 measures를 꾸며주는 형용사절이라는 것을 파악해야 해. 그래야 뒤 문장의 진짜 동사인 encourage를 찾을 수 있고 정확하게 해석할 수 있어.

7. It might be appropriate / to describe animal signals / as transferring information.
적합할지도 모른다 　　　　　동물의 신호를 설명하는 것이 　　　　　정보 전달로

⇒ 동물의 신호를 정보 전달로 설명하는 것이 적합할지도 모른다.

혼공TIP to describe 이하가 진주어야. 진주어의 내용이 적합할지도 모른다는 추측의 의미야. describe A as B는 'A를 B라고 설명하다' 정도로 해석을 해 주면 돼.

8. It gave me / great pleasure / to think about / how my dream would become a reality.
나에게 주었다 　　　대단한 기쁨을 　　　생각해 보는 것은 　　　내 꿈이 어떻게 현실이 될 것인지에 대해

⇒ 내 꿈이 어떻게 현실이 될 것인가에 대해 생각해 보는 것은 내게 대단한 기쁨을 주었다.

혼공TIP to think 이하는 진주어야. 진주어가 나에게 대단한 기쁨을 주었다는 거지. 이 문장은 4형식 동사 give를 이용한 문장이네. 간접목적어가 me, 직접목적어가 great pleasure이야.

5
단계
쓰기 요리하기
p.149

1. it, that　**2.** It turned out　**3.** It, to rely[depend, count]　**4.** accident that
5. It, to provide　**6.** difficult for, to decline　**7.** It is likely　**8.** It appears

 18일차 – 비교급의 모든 것

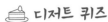

1 단계 개념 요리하기

p.153

🍰 디저트 퀴즈

1. (f)ewer
2. (t)aller
3. (g)reater
4. (m)ore
5. (m)ost

2 단계 문법 요리하기

p.154

1. Today / we consume 26 times more stuff / than we did 60 years ago.
   오늘날　　　　우리는 26배 더 많은 물건을 소비한다　　　　우리가 60년 전에 그랬던 것보다

   혼공TIP 해석으로 푸는 문제야. 더 많이 소비를 한다고 하니 more을 써줘야 하는 거지. 배수 표현을 짚어주자면, 26 times라는 배수사가 쓰인 다음에 more than이 위치했어. 그러면 뒤에 있는 것보다 앞에 있는 것이 '26배 더 ~하다'라는 의미를 완성하지. 특히 도표 문제에서 자주 등장하니까 배수 표현을 꼭 익히자.
   Word consume 소비하다　stuff 물건, 것

2. Water / might suddenly become / one of the most valuable things.
   물이　　　　갑자기 될지도 모른다　　　　가장 귀중한 것들 중에 하나가

   혼공TIP 대부분의 2음절 이상의 형용사의 최상급은 「the most + 형용사」로 나타내.
   Word valuable 귀중한

3. The earlier kids start to use computers, / the more familiarity they will have
   더 일찍 아이들이 컴퓨터를 사용할수록　　　　더 많은 친숙함을 그들이 가질 수 있다

   / when using other digital devices.
   다른 디지털 기기들을 사용할 때

   혼공TIP 「the 비교급 + the 비교급」 구문이야. 구조를 익히고 정확하게 해석하자.
   Word familiarity 친숙함　device 기기

4. That's 250,000 times hotter / than the hottest summer day.
그것은 25만 배 더 뜨겁다   가장 더운 여름날보다

> 혼공TIP than은 비교급과 함께 사용하는 표현이라서 정답은 hotter이야. 위 문장은 배수사를 이용한 배수 표현을 하고 있어. 배수 표현은 수능 영어의 도표 문제에서 정말 중요하기 때문에 꼭 정확하게 해석하는 법을 익히도록 해. 비교급, 또는 원급을 이용해서 배수의 표현을 할 수 있어.

5. The rectangular grid system / caused / as much harm as it did good.
그 직사각형 격자무늬 체계는   초래했다   그것이 이로웠던 만큼 많은 해로움을

⇒ 그 직사각형 격자무늬 체계는 이로움만큼이나 해로움도 초래 했다.

> 혼공TIP as ~ as를 보면 항상 형용사/부사의 원급을 떠올려야 해.
> Word grid 격자무늬

6. The more something causes your heart to race, / the more important it is
더 많이 무언가가 너의 심장을 뛰게 할수록   더 중요하다

/ to step back / before speaking or typing a single word.
한 걸음 뒤로 물러서는 것이   한마디를 말하거나 타자로 치기 전에

> 혼공TIP 「the 비교급 + the 비교급」 구문이야. 구조를 익히고 정확하게 해석하자. the more important처럼 the more 다음에는 형용사 또는 부사가 바로 위치해. 뒤에 있던 형용사나 부사가 앞으로 빠져 나온다고 생각하면 돼.
> Word race 뛰다   step back 물러서다

7. The hurt followed her / as surely as the oxygen tube / trailing her wheelchair.
그 아픔이 그녀를 쫓아왔다   그 산소 튜브만큼 확실히   그녀의 휠체어에 따라오는

> 혼공TIP as ~ as 사이에는 항상 형용사와 부사의 원급을 써 줘야 해.
> Word trail 따라다니다

8. Of the five spenders, / Russia spent the smallest amount of money
5개의 소비주체들 중에서   러시아가 가장 적은 양의 돈을 썼다

/ on international tourism.
국제관광에

> 혼공TIP small의 최상급은 the smallest이지. 그리고 「of + 복수명사」로 문두에 시작되면, '~중에서'라고 해석하면 간단하게 접근할 수 있어.
> Word international tourism 국제관광

3 단계 해석 요리하기   p.155

1. Furthermore, / tap water / is actually healthier / in some respects.
게다가   수돗물이   사실상 건강에 더 좋다   어떤 측면에서는

⇒ 게다가, 어떤 측면에서는 수돗물이 사실상 건강에 더 좋다.

혼공TIP 비교급 healthier가 쓰인 문장이야. than 이하의 성분은 앞뒤 맥락 속에 있다고 생각하면 돼.

2. Less than 50 percent of males / consumed fruit and vegetables
　　　　　남성의 50%미만이　　　　　　　　　　　　　과일과 채소를 섭취한다

/ 5 or more times per day.
　하루에 5회 이상

⇒ 남성의 50%보다 더 적은 비율이 하루 5회 이상 과일 및 채소를 섭취했다.

혼공TIP less는 little의 비교급이야. less than은 '~보다 적은'이란 뜻이야.

3. The ambulance's getting there / as quickly as it can.
　　　　　앰뷸런스가 그곳으로 가고 있다　　　　　　가능한 한 빨리

⇒ 앰뷸런스가 가능한 한 빨리 그곳으로 가고 있습니다.

혼공TIP as quickly as it can은 워낙 많이 쓰여서 '가능한 한 빨리'라는 관용적 느낌으로 해석을 해도 좋아.

4. The more you know about your reader, / the greater the chances
　　　　더 많이 당신이 당신의 독자에 대해 알수록　　　　　　더 기회가 커질 것이다

/ you will meet his or her needs and expectations.
　　당신이 독자의 필요와 기대를 충족시킬

⇒ 여러분이 독자에 대해 더 많이 알수록, 여러분이 독자의 필요와 기대를 충족시킬 가능성이 더 커진다.

혼공TIP 「the 비교급 + the 비교급」구문이야. 구조가 독특하기 때문에 금방 눈에 띌 거야. 정확하게 해석하자.

5. The percentage gap between men and women / was the smallest
　　　　　　남성과 여성 사이의 비율 차이는　　　　　　　　　　가장 작았다

/ in getting enough sleep / and in doing exercise.
　충분히 잠을 자는 것에서　　　그리고 운동을 하는 것에서

⇒ 남성과 여성 사이의 비율 차이는 충분한 잠을 자는 것과 운동을 하는 것에서 가장 작았다.

혼공TIP 도표 문제에서 비교, 최상급의 표현을 정말 많이 볼 수 있어. in ~ing는 '~하는데 있어'라는 뜻인데 이 문장에서는 and를 중간에 두고 두 개가 나왔으니 병렬이네.

6. The smaller the protected area, / the more it depends on unprotected neighboring
　　　　그 보호구역이 작으면 작을수록　　　　　　　더욱 보호되지 않는 인근 지역에 의존하게 된다

lands / for the long-term maintenance of biodiversity.
　　　　생물 다양성의 장기적인 유지를 위해서

⇒ 보호구역이 작으면 작을수록 그것은 생물 다양성의 장기적인 유지를 위해 보호되지 않는 인근 지역에 더욱 의존하게 된다.

혼공TIP 「the 비교급 + the 비교급」구문인 것 보이지?

7. Soccer teams with the greatest proportion of elite athletes / performed worse /
　　　　　　뛰어난 운동선수의 비율이 가장 큰 축구팀이　　　　　　　　　　더 못했다

than those / with more moderate proportions of top level players.
　다른 팀들보다　　　　　최고 수준의 선수 비율이 평범한

⇒ 뛰어난 운동선수가 비율적으로 가장 많은 축구팀은 최고 수준의 선수 비율이 그다지 많지 않은 팀들보다 더 안 좋은 성과를 냈다.

worse는 bad의 비교급이야. worse than은 '~보다 못한'이라는 의미야.

8. Baseball, in particular, / is one of the most popular sports / frequently broadcast on TV.
특히 야구는   가장 인기 있는 스포츠 중 하나이다   TV에서 자주 방송되는

⇒ 특히 야구는 텔레비전에서 자주 방송되는 가장 인기 있는 스포츠들 중 하나이다.

「one of the 최상급 + 복수명사」는 독해를 하면서 많이 만날 수 있는 구문이야. '가장 ~한 것들 중의 하나'
라는 의미이지. broadcast라는 동사 때문에 당황했을 수도 있겠네. broadcast는 과거와 과거분사형을
broadcast 또는 broadcasted라고 쓸 수도 있어. 예문에서는 과거분사로 쓰인 거야.

4 단계 수능 요리하기
p.156

1. One of the little understood paradoxes / in communication /
잘 이해가 되지 않는 역설 중의 하나는   의사소통에 있어서

is that the more difficult the word, / the shorter the explanation.
단어가 더 어려울수록   설명이 더 짧아진다는 것이다

⇒ 의사소통에 있어서 거의 잘 이해되지 않는 역설 중의 하나는 단어가 어려우면 어려울수록 설명은 더욱더
짧아진다는 것이다.

that절 이하에서 「the 비교급 + the 비교급」 구문을 사용한 문장이야. 전체적인 문장의 동사는 is이기 때문에
이 문장은 2형식 문장이야. 보어 자리에 that이 이끄는 명사절이 오면서 문장이 길어졌네.

2. Despite their lowest rate of volunteering, / seniors aged 75 and older
그들의 가장 낮은 자원봉사 비율에도 불구하고   75세 이상의 노인들은

/ gave more hours on average / than any other age group.
평균적으로 더 많은 시간을 할애했다   다른 어떤 연령집단보다

⇒ 가장 낮은 자원봉사 비율에도 불구하고 75세 이상 노인들은 어느 다른 어떤 연령집단보다 평균적으로
더 많은 (자원봉사) 시간을 할애했다.

more ~ than의 비교급 구문이 쓰인 문장이야.

3. However, language offers / something more valuable / than mere information exchange.
그러나 언어는 제공한다   더 가치 있는 것을   단순한 정보의 교환보다

⇒ 그러나 언어는 단순한 정보의 교환보다 더 가치 있는 것을 제공한다.

more valuable은 비교급을 배웠으니 바로 이해가 되지? more valuable이 형용사로서 앞의 something
이라는 명사를 꾸미고 있어. 비교급이 쓰였기 때문에 단짝인 than이 함께 쓰였네.

4. One reason / most dogs are much happier / than most people
한 가지 이유는   대부분의 개들이 훨씬 더 행복한   대부분의 사람들보다

/ is that dogs aren't affected / by external circumstances / the way we are.
개들은 영향을 받지 않는다   외부 환경에   우리가 그런 것처럼

⇒ 대부분의 개들이 대부분의 사람들보다 훨씬 더 행복한 한 가지 이유는 개가 우리[인간]처럼 외부 환경의

영향을 받지 않는다는 것이다.

> 혼공TIP happier라는 happy의 비교급을 much가 수식하고 있는 문장이야. very는 비교급을 수식할 수 없는 것 알지? 비교급을 수식하는 much, far, even, still, a lot을 다시 한번 기억하자.

5. The percentage of 2012 / was three times higher / than that of 2006.
2012년의 비율이　　　　　　세배가 더 높았다　　　　　　2006년의 것보다

⇒ 2012년의 비율이 2006년의 비율보다 3배가 더 높았다.

> 혼공TIP three times는 3배야. higher than을 이용해서 배수 표현을 완성했어.

6. The more effectively / they communicate that authority, / the more secure /
더 효과적으로　　　　　그들이 권위를 전달할수록　　　　　더 안전하게

the child feels, / and the better able he is / to move away from them /
아이는 느낀다　　　　그리고 더 잘 할 수 있다　　　그들로부터 떠나가는 것을

toward a life of his own.
그 자신의 삶을 향해

⇒ 부모가 그 권위를 효과적으로 전달하면 할수록 아이는 더욱 안심하며 그 자신의 삶을 향해 부모로부터 더 잘 떠나갈 수 있다.

> 혼공TIP 전형적인 「the 비교급 + the 비교급」 구문을 이용한 문장이야. 특히 두 번째 the 비교급이 한 개가 아니라 두 개가 나왔어. 즉, the more secure ~ and the better able ~이렇게 두 개인 거지.

7. The number of researchers per 1,000 people in 2007 / was twice as large
2007년에 1,000명당 연구원의 수는　　　　　　　　　　　두 배만큼 컸다

/ as that in 1999.
1999년의 것보다

⇒ 2007년 1,000명당 연구원의 수는 1999년 1,000명당 연구원의 수의 두 배였다.

> 혼공TIP twice as large as는 '두 배 더 큰'이라는 의미이지. that in 1999에서 that은 the number of researchers per 1,000 people이야. 한 단어로 대체할 수 있으니 경제적이지?

8. The more meaning / you can pack into a single word,
더 많은 의미를　　　　당신이 한 단어에 집어넣을 수 있을수록

/ the fewer words are needed / to get the idea across.
더 적은 단어가 필요해진다　　　　그 생각을 전달하는 데에

⇒ 한 단어에 더욱더 많은 의미를 집어넣을수록 그 생각이 전달되게 하는 데는 더욱더 적은 단어가 필요하게 된다.

> 혼공TIP 전형적인 「the 비교급 + the 비교급」 구문을 이용한 문장이야. 문장을 멀리서 보았을 때 The more ~ the fewer가 눈에 들어와야 해.

5단계 쓰기 요리하기　　　　　　　p.157

1. healthier　2. Less than　3. greater　4. smallest　5. difficult, shorter　6. lowest
7. much happier　8. times higher

 19일차 – 가정법을 이용한 문장

 1
단계 **개념** 요리하기 p.161

 디저트 퀴즈

1. have gotten
2. were
3. talk
4. were
5. had not told

2
단계 **문법** 요리하기 p.162

1.　If your cat is shy, / he or she won't want / to be displayed / in cat shows.
　　만약 너의 고양이가 수줍어 한다면　　원치 않을 것이다　　자신의 모습을 보이는 것을　고양이 품평회 쇼에서

　　혼공TIP 위 문장의 if는 부사절을 이끄는 접속사야. 가정법의 공식을 따르고 있지 않지. 그래서 '만약 ~' 정도로 해석을
　　　　　해 주면 되고, 현실에서 일어날 수 있는 일을 나타내고 있어. 위 문장에서는 고양이가 수줍을 수 있다는 거지.
　　Word display 보여주다

2.　If you stay there even longer, / you may begin / to sound like the locals.
　　만약 네가 그곳에서 훨씬 오랫동안 머무른다면　　너는 시작할지도 모른다　　지역사람들처럼 들리기를

　　혼공TIP 주절의 may를 보면 단순 조건이라는 것을 알 수 있지. 고로 어렵지 않게 stay를 선택할 수 있어. 물론 가정법
　　　　　과거와 한글 자체 해석은 똑같지만, 가능성이 달라. 가정법 과거였다면 가능성이 전혀 없는 상황이겠지?
　　Word sound ~처럼 들리다　local 현지인

3.　But even more people / will buy that product / if that same label includes information
　　그러나 훨씬 더 많은 사람들이　　그 식품을 구매할 것이다　　만약 동일한 라벨이 정보를 포함한다면
　　/ about the risks of ingesting such dyes.
　　그러한 염료를 섭취하는 위험에 대해서

　　혼공TIP 여기서는 will이 있으니 가능성이 있을 수 있는 단순 '조건문'이 되는 거야. 그래서 includes가 정답이 되는
　　　　　거지. 만약 would와 included로 쓰였다면, 가정을 해보는 상황이 되는 거지.
　　Word include 포함하다　ingest 섭취하다

4. He might feel better / if he had something to eat.
그는 기분이 나아질지도 모른다   그가 무언가 먹는다면

혼공TIP 주절이 앞으로 올 수도 있어. 가정법 과거를 이용한 문장이야. might feel을 보면 가정법이 보이지?

5. If you believe / that loyalty goes hand in hand with friendship,
만약 당신이 믿는다면   충성심이 우정과 함께 한다는 것을

/ you are probably a loyal friend yourself.
너는 아마 충실한 친구일 것이다

혼공TIP If절의 believe를 보면 단순 조건문이라는 것을 쉽게 알 수 있어. 그래서 are를 선택해줘야 해.
Word loyalty 충성심   go hand in hand 함께하다   friendship 우정   loyal 충실한

6. Perhaps / many dental problems would be prevented / if more biting were encouraged
아마   많은 치아 문제들이 예방될 것이다   더 많은 씹기가 권장된다면

/ for children.
아이들을 위해

혼공TIP be동사는 가정법 과거 문장에서 were의 형태로 사용을 하거든. 주어인 more biting은 원래는 were이랑 어울리지 않지. 이 문장이 가정법 문장이기 때문에 이렇게 사용을 하는 거야. 이렇게 평소와 다르게 쓰인 were 을 발견한다면 가정법을 바로 떠올려 주자.
Word prevent 예방하다   bite 씹다

7. Walk, talk, and act / as if you were already that person.
걷고, 이야기하고 행동하라   이미 네가 그 사람인 것처럼

혼공TIP 이 문장은 짧지만 완벽한 가정법을 이용한 문장이야. as if 다음에 가정법 과거를 사용했어. 주절의 내용과 같은 시제의 내용에 대해서 가정을 하는 거지. 누군가에게 충고하는 내용인데, 이미 네가 그 사람인 것처럼 걷고, 이야기하고, 행동하라는 거야. 이 내용이 왜 가정법인지 알겠어? 너는 절대로 그 사람이 될 수 없어. 당연하잖아? 이렇게 현실에서 일어날 수 없는 일을 가정하는 가정법을 써야 하는 거지.

8. If the miser were to realize / how he is limiting his true wealth, / he would hasten
구두쇠가 깨닫는다면   그가 자신의 진정한 부를 어떻게 제한하고 있는지   그는 서두를 것이다

/ to find some worthy person.
어떤 가치 있는 사람을 찾으려고

혼공TIP 가정법 과거의 공식을 따르고 있는 문장이야. would를 보고 알 수 있지. 그래서 if절에 be동사를 were로 바꾸어 사용해야 해.
Word miser 구두쇠   hasten 서두르다   worthy 가치 있는

3 단계 해석 요리하기   p.163

1. If you stay there, / you'll get used to this.
만약 당신이 그곳에서 머무른다면 당신은 이것에 익숙하게 될 것이다

⇒ 만약 당신이 그곳에 머무른다면, 당신은 이것에 익숙하게 될 것이다.

혼공TIP 접속사 if가 이끄는 부사절이야. 실현의 가능성이 있는 내용을 다루고 있어.

2. If it were recorded in Soupy's voice, / the local radio station would play it.
　　만약 그것이 Soupy의 목소리로 녹음된다면　　　　지역 라디오 방송국이 그것을 틀어줄 것이다

⇒ 만약 그것이 Soupy의 목소리로 녹음되면 지역 라디오 방송국이 틀어줄 것이다.

혼공TIP 가정법 과거의 공식을 따르고 있어. 그러니 실현 가능성이 없는 이야기를 하고 있다고 판단해야 해. 현실에서 그것은 Soupy의 목소리로 녹음될 일이 없어. Soupy는 아마 유명한 사람이거나 인기인이겠지? 그럴 일이 없다는 것을 가정법을 이용해서 전달하고 있어.

3. If everyone were motivated / by fear, / nothing creative would ever be achieved.
　　만약 모든 사람들이 유도된다면　　공포에 의해　　창조적인 것은 아무것도 이루어 질 수 없을 것이다

⇒ 만약 모든 사람들이 공포에 의해 행동이 유도된다면, 창조적인 것은 어떤 것도 이루어질 수 없을 것이다.

혼공TIP were를 보는 순간 가정법 과거를 떠올려야 해. 실현 가능성이 없는 상황을 상상해 보고 있는 문장이야.

4. Imo, though, realized / that if you threw / a handful of wheat and sand /
　　하지만, Imo는 깨달았다　　만약 당신이 던진다면　　한 줌의 밀과 모래를

into the ocean, / the sand would sink / and the wheat would float.
　　바다 속에　　모래는 가라앉고　　밀은 뜨리라는 것을

⇒ 하지만 Imo는 한 줌의 밀과 모래를 바다 속에 던지면 모래는 가라앉고 밀은 뜨리라는 것을 깨달았다.

혼공TIP 가정법 과거야. 지금 당장 밖으로 나가서 밀과 모래를 바다에 던질 일은 없지만, 그래도 굳이 그런 상황을 상상하거나 그려보는 거지. 이런 상황을 머릿속에 떠올릴 때도 가정법을 많이 써. threw와 would가 눈에 들어와야 해.

5. If you follow your affections, / you will write well / and will engage your readers.
　　만약 여러분이 여러분의 애착을 따른다면　　여러분은 잘 쓸 것이고　　독자들을 사로잡을 것이다

⇒ 만약 여러분이 애착을 가지고 있는 것을 따른다면, 여러분은 글을 잘 쓸 것이고 여러분의 글을 읽는 독자들을 사로잡을 것이다.

혼공TIP if가 가정법이 아닌 부사절로 쓰였음을 알 수 있어. 실현 가능성이 있는 내용에 대해서 이야기하고 있어. 사람들이 애착을 가지고 있는 것을 따르는 일이 충분히 실현가능한 것이지.

6. If you have been working on a project for eight hours, / but it only feels like six,
　　만약 네가 8시간 동안 프로젝트를 했는데　　그것이 6시간으로 밖에 느껴지지 않는다면

/ you will have more energy / to keep going.
　　너는 에너지가 더 있을 것이다　　계속 해나갈

⇒ 만약 네가 프로젝트를 8시간 동안 했는데 그것이 6시간처럼 느껴진다면, 너는 계속 해나갈 에너지가 더 있을 것이다.

혼공TIP 가정법이 아닌 조건의 부사절을 이끄는 if야. 8시간 동안 프로젝트 일을 했는데 6시간처럼 느껴진다. 우리는 이런 경험을 할 수가 있다고 생각하고 필자가 편하게 말을 하는 거야. 물론 필자가 판단하기에 이런 상황이 절대 없다고 생각한다면 가정법 과거로 표현할 수도 있어. 가능성에 대한 판단은 화자 또는 필자가 하는 거거든.

7. If Ernest Hamwi had taken that attitude / at the 1904 World's Fair,
　　Ernest Hamwi가 그런 마음가짐을 가지고 있었다면　　1904년의 세계박람회 때

/ he might have ended his days / as a street vendor.
　　그는 그의 생을 마감했을지도 모른다　　거리의 상인으로

⇒ Ernest Hamwi가 1904년 세계 박람회에서 그런 마음가짐을 가지고 있었더라면, 그는 거리의 상인으로 생을 마감했을지도 모른다.

> 혼공TIP 전형적인 가정법 과거완료의 공식을 따르고 있어. 과거 사실에 대한 반대의 상황을 가정해 보는 문장이야.

8. If they only read a book once, / they tend to only focus / on the events and stories in it.
책을 한 번만 읽으면   그들은 집중하는 경향이 있다   그 속의 사건과 이야기에

⇒ 책을 한 번만 읽으면, 사람들은 그 책의 사건과 이야기에만 집중하는 경향이 있다.

> 혼공TIP 필자는 이미 이 일에 대해 경험을 많이 해봤나봐. 그래서 현재의 반대 상황이 아니라 있을 법하다는 뉘앙스로 read, tend와 같은 현재 동사를 썼어. 가능성에 대한 필자의 판단이 시제를 통해 문장에 고스란히 녹아있지.

4 단계   수능 요리하기   p.164

1. If you are worrying about money / when you are away, / your enjoyment will suffer.
만약 네가 돈에 대해 걱정한다면   네가 떠나있을 때   너의 즐거움은 타격을 받을 것이다

⇒ 떠나 있을 때 돈에 대해 걱정을 한다면, 너의 즐거움을 타격을 받을 것이다.

> 혼공TIP 가정법이 아니야. 실현 가능성이 있는 내용을 다루고 있어. 돈 걱정을 현실에서도 할 수 있잖아? 그런 돈 걱정을 하면 즐거움에 타격을 받는다는 것은 누구에게나 일어날 수 있는 일이야.

2. If you walk after a meal, / you may burn 15 percent more calories.
만약 네가 식사 후에 걷는다면   너는 15% 더 많은 칼로리를 소모할 것이다

⇒ 식사 후에 걷는다면, 15%나 더 많은 칼로리를 소모할 수 있다.

> 혼공TIP 가정법이 아니야. 실제로 식후에 운동을 하면 칼로리를 소모할 수 있지. 접속사 if가 이끄는 부사절로 판단해야 해.

3. If I'd told you that, / you might have panicked / and none of us would have made it.
만약 내가 너에게 그것을 말했다면   너는 기겁했을 것이다   그리고 우리들 중 아무도 해내지 못했을 것이다

⇒ 내가 너에게 그것을 말했다면 너는 기겁했을 것이고 우리들 중 누구도 해내지 못했을 거야.

> 혼공TIP 전형적인 가정법 과거완료의 공식을 따르고 있어. 실제로는 내가 말을 하지 않은 것이지.

4. If someone was tickling you / and you managed to remain relaxed,
만약 어떤 사람이 당신을 간질이고   당신은 차분함을 유지한다면

/ it would not affect you at all.
그것은 당신에게 아무런 영향도 주지 않을 것이다

⇒ 어떤 사람이 당신을 간지럽게 해도 차분함을 유지한다면 그것은 당신에게 아무런 영향을 주지 않을 것이다.

> 혼공TIP was tickling과 managed가 병렬로 연결되어있지? were가 오지 않더라도 이렇게 진행형 형식으로 쓸 때는 가정법 과거가 되는 거야. managed를 보면 더 명확하잖아? 그리고 뒤에 would가 오니까 전체적으로 가정법 과거라고 판단하면 정확해. 지금 당장 간질간질하는 상황이 불가능하겠지만 한번 머릿속에 상상해보는 것이기 때문에 가정법 과거를 쓰는 거야.

5. We anticipate the future / as if we found it too slow in coming
우리는 미래를 고대한다   마치 미래가 너무 느리게 오고 있다고 생각해서

/ and we were trying to hurry it up.
그것을 서둘러 오게 하려고 하는 것처럼

⇒ 우리는 마치 미래가 너무 느리게 오고 있다고 생각해서 그것을 서둘러 오게 하려고 하는 것처럼 미래를 고대한다.

혼공TIP　as if 다음에 가정법 과거를 써서 주절의 시제와 같은 현재 시제의 내용을 가정하고 있어.

6. If the coin is tossed / and the outcome is concealed, / people will offer lower amounts
만약 동전이 던져지고   결과가 감춰지면   사람들은 더 적은 금액을 제시한다

/ when asked for bets.
내기를 걸라는 요청을 받았을 때

⇒ 동전이 던져지고 그 결과가 감춰진 경우에는 내기를 걸라는 요청을 받았을 때 사람들은 더 적은 금액을 걸려 한다.

혼공TIP　필자는 이미 이런 실험을 많이 해봤나 봐. 편하게 단순 조건문으로 썼어. 흔히 '이렇게 하면 이렇게들 한다'라고 담담히 이야기를 해 나가고 있는 거야. 이 역시도 가정법 과거로 표현할 수도 있지만 그럼 느낌이 완전 다른 거야.

7. If I were to make an accurate drawing of this barn / and put it in a show,
만약 내가 이 헛간의 정확한 그림을 그리고   그것을 전시한다면

/ I'm sure / I would get / all kinds of criticism for my poor perspective.
나는 확신한다 나는 받게 될 것이다   나의 형편없는 원근법으로 인한 온갖 종류의 비난들을

⇒ 만약 내가 이 헛간을 정확하게 그려서 그것을 전시회에 내놓는다면, 나는 형편없는 원근법 때문에 모든 종류의 비난을 받게 될 거라고 확신을 한다.

혼공TIP　were to를 가정법에서 사용하면 실현 가능성이 정말 희박한 일에 대해서 가정한다는 느낌을 전달해. 위 문장에서는 내가 절대로 이 헛간의 정확한 그림을 그릴 리가 없다는 의미를 전달해.

8. If they worked / in a well-organized environment, / they would be surprised
만약 그들이 일하게 된다면   잘 정돈된 환경에서   그들은 놀라게 될 것이다

/ at how much more productive they were.
그들이 얼마나 더 생산적인가에

⇒ 만약 그들이 잘 정돈된 환경 속에서 일을 해보게 된다면, 그들은 자신들이 얼마나 더 생산적인가에 놀라게 될 것이다.

혼공TIP　전형적인 가정법 과거의 공식을 따르고 있어. 현실은 아주 지저분하고 정리되지 않은 곳에서 사람들이 일하고 있고, 정돈될 기미가 보이지 않는 다는 거지. 하지만 그래도 '만약 기적적으로 정돈이 된다면 이럴 것이다'라고 상상해 보는 거야. 왜 가정법 과거인지 알겠지?

5단계 쓰기 요리하기
p.165

1. stay　**2.** were recorded　**3.** would　**4.** follow　**5.** have been　**6.** will　**7.** walk
8. have panicked　**9.** affect

20일차 – 도치, 강조를 이용한 문장 (혼공)

1단계 개념 요리하기 p.169

🍰 **디저트 퀴즈**

1. <u>Little</u> did she dream that she would marry Bob.
2. <u>Between tomorrow's dream and yesterday's regret</u> is today's opportunity.
3. <u>Never</u> did I know that he had such a positive attitude.
4. She couldn't understand what the speaker was saying, and <u>neither</u> could I.
5. <u>Next to the bookshelf</u> were two old tables.

2단계 문법 요리하기 p.170

1. You sure do look depressed.
    너는 정말 우울해 보이는 군

    혼공TIP 강조의 조동사 do를 이용해서 동사 look을 강조했어. 강조의 조동사 do 다음에는 동사원형을 사용해야 해.
    Word depressed 우울한

2. Deep within the jungle / of the southeast Indonesian province of Papua / lives
    정글 안 깊이   인도네시아 남동쪽의 Papua주의   살고 있다

    / the Korowai tribe.
    Korowai 부족이

    혼공TIP 부사구가 도치가 되었고, lives가 동사이고, 진짜 주어는 Korowai 부족이야. 수일치에 주의해야 해. 앞에 나오는
    Deep within the jungle of the southeast Indonesian province of Papua는 장소를 나타내고 있어.
    Word southeast 남동쪽의 province 주 tribe 부족

3. Not until the rise of ecology / at the beginning of the twentieth century /
    생태학이 부상한 이후에야   20세기 초에

    did people begin / to think seriously of land / as a natural system /
    사람들이 시작했다   땅에 대해서 진지하게 생각하는 것을   자연체계로

with interconnecting parts.
서로 연결된 부분이 있는

Not until이라는 부정의 어구가 문두로 나온 문장이야. 고로 did people begin의 어순을 눈여겨 봐야겠지? 조동사 did가 쓰이고 주어 다음에는 동사원형을 써야 해. 문장의 후반부에 나오는 think A as B는 'A를 B 라고 생각하다' 정도로 해석하면 돼.

Word ecology 생태학   interconnect 상호 연결되다

4. Some easily spoiled drugs / do require refrigeration.
　　　몇몇의 쉽게 손상되는 약들은　　　　　　　　　냉장을 분명 필요로 한다

혼공TIP 조동사 do가 동사 require을 강조하고 있어.
Word spoiled 손상된, 상한   refrigeration 냉장

5. It is these differences / from place to place / that generate the demand for transportation.
　　　바로 이런 차이이다　　　　　　지역마다의　　　　　　수송에 대한 수요를 발생시키는 것이

혼공TIP it is ~ that 강조구문이야. 전체 구조를 파악하고 정확하게 해석해야 해. 강조구문을 파악하지 못하면 뒤에 나오는 that을 관계대명사처럼 해석할 여지가 있어서 조심해야 해. 일단 문장이 it is로 시작하면 강조구문을 한 번쯤 의심해 보자.
Word generate 발생시키다   demand 필요, 수요

6. Nor did it much matter / how / a lonely American frontiersman / disposed of his waste.
　　　그다지 중요하지 않았다　　　어떻게　　　　외로운 변경 개척자가　　　　　자신의 쓰레기를 처리하는가

혼공TIP nor이 문장 제일 앞에 온 것을 보는 순간, 도치 구문을 떠올려야 해. nor이 당연히 주어가 될 수 없잖아? nor 은 앞에 부정의 내용이 있는데 또 부정의 내용이 나올 때 사용하고 '역시/또한 ~아니다'의 의미야. 문장에 따로 not, never 등의 부정을 나타내는 표현이 없어도 여기서는 부정의 의미를 살려 'matter(중요하다)하지 않았다' 고 해석을 해야 해. nor가 앞으로 나오면서 did it matter 이런 식으로 주어와 동사의 순서가 바뀌게 된 형태를 다시 한번 눈에 익히자.
Word matter 중요하다   frontiersman 개척자 dispose of ~을 처리하다

7. Not only did my explanation not soothe her, / it seemed / to make things worse.
　　　나의 이런 설명도 그녀의 화를 누그러뜨릴 수 없었고　　　　　　~처럼 보였다　　　상황을 악화시키는 것

혼공TIP not only가 도치되었고, 과거 시제이기 때문에 조동사 did를 사용했어. not only의 단짝인 but also는 통째로 없네. 한 번씩 이렇게 없는 경우도 있으니 눈에 익혀 둬.
Word explanation 설명   soothe 누그러뜨리다

8. It is those explorers, / through their unceasing trial and error, /
　　　바로 그러한 탐험가들이다　　　　　　자신들의 끊임없는 시행착오를 통해

who have paved the way / for us to follow.
　　　길을 닦은　　　　　　　우리가 따라갈

혼공TIP it is ~ that 강조구문을 이용한 문장이야. 강조되는 것이 사람이라면 that 대신에 who, whom을 사용할 수 있고, 사물이면 which, 장소면 where, 시간이면 when을 사용할 수 있어.
Word explorer 탐험가   unceasing 끊임없는   trial and error 시행착오   pave the way 길을 닦다

1. Trees do indeed have / a few small roots.
나무는 사실 정말 가지고 있다   몇몇 개의 작은 뿌리들을

⇒ 나무는 사실 정말 몇몇 개의 작은 뿌리들을 가지고 있다.

혼공TIP 조동사 do가 have를 강조하고 있는 문장이야.

2. He handed her an envelope / in which was tucked / a fifty-dollar bill.
그는 그녀에게 봉투를 건넸다   넣어져 있는   5달러짜리 지폐가

⇒ 그는 5달러짜리 지폐가 들어있는 봉투 하나를 그녀에게 건넸다.

혼공TIP in which도 일종의 부사구이기 때문에 도치가 일어났어. which에 선행사를 집어넣으면 in an envelope 이라는 구문이 문장 앞에 위치하는 셈이야. 부사구가 앞으로 도치되어서 뒤 문장의 주어–동사의 순서가 바뀌었어.

3. Salad vegetables like lettuce / have a very high water content, / as do
양상추 같은 샐러드 채소들은   매우 높은 수분 함량을 가지고 있다   그러하듯이

/ brothbased soups.
묽은 수프들이

⇒ 양상추 같은 샐러드 채소들은 묽은 수프가 그런 것처럼 매우 높은 수분 함량을 갖고 있다.

혼공TIP as 다음에는 대동사 do를 쓰면서 도치가 빈번하게 일어나. as 이하를 간단히 하는 과정에서 도치가 일어나는 거야.

4. It does mirror / at least to some degree / the German attitude / towards getting up early.
그것은 정말 반영한다   적어도 어느 정도까지는   독일인들의 태도를   일찍 일어나는 것에 대한

⇒ 그것은 일찍 일어나는 것에 대한 독일인들의 태도를 적어도 어느 정도까지는 반영한다.

혼공TIP 조동사 does가 동사 mirror를 강조하고 있어. mirror은 동사로서 '반영하다'라는 의미를 나타내. degree는 '정도, 범위'라는 의미인데 독해를 할 때 매우 자주 만날 수 있어.

5. No sooner had he completed / his masterpiece, / Julie stepped into the cafe.
그가 완성하자마자   자신의 명작을   Julie가 카페로 걸어 들어왔다

⇒ 그가 명작을 완성하자마자 Julie가 카페로 걸어 들어왔다.

혼공TIP no sooner로 시작하는 구문은 정확한 해석을 익혀 두도록 해. '~하자마자 ~을 했다' 이런 식으로 해석을 하지. 위 문장을 다시 한번 해석해 보면서 구문을 정확하게 익히자.

6. Not only does science fiction help / students see scientific principles in action,
공상 과학소설은 도움이 될 뿐만 아니라   학생들이 과학적 원리들을 실례로 보게

/ but it also builds / their critical thinking and creative skills.
또한 길러준다   그들의 비판적 사고와 창의적 기술을

⇒ 공상 과학 소설은 학생들이 과학적 원리들이 실제로 쓰이는 것을 볼 수 있도록 도움을 줄 뿐만 아니라 또한 학생들의 비판적 사고와 창의적 기술을 길러준다.

혼공TIP not only가 도치되면서 does science fiction help의 구조가 만들어졌어.

7. The Germans really do use the proverb, / "The morning hour has gold in its mouth"
독일인들은 정말로 그 속담을 사용한다   "아침시간은 입안에 금을 가지고 있다"

/ with high frequency.
빈번하게

⇒ 독일인들은 정말로 "아침시간은 금과 같다"라는 속담을 빈번하게 사용한다.

혼공TIP 조동사 do가 동사 use를 강조하는 문장이야.

8. With the coming of records / not only were the "classics" preserved,
음반의 등장과 함께   "고전작품들"이 보존되었을 뿐만 아니라

/ but formerly ephemeral "hits" / could now survive / as "oldies."
이전에는 수명이 짧았던 "유행곡들"이   이제는 살아남을 수 있게 되었다 "추억의 노래들"로

⇒ 음반의 등장과 함께 '고전작품'이 보존되었을 뿐만 아니라 이전에는 수명이 짧았던 '유행곡'이 이제는 '추억의 노래'로 살아남을 수 있었다.

혼공TIP not only가 도치되면서 be동사 were가 앞으로 나왔네. 뒤에는 but만 쓰여 있지만 실제로는 but also에서 also가 생략된 것으로 보아야 해. 저렇게 also를 생략한 형태로 자주 활용을 해.

 4 단계 **수능** 요리하기   p.172

1. Only after some time and struggle / does the student begin
어느 정도의 시간과 노력이 있은 뒤에야   학생들은 시작한다

/ to develop the insights.
통찰력을 발달시키는 것을

⇒ 어느 정도의 시간과 노력이 있은 뒤에야 학습자는 통찰력을 발달시키기 시작한다.

혼공TIP only로 시작하는 부사구가 도치되는 경우가 정말 많으니 위 문장을 주목하자.

2. Only in terms of the physics of image formation / do the eye and camera have /
상 형성에 대한 물리학의 관점에서만   눈과 카메라는 가진다

/ anything in common.
공통된 것을

⇒ 단지 상 형성에 대한 물리학의 관점에서만 눈과 카메라는 공통된 것을 가지게 된다.

혼공TIP only가 도치되면서 「조동사 do + 주어 + 동사원형」의 구조가 만들어졌어.

3. So imprudent are we / that we wander about in times / that are not ours
우리는 너무 경솔하다   시간 속에서 방황할 정도로   우리의 것이 아닌

/ and do not think of the one / that belongs to us.
그리고 그것에 대해 생각하지 않을 정도로   우리에게 속한

⇒ 우리는 너무나 경솔해서 우리의 것이 아닌 시간 속에서 방황하고 우리에게 속한 것에 대해 생각하지 않는다.

혼공TIP so imprudent가 통째로 앞으로 나오면서 일종의 보어 도치가 일어난 경우야. are we처럼 주어와 동사의 순서가 바뀌었어. 원래 문장은 We are so imprudent that ~이니까 so ~ that 구문을 적용하면 되겠네.

'너무 경솔해서 그 결과 ~한다'로 틀을 잡아봐.

4. Next to the doll / was a small box, / also made of ivory,
그 인형 옆에　　　한 작은 상자가 있었다　　　역시 상아로 만들어진

/ containing tiny combs and a silver mirror.
작은 빗들과 은으로 만든 거울을 담은

⇒ 그 인형 옆에는 역시 상아로 만들어진 작은 상자가 있었는데 작은 빗들과 은으로 만든 거울을 담고 있었다.

혼공TIP 부사구가 앞으로 나오면서 was a small box처럼 주어와 동사의 순서가 바뀌었어.

5. Not only does the 'leaf fish' look like a leaf, / but it also imitates
그 'leaf fish'는 나뭇잎처럼 보일 뿐만 아니라　　　　또한 흉내 낸다

/ the movement of a drifting leaf underwater.
물속에서 떠다니는 나뭇잎의 움직임을

⇒ 'leaf fish'는 나뭇잎처럼 보일 뿐만 아니라, 물속에서 떠다니는 잎의 움직임을 흉내 낸다.

혼공TIP not only가 도치되면서 주어와 동사의 도치가 일어났어. 뒤에 but also를 보니까 전체적으로 Not only A but (also) B라는 것 알겠지?

6. Movies were first seen / as an exceptionally potent kind of illusionist theatre,
영화들은 처음에 여겨졌다　　　　특히 강력한 마술가의 연극의 일종으로

/ on which appear actors.
배우들이 등장하는

⇒ 처음에 영화들은 배우들이 등장하는 특히 강력한 마술가의 연극의 일종이라고 여겨졌다.

혼공TIP on which도 일종의 부사로 볼 수 있어. 선행사를 which에 집어넣으면 on an exceptionally potent kind of illusionist theatre이야. 이것은 장소를 나타내는 부사구이고, 부사구가 도치되어서 주어–동사인 actors와 appear의 순서가 바뀌었어.

7. Little did he know / that he was fueling his son / with a passion
그는 전혀 몰랐다　　　그가 그의 아들을 채우고 있다는 것을　　　열정으로

/ that would last for a lifetime.
평생도록 계속될

⇒ 그는 아들에게 평생도록 계속될 열정을 불어 넣고 있다는 사실을 결코 알지 못했다.

혼공TIP little이라는 부정어가 앞으로 나오면서 did he know와 같은 구조가 만들어졌네. 해석할 때는 'that 이하의 내용을 몰랐다' 이렇게 해석하면 돼. 문장의 후반부에 passion 다음에 나오는 that은 관계대명사 that이야. 주격 관계대명사로서 앞의 passion을 수식해 주고 있어. 열정은 열정인데, 평생도록 지속될 열정이라는 거지.

8. Right in front of his eyes / were rows of delicious-looking chocolate bars
그의 눈 바로 앞에　　　여러 줄의 맛있게 보이는 초콜릿 바들이 있었다

/ waiting to be touched.
만져지기를 기다리면서

⇒ 그의 눈 바로 앞에, 여러 줄의 맛있게 보이는 초콜릿 바들이 만져지기를 기다리면서 있었다.

혼공TIP right in front of까지 읽는 순간 이것이 주어가 아닌 것을 깨달아야 해. 도치 구문이다! 라는 생각이 나야 이 문장을 정확하게 해석할 수 있어. were은 문장 전체의 동사고 그 뒷부분이 주어가 되는 거지. 그리고 문장의 마지막 부분에 나오는 waiting 이하는 우리가 배운 '분사'라는 문법이지. 현재분사 waiting이 앞에 나오는 명사를 수식해 주고 있어.

9. It wasn't the music / that he ever imagined playing.

그 음악이 아니었다   그가 연주하리라고 상상했던 것은

⇒ 그가 연주하리라고 상상했던 것은 그 음악이 아니었다.

혼공TIP   it is ~ that 강조구문이야. that을 관계대명사로 착각하지 않도록 전체 구조를 잘 파악해서 해석해야 해.

5 단계   쓰기 요리하기   p.173

1. do   **2.** do   **3.** sooner   **4.** help   **5.** are   **6.** appear   **7.** did, know   **8.** It, that

구문독해 혼공

실력(매운맛)